人生を変える

マネーマシン

のつくり方

投資の教室

バフェット太郎

ダイヤモンド社

はじめに

バフェット太郎です。

世界はますます豊かになり、あなたは相対的に貧しくなる――。

なぜなら、資本主義社会では技術革新や経済成長によって世界は豊かになるけれど、富は平等に分配されるわけではないため、衰退する国や産業に身を置く多くの日本人は、いつまで経っても経済成長の恩恵を享受することができないからです。実際、多くの日本人は仕事でＡＩを活用できておらず、技術革新について行けていません。

これに気づいた一部の日本人が、ＮＩＳＡなどを活用して米国株や世界株に投資をし、経済成長の恩恵を享受しようとしています。米国株式市場はインフレ調整後で年率平均７％成長が期待できるため、理論上、毎月２万～３万円の積立投資をするだけで十分な資産形成ができるからです。

たしかにそれを一生続けるだけで数千万円の資産を築くことができますが、言い方を変えれば、一生かけても数千万円の資産しか築くことができないわけですから効率が悪いと言えます。これは、お金持ちになるために必要な「マネーマシン」が不完全なガラクタだからです。**マネーマシンとは、お金がお金を生む「お金製造機」のことで、お金持ちはみんなこれを持っています。**

本書は投資初心者から経験者まで、すべての個人投資家が完璧なマネーマシンをつくれるよう、その考え方やノウハウについて書いています。

ぼくにそれを書く資格があるかはわからないけれど、金融資産額が３０００万円程度だった、どこにでもいる普通のサラリーマンが、たった数年で数億円もの資産を築き、その過程でYouTubeやXの総フォロワー数が85万人まで増えことを踏まえれば、ある程度の実績や信頼性は担保できると思います。

ちなみに、ぼくは２０１６年から「バフェット太郎」というハンドルネームでブロガーとして活動を始めたのですが、名前の由来は言うまでもなく著名投資家ウォーレン・バフェット氏からきています。これは、バフェットの名を借りるだけで、読者にすぐに名前を覚えてもらえるほか、場合によってはそれが反感や批判を買うことで宣伝効果をもたらすと考えたからです。

そして、ぼくはわずか数年間でマネーマシンをつくることに成功し、寝ているだけでお金が勝手に口座に入って来るような生活を送っているのですが、ただそれだけでは退屈なので、投資系インフルエンサーとしての活動を続けています。

もし、あなたがぼくと同じように、お金がお金を生み出すマネーマシンをつくって自由な人生を送りたいなら、本書を読むことでそのつくり方や考え方のヒントを得ることができます。

本書は全7限で構成されていますが、投資家のレベルに合わせて授業が分けられているため、これから投資を始めようと考えている初心者は、すべての授業を受け、内容を理解する必要はありません。また、3年以上の投資経験者は最初から読む必要はなく、4限目から読んでいただいても構いません。

たとえば、**1限目「投資をしない日本人の未来」**では、投資初心者のために、なぜ投資をしなければならないのか？　ということ改めて考えていきます。また、なぜ従来の価値観や考え方を捨てて、それらを新しくアップデートしなければならないのか？　ということにも触れた上で、マネーマシンをつくるために必要な思考法を共有します。

2限目「人生を変えるマネーマシンの設計図」では、効率良くマネーマシンをつくるために必要なノウハウについて紹介しています。これは設計図のようなものなのですが、多くの個人投資家は設計図を見ずにマネーマシンをつくり始めるため、途中で挫折してしまうのです。そのため、投資経験者も基本に立ち返り、授業の内容を実践することで、以前よりも効率的にマネーマシンをつくれるようになれると思います。

3限目「バフェット太郎流　投資の〈結論〉」では、投資初心者が実際に何をやればいいのか？　その具体的な投資法について解説しています。また、個人投資家の中には同じ結論に達し、すでにＮＩＳＡなどで実践している人も少なくないと思いますが、彼らが見落としているリスクや知らず知らずのうちに支払っている代償、予想される不運なシナリオについて紹介していますから、「こんなはずじゃなかった」なんてことにならないためにも、必ずチェックしてください。ちなみに、投資初心者は3限目まで読み、その内容が理解できれば十分です。

4限目「資産を最大化する個別株投資の基本」では、趣味の投資として資産の最大化を目指したい個人投資家が知っておくべき投資のノウハウについて紹介しています。そのため、

4限目以降は中級者以上の内容であり、初心者がすぐに理解する必要はありません。インデックス投資だけではなく、余裕資金の範囲内で個別株にも挑戦したい投資家にとって最適な授業になっています。

5限目「アノマリーと指標で未来を予測する」では、ぼくがYouTubeやnoteで紹介していて、非常に人気のある投資アノマリー（経験則）について紹介します。たとえば、米国株は毎年5~10月にかけて軟調な展開を迎え、11~4月にかけて好調に推移する傾向があるのですが、なぜ、そうなるのか？　ということについて理解を深めることができます。そして、12か月のアノマリーを理解できれば、弱気になるべき局面で強気になったり、強気になるべき局面で弱気になったりするという失敗を回避することができます。

6限目「米国株の〈終焉〉に備える投資術」では、米国株の次の時代に備えるためのノウハウについて紹介します。最近投資を始めた初心者ほど、米国株は常に最高の投資先だと信じていますが、ハッキリ言って米国株はブームであり、ブームには必ず終わりがやって来ます。つまり、向こう数年~十数年間にわたって米国株が低迷する可能性があるのです。もちろん、そうなると決まっているわけではありませんが、そうした未来も想定して米国株以外の選択肢を頭の片隅に置いておくことは、投資家としてだけではなく、社会人としても大切なことだと思います。

7限目「バフェット太郎への24の質問」では、バフェット太郎がYouTubeやnoteで頻繁に聞かれる質問について答えています。誰もが同じような疑問を持つものですから、投資初心者は必ず目を通し、間違った判断をしないようにしてください。

お金がお金を生み出すマネーマシンのつくり方を正しく知っている人と知らない人とでは、5年も経てば大きな差が生まれ、10年も経てば絶望的な差が生まれます。そして、マネーマシンをつくろうとすらしなかった人とでは呆れるほどの差が生まれます。

言い換えれば、ぼくはこの資本主義社会に半ば呆れているのです。

なぜなら、みんなが生きるために必死になって働き続ける中で、自分だけは働かなくてもお金が勝手に口座に振り込まれ、悠々自適の生活が送れてしまうからです。そして驚くべきことは、**マネーマシンのつくり方がとてもシンプルで単純なものなのに、誰も本気になってつくろうとしないことです。**

もちろん、誰もがマネーマシンをつくる必要はありませんが、もし、あなたが他人よりも自由でリッチな人生を送りたいと本気で願っているなら、本書がそのヒントになると確信しています。

それでは、バフェット太郎の『投資の教室』開講です。

『投資の教室　人生を変えるマネーマシンのつくり方』目次

1限目

投資をしない日本人の未来

2限目

人生を変えるマネーマシンの設計図

3限目

バフェット太郎流 投資の「結論」

4限目

資産を最大化する個別株投資の基本

5限目

アノマリーと指標で未来を予測する

6限目

米国株の「終焉」に備える投資術

※本書は情報の提供を目的としており、投資を勧誘しておりません。投資の最終的な決定は、ご自身の判断、責任で行ってください。

1限目

投資をしない日本人の未来

日本人には貧乏な老後が待っている

結論を先に言うと、多くの日本人には貧乏な老後生活が待っています。

突然そんなこと言われても困ると思うけれど、ほとんどの人は公的年金の受給額がひと月数万～十数万円ほどなので、資産がなければ70歳を過ぎても老体にムチ打って働き続けなければなりません。

そのうえ特別なスキルがなければ、最低賃金の単純労働しか職がないため、年下の若者に怒鳴られながらこき使われるという未来が待っています。

それなら働かずに生活保護を受給して年金では足りない分を補おうと考える人が増えるのは自然ですから、今後生活保護受給者は急増すると思います。

人生100年時代とは老後の人生が長くなるということですが、仮に65歳で退職して95歳まで生きた場合、老後の人生は30年も残っている計算になります。

これは23歳で社会人になって65歳で退職したと仮定すれば、42年間で稼いだ富で残りの

30年間を生きなければならないため、いかに荒唐無稽な人生設計かがわかると思います。

なぜ、このような人生設計がまかり通ってきたのかというと、それは国民年金法が制定されたのが1959年で、当時は人生70年時代だったからです。

▼もはや「サザエさん」の時代ではない

1949年に朝日新聞で連載が開始された『サザエさん』に登場する波平さんの年齢は54歳、フネさんは52歳と、30歳くらいサバを読んでいるような設定ですが、それはさておき、1955年の平均寿命は男性が64歳、女性は68歳だったため、波平さんはあと10年で平均寿命に達します。

そう考えると波平さんの怒鳴っている声がなんだか愛おしく感じてしまいますが、当時の退職年齢が55歳だったことを考えると、男性の場合、老後の人生は9年しかなかったのです。

つまり、当時は23~55歳までの32年間で稼いだ富で、残りの9年間を生きればいいだけですから、(老後生活の毎月の赤字額を5万円と仮定した場合)老後までに540万円用意するだけでよかったのです。540万円は毎月1・4万円の積立貯金をするだけで達成可能ですが、退職金があれば積立貯金をする必要すらありません。

しかし、厚生労働省が２０２３年に公表した「将来推計人口」によると、２０７０年の平均寿命は男性が86歳、女性は92歳となっていますから、仮に65歳で定年退職してしまうと、残りの人生は男性の場合で21年、女性の場合は27年と、かつての２倍以上の老後人生が待っていることになります。

これは23〜65歳までの42年間で稼いだ富で、（男性の場合）残りの21年間を生きなければならないわけですから、老後生活の毎月の赤字額を５万円と仮定すると、老後までに１２６０万円も用意しなければならない計算になります。

１２６０万円は毎月２・５万円の積立貯金で達成可能ですが、退職金の減額やそもそも退職金のない企業も増えたことを考えると、波平さんの時代に比べてはるかにハードルが高くなっていると言えます。

さらに、旅行や娯楽、豪華な食事、憧れだったマイホームや車など、人生のあらゆる楽しみを捨てて貯金をしても、インフレが長期にわたって高止まりした場合、その貯金の価値は大きく目減りする可能性だってあります。

つまり、これまで当たり前だと思っていた価値観で生きていると、あなたの未来は取り返しのつかないことになりかねないのです。

〝貯金だけ〟は「お金に無知」の証明

これまでぼくたちは、親や社会から「貯金をすることが大切だ」と教えられたため、貯金は多ければ多いほど良いといった感じで、ある種ステータスのような存在になっています。

しかし**未来の日本では、貯金の多さはむしろ「自分がお金に対して無知である」というメッセージを世間に発信していることにつながりかねません。**

たとえば、日本の政策金利の推移（20ページ図）を眺めると、70〜80年代までおおむね4〜8％台で推移していた一方で、90年代後半以降はほぼ0％で推移していることがわかります。

これは当時、短期の定期預金をするだけで年率4〜8％の利息が得られたことを意味しますから、貯金は理に適う資産防衛術だったのです。

また、90年代以降になるとほぼ0％で推移していましたが、それでも貯金は大切だと言

昔の日本では「貯金」が正しかった
(日本の政策金利の推移)

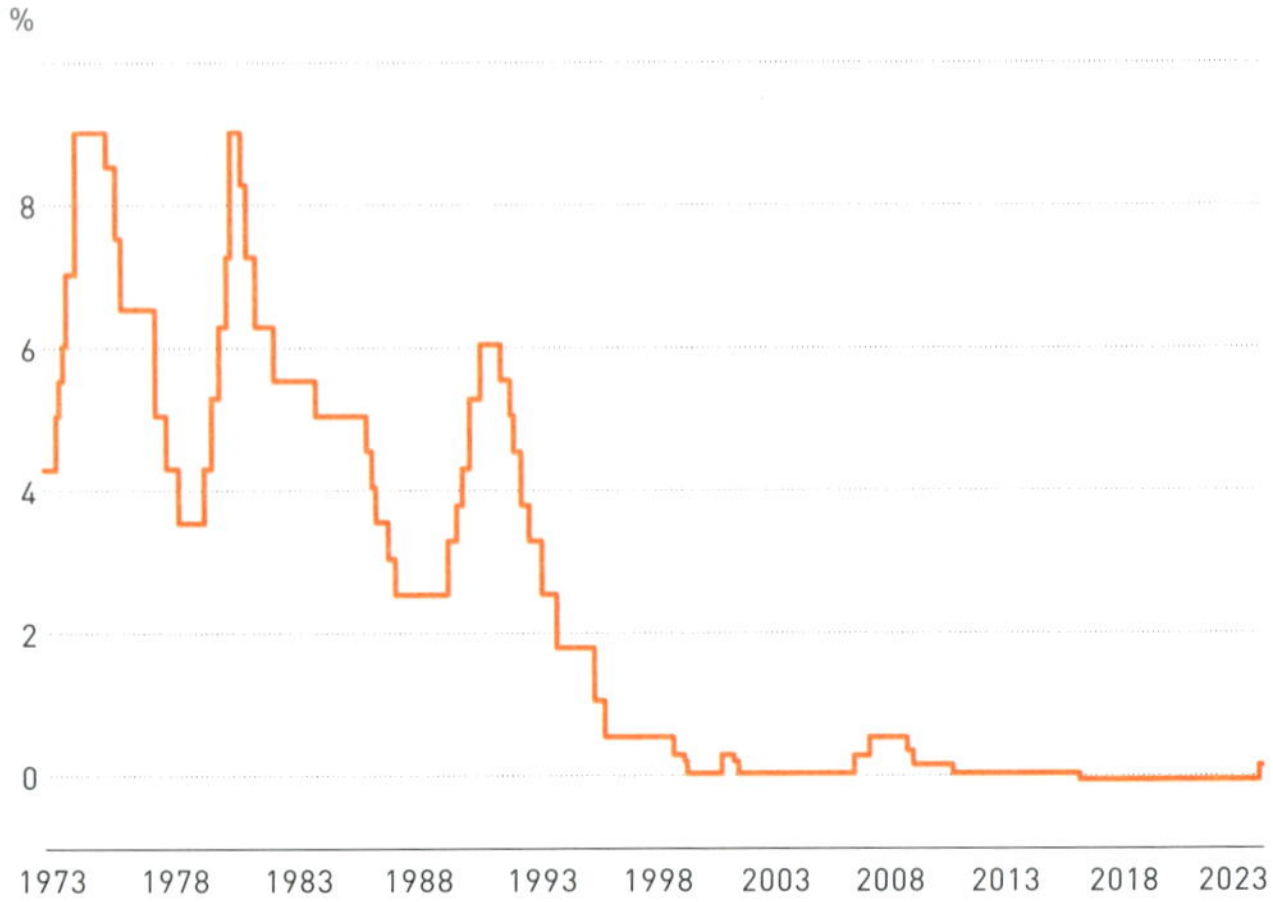

出所:日本銀行

われていました。なぜなら90年代後半からデフレ不況が本格化したからです。

そもそもデフレとは、貨幣の価値が上がることによって物価が下がる現象のことです。この時、株や不動産などの資産価格も下落しますから、貯金をすることは理に適っていたのです。

しかし、未来の日本では貯金は正しい資産防衛術にはならないかもしれません。

たとえば、日本のインフレ率を示すコアCPI(生鮮食品を除いた消費者物価指数)の前年同月比の推移(21ページ図)を眺めると、80年代はおおむね0〜+2%台で推移するなど、現在とほぼ同じ水準だったことがわかります(※2024年8月コアCPIの前年同月比は+2・8%)。

日本のインフレ率は80年代から同じ水準
（コアCPIの前年同月比の推移）

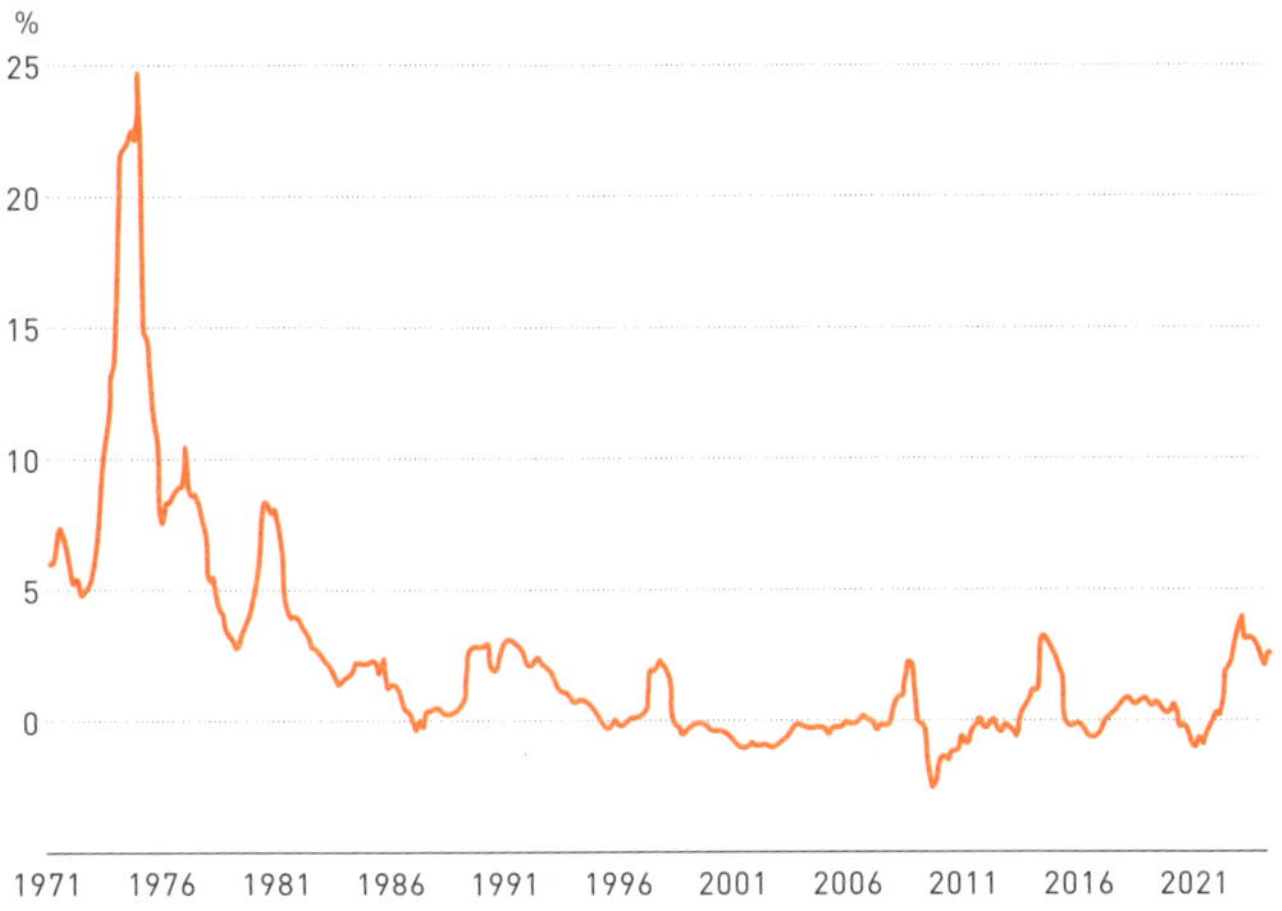

出所：総務省統計局

その一方で、政策金利は80年代がおおむね3~5%台、現在は0・25%と、現在の政策金利がインフレ率に対して低すぎることがわかります。

これは日銀の金融政策が緩和的過ぎることを意味しますから、円安に伴うインフレの長期化が予想されます。

そもそもインフレとは、貨幣の価値が下がることによって物価が上がる現象のことです。この時、株や不動産などの資産価格も上昇しますから、**円を円のまま保有するよりも、円を株や不動産などの資産に換えた方が理に適っている**と言えるのです。

また、日本は石油や石炭、天然ガスなど資源エネルギーのおよそ9割を輸入に頼っているため、円安が続くと家計が圧迫されるだけでなく、将来の生活コストまで押し上げられる可能性があります。

そのため、貯金はいざという時の備えや子どもの教育資金などのために、ある程度は必要ですが、老後生活のためにとせっせと貯金をしても、生活コストの上昇によって満足のいく資産形成はできないかもしれないのです。

つまり、「真面目に貯金だけしていれば安心」という時代はすでに終わりを迎えている可能性がありますから、日本人はかつての常識や価値観をアップデートしなければなりません。

「なんとかなる」は生活保護並み

今から20年前、ぼくがまだ大学生だった頃の話、アルバイト先で初めてぼくに仕事を教えてくれた30代の先輩社員は、「宵越しの銭は持たない」と考える典型的な浪費家でした。

ぼくはその先輩社員から「お金は天下の回りものだから、使うことで経済に貢献しろ」とか、「明日死ぬかもしれないんだからお金は使わないと損だ」「将来はなんとかなるから、お金のことを心配し過ぎてはいけない」とお金について教えてもらい、ぼくは先輩にどんな将来が待っているのかすごく楽しみにしていました。

あれから20年が経ち、風の噂によると、その先輩社員はいま無職になっていて生活に困っているらしいです。貯金があったら変わっていたのかすら怪しいですが、おそらく年金保険料も払っていないでしょうから、老後は生活保護を受給すると思います。

かつてお金を使うことで経済に貢献した人が、これからはお金がないことで経済の足を引っ張ることになる。明日死ぬかもしれないと急いでお金を使ったのに、お金のない惨めな人生をこの先も延々と生き続ける。

そして、先輩社員のような人は世の中にたくさんいます。

たとえば、金融広報中央委員会「家計の金融行動に関する世論調査［単身世帯調査］および［二人以上世帯調査］（令和5年）」によれば、60歳代単身世帯の貯金額の中央値は２１０万円、60歳代二人以上世帯の中央値は７００万円しかないそうです。

これは、単身世帯の家計で仮に毎月5万円の赤字が出た場合、3年半で貯金が底をつく計算になります。また、二人以上世帯で貯金が７００万円あっても、インフレによってお金の価値が目減りした場合、予想以上の速さで貯金が底をつくことになりかねません。

つまり、これからの引退世代は少ない公的年金でどうにかやりくりするしかなく、悠々自適の老後生活が待っているのは、ごく一握りのお金持ちだけの可能性があるということです。

それでも「なんとかなる」と思っている人も少なくありませんが、そのなんとかなる生活水準は、単純に「生活保護並みの最低限の生活」というだけであって、お金のことを心配し続ける貧乏で惨めな老後生活が待っていることに変わりないのです。

なぜ、好景気の実感がないのか

2024年2月、日経平均株価は1989年末に付けた高値3万8915円を突破して、史上最高値を更新しました。

しかし、メディアが街角調査で「好景気を実感していますか?」と聞いても、ほとんどの人が「実感がわかない」と答えています。これは、**資本主義社会では経済成長による恩恵が一部の人々に集中し、ほとんどの人はそれを享受することができないからです。**

たとえば、経済成長によって不動産価格が高騰した場合、人々は次第に家を購入することが難しくなります。すると、不動産オーナーの家賃収入が増える一方で、庶民は高騰する家賃が家計を圧迫し、生活基盤が脆弱になるなど、経済成長から取り残されるリスクが高まります。

とりわけ、経済成長著しい局面では不動産だけではなくモノやサービスの価格まで値上がりしますから、インフレが高止まりした場合、庶民の生活はますます苦しくなります。

もちろん、経済成長によって賃金も上がりやすくなりますが、それは特別なスキルを持っている一部の熟練労働者であり、何のスキルも持たない単純労働者の賃金は上がりにくく、賃金の伸びが物価の伸びに追いつかない可能性もあります。

実際、厚生労働省が発表した毎月勤労統計調査によれば、日本の実質賃金の伸び率は2022年3月から2024年5月にかけて26か月連続のマイナス成長を記録し、賞与の影響で6、7月こそプラスに転じたものの、8月には再びマイナス成長に沈んでいます。

つまり、日経平均株価が史上最高値を更新したり、不動産価格が高騰したりしても、人々の買えるモノやサービスの量はこの2年間で減少し続けているため、庶民は好景気を実感できないのです。

そのため、メディアが街角調査で「好景気を実感していますか？」と聞いても、ほとんどの人が「実感がわかない」と答えるのは、資産もスキルもない単純労働者に声をかけているからであり、当たり前の話なのです。

そして、経済成長による恩恵が一部の人々に集中し、ほとんどの人がその恩恵を享受することができないなら、時間の経過とともに貧富の差は加速度的に拡大していきます。

それを証明したのがフランスの経済学者、トマ・ピケティです。彼は『21世紀の資本』（みすず書房）の中で、「資産によって得られる富の成長率は、労働によって得られる富の成長率よりも大きい」として、**資本主義社会は投資をしている者としていない者との間で、格差が拡大するよう設計されている**と主張しました。

たとえば、資本収益率（資産の成長率）5％、経済成長率（所得の成長率）2％、インフレ率も2％とした場合、それぞれの実質成長率は以下の通りになります。

- **資本家：資本収益率5％－インフレ率2％＝実質資本収益率3％**
- **労働者：経済成長率2％－インフレ率2％＝実質経済成長率0％**

このように、資本家のインフレ調整後の資産が毎年3％のペースで成長する一方で、労働者のインフレ調整後の所得はほとんど増えないため、資本主義社会ではお金持ちの生活はますます豊かになるなかで、労働者の生活は一向に豊かにならないなど格差は拡大する一方なのです。

ちなみに、歴史を振り返ると資本主義社会において格差が縮小する局面もありました。それは戦争や紛争によって、資本家が所有する生産に用いられる資本財などが破壊された時です。

このような時は、資本家の富が破壊される一方で、生産拡大のために雇用と所得が増えるため、格差が縮小に向かいやすいのです。また、政府は戦費を賄うために累進課税を強化する傾向があるため、富裕層ほど負担が重くなりやすいです。

実際、戦前まで超格差社会だった日本が、「一億総中流社会」の誕生によって「世界で最も成功した社会主義国家」と言われるようになったのは、国土が焼け野原になるほど資本家の富が破壊された挙句、GHQによって財閥が解体されたからです。

つまり、戦争や紛争が格差縮小をもたらす一方で、平和は格差拡大をもたらすというわけです。

格差が拡大して何が悪い？

ところで、資本主義社会において格差が拡大すると一体何が問題なのでしょうか？

たとえば、世界の長者番付にはテスラのイーロン・マスクCEOやアマゾンのジェフ・ベゾス会長、メタ・プラットフォームズのマーク・ザッカーバーグCEOなどが名を連ねています。

イーロン・マスクはポッドキャストで配信された番組でマリファナを吸ったり、グーグルの創業者セルゲイ・ブリンの妻と不倫したり、なにかと世間を騒がせていますが、その一方でテスラの電気自動車の普及を加速させたり、自動運転技術の開発も進めています。

また、スペースXでは宇宙飛行のコストを大幅に削減することに成功し、商業宇宙旅行の実現に向けて大きく前進しているほか、火星への有人探査計画など、人類の宇宙進出に向けた野心的な計画を進めています。

さらに、ニューラリンクでは人間の脳とコンピュータを直接接続する技術の開発を目指していて、神経障害の治療に革命をもたらす可能性があります。たとえば、脳卒中や失明、四肢の損傷などによって障害を持った人が、脳インプラントを通じて失われた感覚や運動能力を取り戻すことができるようになるかもしれないのです。

このように、**イーロン・マスクのような一握りの実業家に富が集中すると、莫大な設備投資が必要な事業にも積極的に投資をし、人類の進歩に大きく貢献してくれます**。

しかし、貧困層に富を平等に分配しても人類の進歩に大きく貢献することはあまり期待できないかもしれません。実際、コロナ禍で米政府が国民一人一人に多額の給付金をバラ撒いた結果何が起きたかというと、退職者が急増して深刻な人手不足に陥っただけでした。

とはいえ、格差拡大によって様々な問題が起こるのも事実です。

たとえば、子どもの教育機会は親の所得によって影響されるため、貧富は世代間で連鎖しやすいと言われています。

実際、東大生の家庭の世帯年収が1050万円以上の割合は40・3％、950万円以上なら53・7％と、半数以上が1世帯当たりの平均世帯年収を上回っています。

厚生労働省による2022年調査によれば、児童のいる世帯の一世帯当たりの平均所得は785万円となっていますが、中央値はおそらく600万円前後ですから、東大生の家庭の世帯年収は一般家庭よりもかなり多いと言えます。

東大生の家庭の世帯年収は950万円以上が過半数

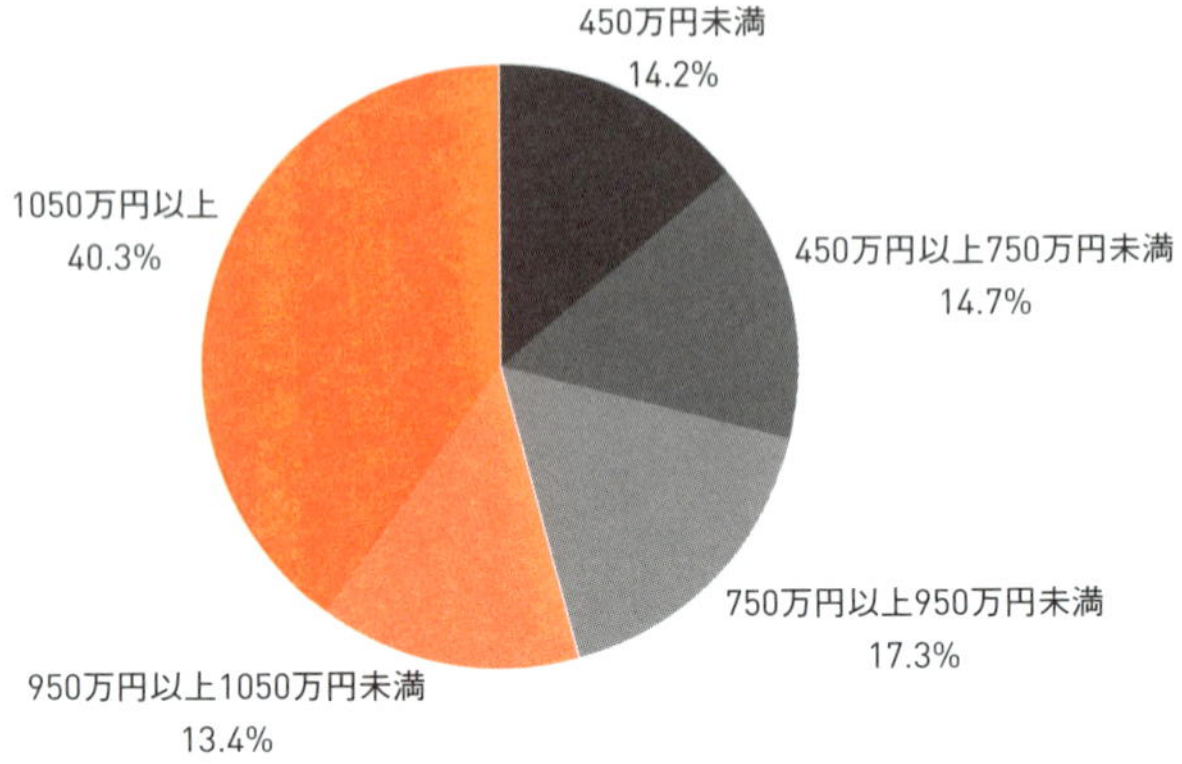

出所:東京大学学生生活実態調査(2021年度)。※「分からない」は除く

つまり、**お金持ちの家庭で育った子どもは、恵まれた教育環境によって一流大学、一流企業に入りやすい**一方で、貧乏な家庭で育った子どもは、不遇な教育環境によって進学すら危うくなり、正社員として就職することが難しくなるなど、貧富が世代間で遺伝しやすいのです。

とくにひとり親世帯が酷く、厚生労働省の2022年「国民生活基礎調査」によれば、2021年の子どもの相対的貧困率は11・5%だったものの、ひとり親世帯に限ると44・5%と半分近くが貧困状態にあると指摘しています。

また、「令和3（2021）年度全国ひとり親世帯等調査結果報告」によれば、20歳未満の子どもを養っている母子家庭で母親が養育費を受け取っている割合はわずか28・1％に留まり、ほとんどの父親が責任を果たしていません。

つまり、ふたり親世帯で育った子どもに比べて、母子家庭で育った子どもは不遇な教育環境によって貧乏な人生が待っている可能性が高くなってしまうのです。

ちなみに、母子家庭になった原因の79・5％が離婚であり、死別が5・3％に留まることから、母子家庭の貧困に対して「自己責任」という厳しい目が向けられることも少なくありません。

しかし、離婚の理由は様々であり、他人には知る由もないわけですから、むやみやたらに自己責任論を押し付けるべきではありません。

いずれにせよ、貧富の差は世代間で遺伝しやすく、子どもの力ではどうすることもできないことを考えると、格差拡大の放置は、彼らが大人になった時に社会不安が増大するリスクを高めてしまいます。

▼平等な社会なら死んでしまいたい

『絶望死のアメリカ　資本主義がめざすべきもの』（みすず書房）によれば、世界中の富裕国で平均寿命が延びるなか、なぜか米国では非大卒の中年白人労働者の平均寿命が短くなっているそうです。

主な死因はドラッグ、アルコール、自殺の三つで、彼らは死ぬまで酒を飲み続けたり、薬物を過剰摂取したり、銃で自分の頭を撃ち抜いたり、首を吊ったりするというおぞましい死に方をしていて、プリンストン大学のアン・ケース教授とアンガス・ディートン教授は、これを「絶望死」と名づけました。

絶望死が急増しているのは非大卒の中年白人労働者であり、彼らよりも比較的収入の少ない非大卒の中年黒人労働者は、むしろ死亡率が減少しているため、貧富の差が絶望死の原因になっていないことがわかります。

では、一体何が非大卒中年白人労働者を「死んでしまいたい」と思わせているのかというと、それは「人生の喪失」です。

そもそも、米国は過去半世紀にわたって「能力主義社会（メリトクラシー）」を構築してきました。能力主義社会とは、個人の才能や知識、スキル、努力が評価の基準であり、人種や性別、年齢、宗教、障害、国籍ではなく、個人の成果やパフォーマンスを重視する社会のことです。

つまり、あらゆる差別をなくし、競争機会を平等に与えた上で、成果を上げた人には高い報酬や昇進の機会が与えられる一方、成果が乏しい人にはそれ相応の評価が下されるというわけです。

これは、一見すると理に適った社会だと言えますが、行き過ぎた能力主義社会は社会不安につながりかねません。

たとえば、**能力主義社会では成功者は自分の成功を、自分の能力や努力の結果だと自慢し、成功できなかった人々に対して努力不足だと見下すかもしれません。**また、低学歴は社会から低く評価され、自分のことを全く知らない赤の他人からも軽蔑されることで、自分は負け組だと感じるようになります。

将来性のない負け組男性が、「自分は結婚相手に相応しくない」と考えると婚姻率が下がります。婚姻率が下がると子どもの成長を見守るという恩恵が得られなくなり、仕事を頑張ろうとも考えにくくなります。そして、能力主義社会において仕事を頑張らないという選択を取れば、会社から低い評価を受けて職を失う可能性が高まってしまいます。

たとえば、1980年代から製造業のオフショアリングが進んだことで、ブルーカラー労働者の職が新興国の労働者に奪われたように、2020年代からはリモートワークとAIの普及によって、ホワイトカラー業務のオフショアリングが進み、ホワイトカラー労働者の職も新興国の労働者に奪われる可能性があるということです。

労働者にとって仕事とは、ただお金を稼ぐ場所ではなく、仕事を通じて行事や風習、日課が日常生活の一部となり、個人のアイデンティティや自己実現のための重要な手段になります。

しかし、仕事を失ったり、低賃金労働者としてでしか生きていけなくなったりした場合、それは両親と同じような人生を築けないという自分自身に対する失望感に苛まれるだけではなく、人生の意義や尊厳、誇りを失い、婚姻関係やコミュニティを失うことで自尊心も失ってしまいますから、それが「死んでしまいたい」と思わせるのです。

では、なぜ黒人の間で絶望死が増えないのかというと、それはもともと絶望死が当たり前であり、慣れっこになってしまっているからです。

差別のある社会とは、それによって特権を持つ人と持たない人がいることを意味しますから、黒人差別が当たり前の社会では、白人が得をして黒人が損をし、女性差別が当たり前の社会では男性が得をして女性が損をすることを意味します。

一方、差別のない平等な社会では、白人や男性からそれらの特権を奪うことを意味します。すると、単なる差別によって得られた恩恵を、あたかも自分の能力や努力によるものと勘違いしていた白人や男性の自尊心は深く傷つけられ、精神的なダメージを負ってしまうのです。その一方で、黒人や女性は差別がなくなることの恩恵が得られます。

言うまでもなく、差別がある社会よりも差別などない社会の方が良いことを考えると、中年白人労働者の絶望死は仕方がないと考える人もいるかもしれません。しかし、絶望死や貧困の増加を放置すれば、彼らはその絶望という現実の責任が誰にあるのか？　ということに苦悩するようになり、それが社会不安を増大させるリスクを高めかねません。

たとえば、自分を責めるタイプの人は絶望死を選びますが、他人を責めるタイプの人は、社会体制が悪いと考えて、政治家に銃を向けたり、街や電車の中で刃物を振り回したり、放火したりするかもしれません。そのため、絶望死や貧困の拡大を放置してはいけないのです。

しかし、どうすれば絶望死を食い止めることができるのか？　ということについて、アン・ケース教授とアンガス・ディートン教授から具体的な提言はありませんでした。これは、差別のない平等な社会において、すべての人が同じ教育機会が与えられたとしても、必ずしも同じ成果や結果が得られるわけではなく、やはり格差が生まれてしまうなど、問題はそれほど単純ではないからです。

そのため、資本主義社会で能力主義社会の米国では、これからも絶望死が増えることが予想されるわけですが、日本でも同じような未来が待っているかもしれません。

▼生産性が上がると「絶望死」が増える

日本では労働生産性の低さが問題視されていて、その解決策として「解雇規制を緩和すべき」との意見が多いです。しかし、仮に日本で解雇規制を緩和すれば、生産性が上がるとともに絶望死が急増しかねません。

たとえば、日本生産性本部が公表した『労働生産性の国際比較２０２３』によると、日本の時間当たり労働生産性（就業1時間当たりの付加価値）は52・3ドルで、Ｇ７参加国中最下位です（37ページ図）。

そもそも、労働生産性とは労働者がどれだけ効率的に成果を生み出したかを定量的に数値化したものであり、労働者の能力向上や効率改善に向けた努力、経営効率の改善などによって向上し、経済成長や経済的な豊かさをもたらす要因とみなされています。

そのため、労働生産性が低いということは、非効率な働き方や経営が行われていることを意味するため、結果として企業の競争力低下につながっているのです。

日本の労働生産性はG7で最下位
（単位購買力平価換算USドル）

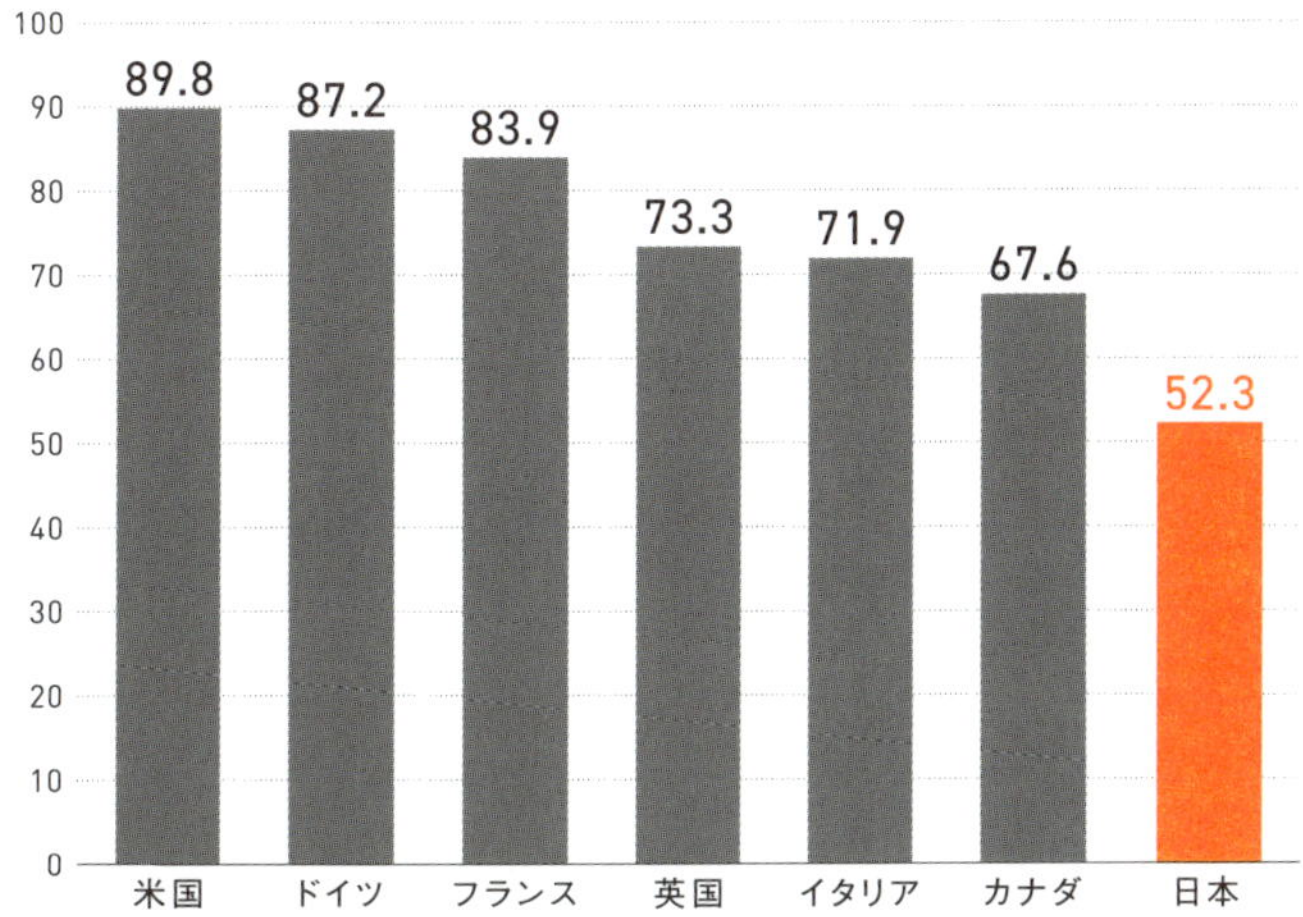

出所:日本生産性本部（2022年）

日本の労働生産性が低い理由は、解雇規制が厳しい関係で、生産性の向上に伴う恩恵が得られないからです。

たとえば、2024年の米国では堅調な企業業績にもかかわらず、巨大テック企業を中心に、相次いでホワイトカラー労働者の解雇が進められています。これは、AIの導入に伴う生産性の向上によって、ホワイトカラー労働者が余ってしまっているからです。

しかし、解雇規制の厳しい日本でAIを導入して生産性を向上させても、余った人材を解雇するのは難しいですから、AIを導入するメリットがなく、生産性が向上しにくいのです。

では、解雇規制を緩和すれば、あらゆる

問題が解決するのか？　というと、そんな単純な話ではありません。

仮に日本で解雇規制を緩和すれば、企業の生産性は向上するものの、ホワイトカラー労働者を中心に大量の失業者を生み出しかねません。とりわけ、これまで日本の労働市場におけるホワイトカラー業務は日本人同士の競争でしたが、今後は（リモートワークとＡＩの普及によって）中国やインド、ベトナムのホワイトカラー労働者との競争に晒される可能性があるのです。

つまり、米国では差別という特権によって守られてきた非大卒の白人労働者を中心に絶望死が増えたように、日本でも厳しすぎる解雇規制という特権によって守られてきたホワイトカラー労働者を中心に、絶望死が増えることが予想されるというわけです。

社会より自分を変える方が　よっぽど簡単

これまで見てきたように、ぼくたちの生きる資本主義社会では、富が偏在し、格差が拡大するように設計されています。また、自由競争の結果、一部の富裕層は働かずして莫大な富を手に入れる一方で、多くの人々はいくら働いても貧しい生活から抜け出すことができません。

さらに、企業が利潤の追求を優先して生産性の向上を目指せば、一部の優秀な労働者が高収入を得る一方で、大部分の労働者は低収入に甘んじなければならないなど、資本主義は最悪の社会システムのひとつだとさえ言えます。

しかし、社会主義や共産主義などの代替システムは、経済的に非効率であるほか、計画経済を進める一部の政治家や官僚に強大な権力が集中してしまいます。すると、彼らはその強大な権力を守るためなら情報を統制し、国民を刑務所にぶち込んだり、処刑しても構わないと考えるため、資本主義社会よりもずっとおぞましい社会になりかねないのです。

実際、かつての中国やソ連や東欧諸国の失敗が、中央集権的な経済運営の限界を如実に表しています。

つまり、資本主義は最悪の社会システムだと言えますが、それは他に試みられたあらゆる社会システムを除けばの話なのです。

そのため、ぼくたちは市場経済に限界はあれど、最も効率的で豊かさをもたらす資本主義社会というシステムで生きて行くほかないのです。

そして、実はこの資本主義社会では他人よりも「うまくやる」方法があります。それは、

資本主義社会が資本家や一部の優秀な労働者にとって有利な社会システムなら、自分が資本家になり、優秀な労働者になってしまえばいいのです。

それができるなら誰も苦労しないと思うかもしれませんが、特別な才能や能力、コネ、お金などなかったぼくが、23歳の頃にそう考え、20年もしないうちに数億円の純金融資産と、年間で億を超える収入を得て、資本主義社会の恩恵を享受できるようになったのだから、社会システムを変えるよりも自分を変えてしまった方がよっぽど簡単だと思います。

大切なことは、まずは自分の頭の中の考えを、貧乏マインドからお金持ちマインドに切り替えることです。なぜなら、お金持ちは信念によってお金持ちになり、貧乏人は信念によって貧乏になるからです。

結局のところ頭の中の考えがその人の人生をつくるため、自分はお金持ちになれると信じている人はお金持ちになれるし、自分はお金持ちになんてなれないと信じている人は一生貧乏のままなのです。

だからお金持ちになりたければ、物事をお金持ちのように考え、お金持ちのように振舞わなければなりません。ただし、これはなにも高級志向で意識の高い生活を心がけろという意味ではありません。

お金持ちマインドと貧乏人マインド

お金に対する考え方

お金持ちと貧乏人とでは、お金に対する考え方が異なります。

たとえば、**貧乏人は「お金は限られた資源であり、他人から搾取するものだ」**と考えます。お金は他人から搾取するものだと考えてしまうと、お金を稼いだり、お金を欲しがること自体が悪いことのように思えてしまいます。

しかし、お金がないと生きて行くことはできないわけですから、公務員など利潤を追求しない組織で働くか、会社という誰かが作ったお金を稼ぐ仕組みの中で、労働（時間）を対価に、お金の稼ぎ方を考えることなく働くほかありません。

その一方で、**お金持ちは「お金は価値やサービスに対する対価で、夢や目標を達成する**

ための ツールだ」と考えますから、ニーズ（人々が困っていることや不満に思っていること）を探し出し、それを解決することでお金を稼ごうと考えます。そして、稼いだお金で自分の夢（世界一周旅行やレストランの開業など）を叶えるわけです。

たとえば、ぼくは「投資や経済のことを文章ではなく、動画で学びたい」というニーズを見つけて、それをYouTubeでアニメーションソフトを使ってわかりやすく解説することで解決し、お金を稼ぎました。また、ぼくの夢は自分のビジネスを立ち上げ、好きな時に好きな場所で好きなだけ働くということだったので、今の生き方がちょうど良い感じで叶えられています。

このように、お金は他人から搾取するものと考えるか、価値やサービスに対する対価だと考えるかで行動が変わり、得られる報酬も変わりますから、お金持ちになれる可能性は前者よりも後者であることは言うまでもありません。

▼投資に対する考え方

また、**お金持ちは投資をすることで「お金を増やせる」と信じていますが、貧乏人は投資をすることで「お金を失う」**と信じています。

たとえば、貧乏人は1987年のブラックマンデーや2000年のドットコムバブル崩壊、2008年の金融危機、2020年のコロナ危機を例に挙げ、株式市場が大暴落するのは必然であり、カジノと同じでお金を失う場所だと悲観的に考えています。

その一方で、お金持ちは過去の株式市場の暴落や、その原因となった金融危機や戦争、感染症、災害などを例に挙げ、「人類がこれらの困難を幾度も乗り越えてきたことを考えると、これからもあらゆる困難を乗り越えられるだろう」と楽観的に考えます。

▼時間に対する考え方

時間について、**お金持ちは「時間をつくる方法」を考える一方で、貧乏人ほど「そんな時間はない」と考えます。**

たとえば、何かで成功したり成果を出すにはそれなりの時間がかかりますから、忙しい中でも時間を捻出しなければなりません。世の中は「トレードオフ」で成り立っていますから、何かを得るには何かを犠牲にしなければならないのです。

誰もが睡眠や食事などの時間を除けば、自由に使える時間は1日12時間くらいしかありませんから、その貴重な時間の一部をテレビやゲーム、SNSなどに使ってしまうと、残された時間はほとんどなくなってしまいます。

しかし、貧乏人ほど「リラックスしたり休むことは大切だ」と言い訳して、時間の浪費を止めることはできませんから、永遠に「時間がない」と信じて怠惰な人生を送るのです。

その一方で、お金持ちは目標を達成するためなら、優先順位の低い時間の使い方を簡単に切り捨てます。時間の使い方を見直すことで、1日2~3時間のスキマ時間をつくり、そのスキマ時間で副業や勉強を続けて、長期的に成果を上げるわけです。

そして、こうした努力は複利のように効いてきます。努力を続けた人と何もしなかった人との間で、10年後、20年後に大きな差となって表れます。20年後にそれに気づいても取り返しのつかないことになりかねません。

もちろん、家事や育児、介護などに追われて「自分のことなど何もできない」という人もいると思います。ぼくは先ほど世の中はトレードオフだと言いましたが、家族は人生において何ものにも代えがたい大切な存在ですから、自分の成功やお金を犠牲にするだけの価値はあると思います。

別の言い方をすれば、世の中がトレードオフなら、すべてを手にいれられる人などいないことを意味しますから、今の自分にとって本当に大切なことを見極め、それに対して時間をつくるといいと思います。

▼成功に対する考え方

お金持ちは成功の大部分は「運によるもの」と考える一方で、**貧乏人は「能力によるもの」だと考えます。**

たとえば、貧乏人ほど成功の大部分は能力によるもので、運の要素は小さいと考えがちです。そのため、多くの日本人はお金持ちになるためには、一流大学を卒業し、一流企業に入社し、そこでの出世が必要だと信じています。そして、それらを実現するためには努力が必要不可欠であり、運に左右されるものではないと考えるのです。

たしかに努力を積み重ねて能力を高めれば、一流大学に入ることも一流企業に入ることも、そして出世することもできるかもしれませんが、それではお金持ちになることはできません。なぜなら、お金持ちになるためには無数に転がっているビジネスチャンスに何度も挑戦し続ける必要があるからです。

ところが、一度一流企業に入ってしまうと1000万~2000万円程度の年収で満足してその地位にしがみつくようになり、どれだけビジネスチャンスが目の前に転がって来ても挑戦したりしなくなるのです。

もちろん、挑戦には失敗はつきものですが、お金持ちほど成功は「運」の要素が大きいと知っているので、リスク許容度の範囲内で何度も挑戦し続けます。実際、何かで成功してお金持ちになった人ほど、自分の人生を振り返った時に運が果たした役割の大きさを痛感するものです。

これは自分以上に能力があり、そして努力した人が、ちょっとしたタイミングのズレや方向性の違いで大した成果が上げられなかったというケースを嫌というほど見てきているからです。

すると、貧乏人ほど「成功の大部分が運によってもたらされるなら、努力しても仕方がない」と勘違いする人もいますが、運というのは神様が人間をランダムに選んで、ある日突然、幸運になれる魔法をかけてくれるわけではなくて、実際には日々の努力や行動を積み重ねた結果として、たまたま訪れるものなのです。

ちなみに、ぼくは2016年から米国株ブログを書き始め、現在はYouTubeやnote、本の執筆などをする投資系インフルエンサーとしてそれなりにうまくやっているわけですが、これはみなさんの何倍もの能力があるというわけではなくて、単純にYouTubeブームや米国株ブームに乗っただけの運が良い人に過ぎないのです。

「マネーマシン」のある人生

金融資産が2億円あると、それを年率平均6%で運用するだけで、毎年1200万円のリターンが見込めますから、仮に年間支出額を数百万円程度とした場合、お金を転がすだけで遊んで暮らせるようになります。

すると、多くの人は2億円なんて用意できるわけないと決めつけますが、1974年1月1日〜2023年12月末までのS&P500の配当再投資込みのインフレ調整前トータルリターンが、年率平均11・2%だったことを考えると、計算上、毎月25万円の積立投資を20年間、年率平均11・2%で運用すれば、最終資産額は2億913・6万円となり、目標の2億円を達成させることができるのです。

なぜ、こんな簡単なことを誰もやらずに定年まで働いて、なおもお金に困り続ける人生を歩むのだろう？　ぼくはその理由が知りたくて、自分で「ある方法」を試してみたところ、20年もしないうちに目標の2億円を達成できたので、（運の要素が多分にあるものの）決して不可能な話ではなかったと言えます。

ちなみに、トマ・ピケティ教授が『21世紀の資本』で証明した通り、資本収益率は経済成長率を上回る傾向があるため、一度お金を転がして遊んで暮らせるようになると、まるでお金を生み出す「マネーマシン」を手に入れたかのような人生を送ることができます。

もちろん、お金を転がして生きていく人生が普通ではないことを考えると、普通の生き方をしている家族や友人、同僚と同じような生き方をすれば、そうした人生に辿りつくことはできません。

では、どうすれば「マネーマシン」のある人生を送れるのか？　というと、それは、前述したような**お金持ちマインドで物事を考えるクセをつけ、日々の行動や習慣を変えるだけで大丈夫です。**

これまで説明してきたように、日本の未来は暗く、多くの人には貧乏で惨めな老後生活が待っていますから、格差は拡大し、絶望を悲観して社会不安が増幅するリスクが高まります。しかし、日本の未来は変えることはできなくても、自分の未来を変えることはできますから、あなただけは「マネーマシン」を手に入れて、少しだけリッチな人生を歩めばいいのです。

2限目ではマネーマシンを手に入れるための具体的な行動戦略について紹介します。

2
限目

人生を変える
マネーマシンの
設計図

お金が増える仕組みはシンプル

「お金持ちになりたい」とか「老後までに十分なお金を用意しておきたい」とあなたが願ったところで、お金が増える仕組みがわからなければ、いくら頑張ってもお金は貯まりませんし、当然、お金持ちになることも十分な老後資金を用意することもできません。

たとえば、「節約生活」に励んで生活費を月10万円に抑えることができたとしても、お金持ちになることはできませんし、転職を繰り返すなど「キャリアアップ」を目指して年収を1000万円、2000万円と増やしてもお金持ちになることはできないのです。

しかし、世の中にはお金を増やすために、刑務所並みの質素な食生活を何十年も続けたり、心と身体がボロボロになるまで働き続けたりするなど、間違った努力を続けている人があまりにも多いです。

当然、そんなやり方を何十年と続けられる人なんてほとんどいませんから、すぐにギブアップして普通の生活に戻ってしまうだけです。そして、翌日には贅沢な暮らしぶりばかりをSNSに投稿するアカウントを見ては羨ましがり、「お金持ちになりたい！」とか、「老後が不安だ」と嘆くわけです。

もし、あなたが本当に将来のお金の問題を解決したいなら、お金が増える仕組みを正しく理解しなければなりません。そして、そのお金が増える仕組みを勿体ぶらずに言うと、**「収入を増やし、支出を減らし、運用利回りを最大化させる」**という、意外にもシンプルな答えになります。

これは、先ほどの「節約生活」や「キャリアアップ」と同じだと思うかもしれませんが、大切なことは「すべてを組み合わせる」ことにあります。

たとえば、節約生活を頑張っている人は多いですが、キャリアアップを怠ったことで毎月の手取り収入が20万円しかないなら、いくら節約生活に励んだとしても、節約できる金額はせいぜい数万円程度しかありません。

また、キャリアアップを目指して年収1000万円を達成しても、いわゆる中流・上流階級と同じような暮らしをするなど節約生活を怠れば、やはりお金は貯まりませんから、お金を増やすこともできません。

そして、ようやくできたお金で資産運用を始めても、大きなリターンを目指して、レバレッジをかけた長期投資をしたり、暗号資産に集中投資したりすれば、これまでの努力がすべて水の泡になりかねません。

繰り返しになりますが、老後までに十分なお金を用意したければ、支出を抑えながら収入を増やし、余ったお金で堅実な運用を続けることを心掛けなければならないのです。

二人に一人は貯金100万円未満

お金を貯めるには支出を抑えなければならないわけですが、支出を抑えるにはお金に対する考え方を変えなければなりません。

たとえば、金融広報中央委員会の調査(2023年)による単身世帯の世代別金融資産保有額の割合を眺めると、20代で金融資産保有額100万円未満の世帯の割合は66・9%、30代は48・5%、40代は51・5%、50代は49・5%、60代は41・8%、70代は32・5%となっていることがわかります。

金融資産保有額100万円未満の世帯の割合は、20代が最も多いですが、これは所得が少なかったり、就学中の世帯もあるためです。また、30~50代まで50%前後でほぼ横ばい

30代で貯金をしない人は50代でもしない
（世代別金融資産保有額の割合：単身世帯）

（単位：%）

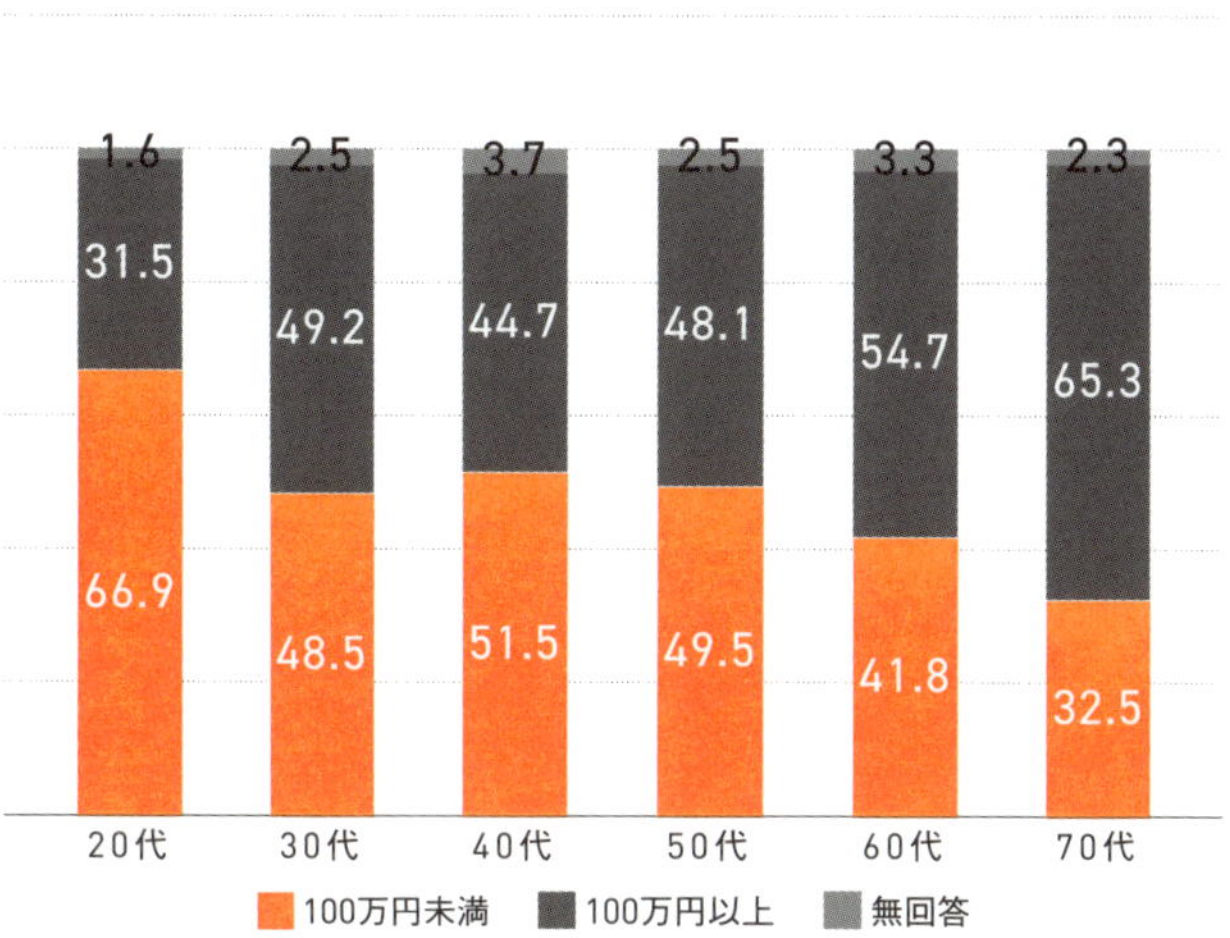

出所：金融広報中央委員会（2023年）

だったのに対して、60代以降になると突然低下し始めるのは、退職金や両親の遺産など一時所得があるからです。

このグラフは50代単身世帯のおよそ半分で貯金が100万円もないことがわかる衝撃的なデータですが、最も重要なポイントは、30〜50代において、金融資産保有額100万円未満の世帯の割合がほぼ横ばいであるということです。

通常、年を重ねれば所得が増えるため、それによってお金も貯まりやすいはずですし、仮に所得が増えなくても、毎月1万円の貯金をすれば時間の経過とともに増えるはずです。とりわけ、このデータは単身世帯のみを調査対象としているため、基本的には養育費などはかからないため、年を重ねるにつれて金融資産保有額１００万円未満の割合は減るはずです。

それにもかかわらず、30代と50代の割合がほぼ変わっていないどころか、むしろ50代の方が増えているのは、**30代で貯金をしない人は50代になっても貯金をしないことを示唆しています。**

そもそも、貯金とはある時期にまとめてやるものではなくて、毎月コツコツと貯めていくものです。そのため、お金を貯めるには貯金をする習慣を身につけなければならないのですが、その習慣を身につけることができなければ、たとえ所得が増えても貯金をすることができないのです。

なぜ、単身世帯の二人に一人は貯金をする習慣を身につけることができないのか？　というと、それはお金を貯められない人の考え方が身についてしまっているからです。

お金を貯められない人の口ぐせ

お金を貯められる人と貯められない人は、それぞれ異なる考え方を持っています。前者の考え方をして生きれば、お金に困らない人生を歩むことができますが、後者の考え方をして生きれば、一生お金に困る人生を歩むことになりかねません。

1 人生を楽しむ

お金を貯められない人ほど、**「いつ死ぬかわからないのだから、今を楽しまないと意味がない」**が口ぐせで、常に手元にあるお金で人生を最大限楽しむ方法を探します。彼らは「人生」という壮大なパワーワードを使いこなすことで、浪費を常に正当化しているのです。

たとえば、手元に10万円あれば、その10万円で何ができるかを考え、100万円あればその100万円で何ができるかを考えるため、いくら一時的に貯金ができてもすぐにゼロにしてしまうのです。

人生の価値観は人それぞれですから、決してそのような考え方が悪いと言っているわけではありません。しかし、貯金とは将来の備えのためにやるものですから、今を楽しむためにお金をあるだけ使ってしまえば、万が一の事故や病気など急な出費が必要な時に、お金のやりくりができなくなってしまいますし、将来、惨めな老後生活が待っているのは必然ですから、代償はあまりにも大きいと言えます。

お金を貯められる人は、「お金に頼らず、人生を楽しもう」と考えます。たとえば、筋トレやジョギング、写真、映画鑑賞、読書、英会話、料理、手芸などを趣味にして人生を楽しむ方法がありますが、いずれもそれほどお金をかけずに始めることができます。

とはいえ、せっかくお金に頼らずに楽しめる趣味も、お金を貯められない人ほど、「形から入らないとモチベーションが上がらない」と考えたり、他人と自分を比べてしまうため、やたらと高額なアイテムを揃えてから始めようとします。すると、同じ趣味を見つけても、貯金ができる人とできない人とで分かれてしまうのです。

2 思い込み

お金を貯められない人ほど、**「自分はお金を貯めるのが苦手だ」**とか**「向いていない」**と勝手に決めつけます。たしかに向き不向きがあるかもしれませんが、その人が普段考えていることや口ぐせが、その人の行動を決めてしまうため、ネガティブな思い込みは、工夫や努力を怠ることを正当化させます。

その一方で、お金を貯められる人は、「どうすればお金を貯められるか?」を考えるなど、問題を解決しようと前向きに物事を考えます。たとえば、スマホや保険などの料金プランを見直したり、優先順位の低い支出に対して、お金を使わないよう工夫します。

「できる」というポジティブな思い込みは、「どうせできない」という怠惰な心に打ち勝つことができるのです。

3 給料

お金を貯められない人ほど、給料が少ないことを言い訳にします。しかし、30〜50代までの貯金額100万円未満の割合がほとんど変わらなかったことを考えると、年齢とともに給料が上がっても貯金ができていないことになります。つまり、給料が少ないから貯金ができないわけではないのです。給料が上がっても、**「給料に見合った生活を手に入れたい」**と考えてしまうから貯金ができないのです。

たとえば、世の中のあらゆる商品やサービスには、ほぼすべてターゲット層が存在します。具体的に言えば、年齢や性別、年収などです。そのため、数万円で買えるスーツもあれば、数十万円もするスーツがあるのは、単純に低所得者層をターゲットにしているか、高所得者層をターゲットにしているかの違いでしかありません。

お金を貯められない人ほど、企業の広告戦略の餌食にされているため、年収が上がる度にスーツや時計、車などの値段が上がっていくため、いくら年収が上がっても貯金をすることができないのです。

その一方で、お金を貯められる人は、年収が上がっても普段の生活水準を上げたりしませんから、年収が少なくても貯金はできますし、年収が上がればより多くの貯金をすることができます。

ただし、問題は社会全体が広告戦略の餌食にされているということです。たとえば、仮にあなたが「別に1万円のスーツでも良い」と思っても、ビジネスやフォーマルなシーンで1万円のスーツを着ていけば、周囲から冷ややかな目で見られかねません。そのため、お金を貯められる人は全体の生活水準を維持しながら、使うべき所には使うなどメリハリをつけたりします。

4 必要なもの

お金を貯められない人ほど、**「これは必要なモノだから仕方がない」**と言い訳します。たとえば、「仕事が忙しいから仕方がない」と、毎日コンビニで昼食を買ったり、外食したりしていれば、自ずと出費が嵩みます。

しかし、お金を貯められる人は、週末にまとめて料理を作り置きしたり、簡単な弁当を持参することで、かなりの節約をしています。毎日の出費だからこそ、習慣化すれば毎月の支出を大幅に削減することができます。

5 自分へのご褒美

ぼくは**「自分へのご褒美」ほど意味のわからない支出はない**と思っているのですが、お金を貯められない人が、やや高額な浪費を正当化する際に使う魔法の言葉です。

ご褒美の頻度にもよりますが、自分をとても大切にするあまり、毎週のようにご褒美を与え続ければ、それが習慣化することによって、いつまで経っても貯金をすることはできません。

その一方でお金を貯められる人ほど、足るを知り、充実した人生を歩んでいるため、わざわざ自分へのご褒美など必要ないのです。そのため、高額な浪費を抑えたいなら、充実した人生を歩むほかありません。

○○さえなくせば、貯金は誰でもできる

世の中にはお金を貯めようと思っても貯められない人が大勢いますが、これは貯金を難しく考え過ぎているからです。お金を貯める方法はすごくシンプルで簡単です。それは、

手取り収入の4分の1を天引きして、初めからないものと考えて生活すればいいのです。

たとえば、ひと月の手取り収入が20万円の人は、給料日に5万円を貯金に回し、残りの15万円で生活するということです。

お金が貯まらない人ほど、お金がないお金がないと言って普通の生活を続け、それでもいくらかお金が残ったら、それを貯金に回そうと考えます。しかし、そうした希望的観測で貯金をしようと思っても、いつまで経っても貯金することはできないのです。

貯金というのは、ルールに基づいて躊躇なく実行しなければなりません。

ただでさえお金がないのに、4分の1も天引きしたら生活ができなくなると思う人もいるかもしれませんが、世の中にはあなたの収入の4分の3で生活している人はたくさんいるわけですから、決して不可能ではありません。覚悟と勇気が必要なだけです。

そうして、毎月5万円の貯金を1年続けたら60万円、3年なら180万円、5年なら300万円の貯金ができます。

ただし、その代償として給与水準が同じ人たちと比べて生活水準は落ちるため、見栄をはることはできなくなります。別の言い方をすれば、**見栄さえなくせれば、貯金など誰にでもできるのです。**

ちなみに、ぼくも手取り収入が20数万円程度だった20代の頃、毎月6万~8万円の貯金を欠かさず続けていました。ぼくに物欲がなかったこともあり、特に生活が苦しいと感じたことはありませんでしたが、友人からはなぜ貯金ばかりしているのか不思議に思われていました。

ぼくの過去の経験から、貯金が唯一難しいなと感じたことは、友人との付き合い方です。社会人になってお金を稼ぐようになれば、貯金を始められるようになりますが、同時にお金を使って欲しいモノを手に入れることもできますし、今までできなかった体験をすることもできます。

社会人になり、交友関係が広くなればなるほど支出は増えてしまいますから、貯金ができなくなります。反対に貯金をするために交友関係を狭めれば、新しい出会いや経験の機会は失われてしまいます。

なぜ、ぼくが貯金ばかりしているのか不思議に思っていた友人は、お金で新しい出会いや経験の機会を求めるタイプでした。ぼくは今でこそその考えに賛成ですが、当時は貯金を優先させました。これは何か深い考えがあったわけではなく、性格的なものだったと思います。ただし、これはこれで間違っていなかったと思えるのは、同じような節約志向の友人と交流を深めることができたからです。

貯金はルールに基づいて躊躇なく実行するものですが、人はひとりで生きて行くことはできませんから、同じような考えや価値観の友人がいれば、貯金もやりやすくなると思います。

貯金は「日本円への集中投資」

将来のためにお金を貯めることは大切ですが、貯金だけでは老後に備えた資産形成はできませんし、当然お金持ちになることもできません。

そもそも、どれだけ節約術を身につけたとしても、収入以上の節約をすることはできません。たとえば、手取り収入が25万円で、生活費を15万円に抑えたとしても、貯金できる金額は10万円です。毎月10万円の貯金生活を何十年と続けられる人はほとんどいませんが、奇跡的に40年続けることができたとしても、4800万円の貯金しかできません。

すると、4800万円なら十分だと思う人もいるかもしれませんが、それはインフレ率0％の世界がこの先も続いた場合だけです。仮に毎年2％のインフレが40年間続いた場合、今日の4800万円の価値は、40年後に約2140万円にしかならないのです。また、もし毎年3%のインフレが40年間続いた場合では、今日の4800万円の価値は、40年後に約1420万円にしかなりません。

つまり、奇跡的に毎年10万円の貯金を40年続けることができたとしても、インフレ率次第では、資産形成に失敗してしまう可能性があるのです。また、**貯金はあくまで日本円に集中投資していることに他なりませんから、必ずしも安全というわけではありません。**

たとえば、2016年以降の過去8年間で、トルコリラの価値は対ドルで10分の1に目減りしたほか、1994年以降の20年間では100分の1に目減りしました。

さらに、2021年以降の過去3年間で、アルゼンチンペソの価値は対ドルで10分の1に目減りしたほか、2015年以降の9年間では100分の1に目減りしました。

もちろん、日本円の価値がトルコリラやアルゼンチンペソ同様に大暴落するとは考えていませんが、今後の財政および金融政策次第では、円が対ドルに対して一段と下落する可能性は十分にあります。そのため、円預金をしていれば安全というわけでは決してないのです。

しかし、これは貯金をする必要がないとか、貯金は重要ではないということではありません。貯金は老後の備えとしての資産形成やお金持ちになるための最初のステップに過ぎないということです。

ではステップ2は何か？　というと、それは人的資本の最大化であり、この人的資本の最大化に成功すれば、老後のための資産形成やお金持ちになるための道のりは、まるで自転車から車に乗り換えたように、劇的に速くなります。

壮絶な格差はわずかな収入差から生まれる

将来の資産形成やお金持ちになる上で最も大切なことは、節約することでも投資で大きなリターンを上げることでもなく、あなた自身が働いてお金を稼ぐことです。なぜなら、多くの人にとって人的資本の価値の方が金融資本の価値よりもずっと大きいからです。

そもそも、人的資本とは個人が持つ知識やスキルを資本と捉えた概念で、労働市場におけるあなた自身の価値のことです。その一方で、金融資本とはあなたが保有する現金や株式などの価値のことです。

一般的なサラリーマンの人的資本の価値は2億～3億円ですから、ざっくり言うと年収400万～600万円のサラリーマンは、2億～3億円の人的資本を労働市場で2％くらいで運用していることを意味します。

その一方で、サラリーマンが保有する金融資本はせいぜい数百万円程度ですから、ほとんどの人にとって金融資本よりも人的資本の方がはるかに大きいのです。

なぜ、人的資本にそれだけの価値があるのかというと、それは両親や学校、社会があなたに多額の投資をして、価値を高めてくれたからに他なりません。そして、人的資本の価値はあなたの努力と運次第でさらに高めることができますから、金融資本を育てるよりもよっぽど効率が良いのです。

しかし、**多くの人は給料を数万円でも上げることが、どれだけ資産形成に大きなインパクトを与えるか気づいていないため、節約や投資よりもないがしろにしがちです。**

たとえば、66ページのグラフは手取り収入別の生活費と貯蓄・投資額を表したものになります。手取り収入23万円、生活費20万円、貯蓄2万円とした場合、投資に回せるお金は1万円になります。

生活費と貯蓄額を変えずに、手取り収入を30%（7万円）増やすだけで、投資に回せるお金は8万円と8倍も大きくなります。これは資産形成のスピードが8倍も早くなることを意味しますから、前者が40年かけて得られる成果を、後者はたった5年で得られる計算になります。

収入を増やせば、投資に回すお金が増やせる
（手取り収入別の内訳）

（単位:万円）

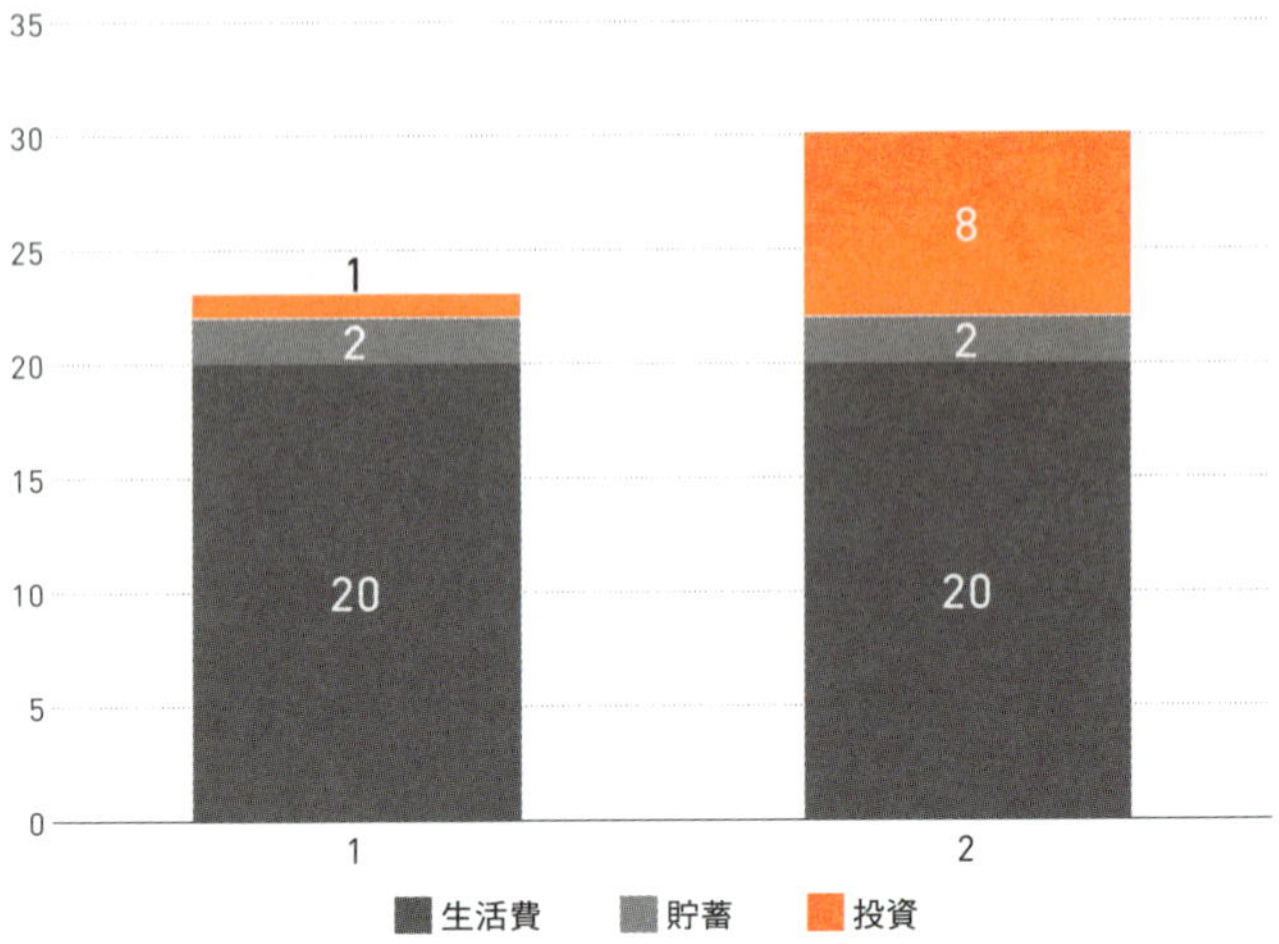

さらに、後者が２万円の節約を実践して、投資に回せるお金を10万円にした場合、前者が40年かけて得られる成果を、わずか４年で得られる計算になります。そして、これに複利の効果が加われば、その差は時間の経過とともに言葉を失うほど拡大してしまいます。

たとえば、毎月１万円の積立投資を、年率平均５％で40年間運用した場合、最終資産額は約１４９０万円になりますが、毎月10万円の積立投資なら、最終資産額は約１億４９００万円にもなります。

このように、世の中で目の当たりにする言葉を失うほどの格差とは、わずかな収入の差と、わずかな節約の差によってもたらされるのです。

20年ごとに自分をアップデートする

格差とはわずかな差の積み重ねによって生まれるわけですから、自分が格差社会の負け組にならないためには、そのわずかな差を生み出すことにこだわらなければならないことがわかります。

ところが、多くの人はお金の稼ぎ方を知らなかったり、お金を稼ぐことに抵抗感が強かったりするため、収入を増やせないでいるのです。

とりわけ、これまで日本社会は「転職」は会社に対する裏切り行為で、「副業」は本業に真剣に取り組んでいない証拠だと見なされていた関係で、ほとんどの人はその同調圧力に負けて収入を上げることに躊躇していました。そのため、自分の収入が上がるかどうかは、勤めている会社次第だったのです。

しかし、日本は解雇規制が厳しい関係で、正社員の給与を簡単に上げることもできませんから、日本のサラリーマンが等しく貧しくなるのはある意味必然だったのです。

とはいえ、人生100年時代を迎え、終身雇用や年功序列がすでに崩壊していることを考えると、日本人はこれまでの常識を捨て、新しい人生観で新しい生き方に挑戦しなければなりません。

ロンドン・ビジネス・スクールのリンダ・グラットン教授は『LIFE SHIFT』(東洋経済新報社)で、これからはロールモデルのないマルチステージモデルの時代になると主張しました。

これは、従来の人生モデルが「教育→就職→引退」という3ステージだったのに対して、これからは多種多様で複雑なキャリアパスやライフスタイルを選ぶことができる時代にシフトするということを意味します。

たとえば、これまでは20歳前後まで学校教育を受け、その後就職したら定年退職を迎える65歳まで同じ会社で働き続け、そして引退を迎えるというとても単純な3ステージモデルでした。

しかし、これからのマルチステージモデルの時代はもう少し複雑になります。たとえば、20歳前後まで学校教育を受けたら、その後は30代半ばまで副業をしながら会社で働き、40歳までに副業で起業します。そして、50代半ばくらいまで自分のビジネスを続けたら一度そのビジネスをたたんで、60歳くらいまで学び直しの機会を設け、60代から再就職したり、起業したりして80歳くらいまで働き、その後はボランティア活動に励むといった生き方です。

なんだかとても大変で面倒くさい生き方のように思えますが、**人生100年時代を迎えるということは、自分の知識やスキルを技術革新や社会の変化から取り残されないように、20年毎に大幅にアップデートさせなければ社会で通用しなくなる**わけです。これを怠ると、50代以降、次第に頭を使う仕事ができなくなり、体を使う「低賃金の肉体労働」しかできなくなることを意味します。

もちろん、多くの人はかつての単純な3ステージモデルに固執し、学び直しの機会を設けたり、新たな挑戦をしたりしようとはしません。あなたもかつての常識や生き方が通用しなくなることに薄々気づきつつも、周りの友人や同僚も新しい生き方を実践していないのだから、きっと大丈夫だろうと自分に言い聞かせると思います。

しかし、そうやって自分を誤魔化して安心させても、その代償はリストラのリスクが高まる50代以降、「低賃金の肉体労働」で支払う羽目になります。そして、たとえ惨めな老後人生が待っていたとしても、それを社会は「自己責任」だとして、誰もあなたの人生を助けてはくれないのです。

そのため、かつての常識や団塊の世代が望むようなロールモデルは忘れて、新しい生き方を実践しなければなりません。とりわけ、時代の過渡期ではライバルは少なく、競争は緩いですから、より大きな成果が得られやすいです。別の言い方をすれば、ぼくたちはいま、特別格差が生まれやすい時代を生きているということです。

人生100年時代の最重要スキル

人生100年時代を迎える中、お金を稼ぐ能力はとても重要なスキルになります。すると、多くの人は一生使えるスキルを身につけて、それ一本で食べていこうと考えます。これは、新しいことに何度も挑戦したくないし、新しいことを学びたくないという、変化に対する恐れからです。

ぼくを含め誰もが安定を求めていますから、新しいことに挑戦をしたり、新しいことを学ばなくても、安定してお金が稼げるならそれに越したことはありません。しかし、人生100年時代を迎えるということは、3ステージモデルからマルチステージモデルにシフトすることを意味するため、時代の変化に合わせてあなた自身も変化しなければならないのです。

とりわけ、AＩをはじめハイテク技術が日々進化している中で、特定のスキルだけが未来永劫にわたって、安定してお金を生み出し続けるということはほとんどないと思います。

では、**どうやってお金を稼げばいいのか？　というと、それはその時代にブームになっている成長市場でお金を稼げばいいだけです。**なぜなら、ブームになっている成長市場ではお金が流入しやすい一方で、衰退市場からはお金が出ていきやすいからです。

たとえば、どこにでもいる普通の一般人がYouTuberとして、タレントや歌手、スポーツ選手よりもお金を稼いでいるケースがあります。これはそのYouTuberが芸能人の何倍も優れているからではなくて、単純に時代とお金がテレビ広告からデジタル広告へとシフトしているためです。

テレビの場合、いつでもどこでも視たい番組が見られるわけではありませんし、予算の減少とコンプライアンスの強化を背景に、コンテンツがつまらなくなってきていると言われています。

その一方で、YouTubeは少しずつコンプライアンスが厳しくなってきているとはいえ、それでもテレビより自由で、いつでもどこでも視たい番組が見られるほか、自分に興味のあるコンテンツが日々アップロードされています。

そのため、若者はテレビを視聴しなくなってきたわけですが、彼らが年をとってからテレビを視聴するようにはならないことを考えると、テレビ広告はますます縮小していくことが予想されます。

そして、市場が縮小する中で、芸能人は限られたパイを奪い合うため、収入は上がりにくく、素人のYouTuberにすら収入で追い抜かれてしまうのです。しかし、それでテレビが消滅したり、芸能人の収入が下がり続けるなどということは起こりません。

なぜなら、芸能人はテレビでの知名度とブランドを活かして、YouTubeやInstagram、TikTokなどのデジタル広告市場に参入するだけで、いくらでもお金を稼ぐことができるからです。別の言い方をすれば、芸能人にとってテレビはお金を稼ぐ場所ではなく、知名度とブランドを上げるための場所になるということです。

つまり、何が言いたいかと言うと、特別なスキルや才能のない一般人や衰退市場にいる人でも、働く場所を成長市場にシフトさせるだけで、簡単にお金が稼げるというわけです。

実際、ぼく自身インフルエンサー・ビジネスをやっていて、驚くほどお金が飛び交っているのを実感していますし、息をするようにしてお金を稼ぐことができます。これは、インフルエンサー・ビジネスが現代社会のチート（イカサマ）とも言えるほど、ズルいビジネスモデルであるということも理由のひとつだと思います。

インフルエンサーのズルいビジネスモデル

インフルエンサー・ビジネスにはほとんどコストが掛からない一方で、レストランやアパレルなどのリアルビジネスは多くのコストが掛かります。

たとえば、レストランの場合は店舗を借りるために物件取得費が必要になります。これは保証金や礼金、仲介手数料、さらには実際にオープンするまでの空家賃などのことで、家賃の10～12か月分が必要になります。

仮にひと月の家賃が20万円なら200万～240万円です。また、20坪程度の店舗なら、改装するための内外装工事費として600万～1200万円程度が必要になります。さらに、厨房設備費や家具・食器・備品代に数百万円が追加で必要になります。

ここまでで概ね1000万～2000万円ほど必要になりますが、自己資金で足りない場合は銀行などから借入をしなければなりませんから、利息が将来の利益を圧迫してしまいます。

また、アルバイトやパートなどの従業員を採用する場合は、人件費だけでなく採用費も必要になりますし、お店を知ってもらうためには広告宣伝費も必要になります。

そして、オープンが近づけば食材などの在庫を持つ必要がありますし、売上がすぐに立たない場合に備えて、数か月分の運転資金として200万円程度用意しておかなければなりません。

ようやくオープンにこぎ着けたと思ったら、今度は毎月の家賃や人件費、材料費、水道・光熱費などの支払いに追われます。また、季節に合わせた旬の新商品を開発するために研究開発費も必要になります。

さらに、トイレットペーパーや洗剤などの消耗品のほか、会計事務所や防犯カメラなどの費用も発生します。こうした中で売上を増やそうと思ってもターゲットは商圏（通常は半径1～2km）に限定されますし、日々の売上は暦や天気に大きく左右されます（ビジネス街なら祝日や連休は閑散としています）。

通常、会社の倒産というのは売上が立たない時ではなくて、銀行への利息や取引先への仕入れ代金が払えなくなった時に起こります。飲食事業において居抜き物件が人気だったり、家族を従業員にしたりするのは、初期費用を抑えることで、倒産確率が低くなるからです。

また、YouTubeやInstagramなどのＳＮＳを活用すれば広告宣伝費を抑えることもできますから、飲食事業はこうした様々な費用を抑える一方で、その余ったお金でコスパの良いお値打ちな料理を提供することで、競合他社と差別化を図ります。

ただし、いずれにせよ飲食事業をはじめ、多くのビジネスに多額な初期費用が発生することに変わりありませんから、ハードルが高いと言えるのです。

その一方でインフルエンサー・ビジネスの場合は、初期投資や借金、家賃、従業員、広告、仕入れ、在庫、水道・光熱費、保険、研究開発費、消耗品・備品、防犯カメラなど、様々なコストが掛からないため倒産しようがありません。

また、売上を増やそうと考えた場合、商圏を気にする必要はありませんし、暦や天気にも左右される心配もありません。さらに、料理とは違って成果物に衛生的な責任を負う必要もありません。

このように、インフルエンサー・ビジネスというのは、コストが掛からない関係で利益率も高いですから、お金（倒産）の心配をすることなく、趣味を楽しむようにして仕事に専念できるのです。

念のため断っておくと、ぼくはインフルエンサーになれと言っているわけではありません。

予めSNSにたくさんのフォロワーを抱えていれば、いざ自分の商品やサービスを販売する際に、すぐにビジネスを軌道に乗せることができるので有利だと言いたいのです。

すると、多くの人はインフルエンサー・ビジネスの参入障壁の低さと競合の多さを理由に「今から始めてももう遅い」と諦めます。

しかし、インフルエンサー・ビジネスに参入する目的は、特定の領域において影響力を持つことであって、何十万、何百万人ものフォロワーが必要というわけではないのです。仮にニッチな市場であれば、フォロワー数は数万人で十分だと言えます。

また、自分の商品やサービスの販売を始める前に、他人の商品を宣伝することで自分の影響力を計り、ついでにお金を稼ぎなら事業資金を貯めることもできます。

そのため、インフルエンサー・ビジネスはインフルエンサーになることを目的に始めるのではなくて、自分のビジネスを始める前の準備として参入するといいと思います。

お金を稼げない4つの考え方

お金を稼ぐ人と稼げない人の大きな差は、努力や能力、才能ではなく、考え方にあります。そのため、もし、あなたが人的資本の最大化を目指してお金を稼ぎたいなら、お金を稼ぐ人と同じように考えるクセを身につけてください。

もし、あなたがお金を稼げない人と共通するモノの考え方をしていたら、いくら努力を重ねても満足のいく成果は出にくいですから、その考え方はすぐに捨ててください。

▼「準備」をしすぎる

まず、お金を稼げない人たちほど自分に足りないものを探して、やたらと準備に時間をかけようとします。

しかし、いくら準備に時間をかけたところで、市場にニーズがなかったり、仮にニーズがあったとしてもライバルに先を越されたりして商機を失う可能性だってありますから、時間をかければいいというものではありません。

もちろん、何の準備もせずに始めても成果を出すのは難しいですが、初期投資やランニングコストを必要としないネットビジネスに時間をかけてもあまり意味はありませんから、**さっさと始めて試行錯誤を重ねた方が手っ取り早く成果を出すことができるのです。**

そして、実際に行動を起こせば、市場の反応やニーズを把握できるほか、自分に足りないものも見えてきます。仮に反応が悪ければ何が悪いのかを考え、次に活かすことができますし、ニーズがないとわかれば、ビジネスの方向転換をすることもできます。また、自分に足りないものがわかれば、そこから準備すればいいだけです。

ビジネスは実際に始めてみないとわからないことばかりですから、あまり長い時間かけて悩むよりも、失敗を恐れずに早く始めて、試行錯誤の回数を増やした方が成功確率はあがります。

▼失敗や損を恐れすぎる

お金を稼げない人たちほど、ビジネスを始めるまでに時間をかけるのは、失敗や損を極端に恐れているからです。

たしかに一度の失敗で人生が台無しになるほどの挑戦なら慎重になった方がいいですし、むしろ考え直した方がいいと思いますが、お金をそれほどかけなくて済むネットビジネスなら、失敗や損を恐れる必要はありません。

また、失敗や損を回避する唯一の方法は挑戦しないことですから、失敗や損を恐れることでビジネスの挑戦回数をゼロにすれば、必然的に失敗しない人生を歩むことができます。しかし、それは成功とは程遠い人生ですし、当然お金を稼ぐこともできません。

お金を稼ぐ人たちは、成功するまで挑戦し続ける人ですから、失敗は成功するまでの過程でしかありません。たとえば、損失が限定されている成功確率20％のビジネスがあった場合、お金が稼げない人たちほど、80％の確率で失敗するなら挑戦すべきではないと考えますが、**お金を稼ぐ人たちは、5回挑戦すれば1回くらいは成功すると考えて喜んで挑戦します。**

お金を稼げない人たちほど、その4回の他人の失敗を笑いますが、お金を稼ぐ人たちは他人の評価を気にすることなく、その1回の成功のために挑戦し続けるのです。

▼好きなことをビジネスにしない

　お金を稼げない人たちほど、好きなことをビジネスにするべきではないと考え、お金を稼ぐ人たちほど、好きなことや得意なことをビジネスにするべきだと考えます。

　お金を稼げない人たちは、好きなことをビジネスにしてしまうと、好きなことが嫌いになってしまうと主張しますが、彼らは好きなことを嫌いにならないためなら、人生の大部分の時間を好きでもないビジネスに費やした方がマシだと考えているわけです。

　しかし、ビジネスというのは問題や課題が山積みで、それをひとつずつ地道に解決していかなければなりませんから忍耐力を必要とします。好きでもないビジネスならそれは苦痛でしかなく、すぐに「〇〇だからできない」と言い訳して問題や課題を放置します。すると、ビジネスを成長させることはできませんから、お金を稼ぐことはおろか仕事自体が嫌になってしまいます。

　また、好きでもないビジネスでお金を稼いでも、稼いだお金をビジネスに再投資したり、自分自身の勉強に使おうとは考えず、自分へのご褒美に使ってしまうだけですから、浪費ぐせが身に付いた頃には、ビジネスそのものがダメになっているなんてことはよくある話です。

その一方で、お金を稼ぐ人たちは好きなことをビジネスにするべきだと考えます。これは、**人生という限られた時間の中で、好きでもないことをやっている暇はないと考えているからです。**

また、好きなことをビジネスにすれば、様々な問題や課題も夢中になって取り組むことができますし、仕事自体が自分へのご褒美になるため、努力や忍耐力が必要だとも思いません。さらに、稼いだお金を好きなビジネスに再投資したり、自分自身の勉強に使うため、浪費ぐせが身に付くことなく、ビジネスの寿命も延びます。

▼やり方を変えない

お金を稼げない人ほど少しの成功に満足し、これまでのやり方を変えようとしませんが、お金を稼ぐ人ほど危機感を持っているため、常に新しいやり方を模索し、挑戦し続けています。

そもそも、ビジネス環境は常に変化し続けるため、同じやり方や同じ稼ぎ方をしていては、いずれ時代の変化から取り残されてジリ貧になるだけです。

たとえば、ぼくは２０１６年に「バフェット太郎の秘密のポートフォリオ」というブログを書き、副業としてお金を稼いでいましたが、２０２０年からはインフルエンサー・ビジネスを本業にし、「バフェット太郎の投資チャンネル」を始めて、ブログからYouTubeにシフトしました。また、２０２３年から個人投資家向けの定期購読マガジン「バフェット太郎note」を始めて、広告ビジネスに頼らないお金の稼ぎ方に挑戦しています。

こうして自分が活躍する場所を変えたり、常に新しい場所を探したりしているのは、同じ場所に留まっていると、いつか時代の流れとともに淘汰されてしまうのがわかりきっているからです。別の言い方をすれば、お金を一時的に稼ぐのは簡単ですが、**お金を稼ぎ続けるためには自分自身が常に変わり続けなければならないのです。**

副業も投資も やるか・やらないか、だけ

人的資本を最大化させるために、好きなことで副業をはじめようと考えた際、最も難しいのは好きなことを見つけることかもしれません。

誰もが趣味や好きなことがあるわけではありませんし、仮に好きなことや得意なことがあったとしても、副業にするほど好きではないかもしれません。また、自分よりも凄い人や本気でそれに取り組んでいる人がたくさんいるため、自分がそのテーマで副業を始めようとすること自体おこがましいと思ってしまうかもしれません。

そして貧乏マインドな人ほど「自分にはそれをやる資格がない」と言って、好きなことで副業を始めることができないのです。

しかし、そもそも副業とは本業の片手間でやるビジネスですから、何も業界の一番になる必要はありませんし、途中で飽きたり、それほど好きではなかったことに気づいたりしたら、別の好きなことや興味のあることにシフトすればいいだけです。それまで費やした時間は一見すると無駄のように思えますが、そこで得られた体験や知識は次の副業で活かすことができます。

また、好きなことで副業をするといっても、アルバイトやフードデリバリーなどスキルを必要としない副業では意味がありません。なぜなら人的資本の最大化とは、自分の価値を高めて人生100年時代を生き抜くことが目的ですから、自分の価値を高めることのできない仕事をしても意味がないからです。

ただし、好きなことが何もない人は何もやらない方がいいというわけではありませんから、好きなことが見つかるまでは、スキルを必要としないけれどお金は稼げる副業をすることで、資産の最大化を目指してもいいと思います。

では、具体的にどういった仕事で副業をすればいいのか？　というと、たとえば、ライターやせどり、グラフィックデザイン、動画編集、YouTube、ブログ、ｅスポーツコーチング、パーソナルトレーナー、オンライン講師、ＳＥＯコンサルタント、手芸・絵画、漫画・イラスト制作、家庭教師など様々な副業がありますから、これに自分の好きなことを掛け合わせればいいだけです。

たとえば、旅行が好きなら旅行に関するYouTubeやブログを投稿し、ホテルや旅館、特産品、旅行グッズを紹介することで広告収入を稼ぐことができます。また、筋トレが好きならオンライン講師として食事やトレーニングのアドバイスをするなどの副業を始めることができます。

さらに、漫画やイラストを描くのが好きなら、Amazonの電子書籍サービス「Kindleインディーズ」に無料で漫画を販売し、同時にKindleインディーズの紹介ページにAmazonへのリンクを入れておけば、アフィリエイト収入を稼ぐことができます。

とはいえ、好きなことで副業を始めるといっても、それが何であれ、誰もあなたのことを知らないわけですから、すぐにお金を稼ぐことはできません。

そのため副業を突然始めるのではなくて、その副業に関するＳＮＳアカウントを作り、インフルエンサーとしてＳＮＳのフォロワー数を増やしておくなど集客の部分を強化しておいた方が、最終的に好きなことでお金を稼いだり、それを本業にすることができます。

すると貧乏マインドの人ほど、「ＳＮＳでどうやってフォロワー数を集めればいいのかわからない」とか、「お金、才能、能力、人脈、時間がないからできない」「今更始めてももう遅い」と文句ばかりいって挑戦しようとはしません。

その一方で、お金持ちマインドを身につけている人は、これらに対する答えがわかっているので、黙って始めることができます。

実際に始めることができた人は、少しずつビジネスに必要な問題解決能力を高めるなど、経験値を積むことができますから、**3年、5年、10年と時間が経過した頃には、言い訳をして何もやらなかった人との間でとてつもないほどの収入の差が生まれているのです。**

そして、副業でお金を稼ぐことができるようになれば、「壮絶な格差はわずかな収入差から生まれる」で説明したように、資産形成が劇的にやりやすくなりますから、他人の何倍もの資産を築くことができます。

3
限目

バフェット太郎流
投資の「結論」

バフェット太郎流新NISA戦略

老後の資産形成を成功させるために、あるいはお金持ちになるために最後にやらなければならないことは「株式投資」です。もし株式投資を始めなければ、お金持ちになれないどころか老後のための資産形成すらできないため、惨めで貧しい老後生活が待っています。

実際、これまで何度も説明してきた通り、年金制度は事実上破綻しているほか、毎月数万円の積立貯金をコツコツ続けても、40年後にせいぜい2000万〜3000万円程度のお金しか用意できないため、毎年2%の物価上昇が続いた場合、実質的な貯金額は900万〜1400万円に目減りしてしまうからです。

とはいえ、これまで日本では「株式投資はギャンブル」だと信じられていましたし、今もそう信じている人がたくさんいることを考えれば、株式投資をしないことで貧しい老後生活を迎える高齢者が、今後も増え続けることが予想されます。しかし、あなたまで惨めで貧しい老後生活を歩む必要はありません。

そして、将来のための資産形成やお金持ちになるための投資法は、これまで紹介した人的資本を最大化させるための「節約」や「副業」とは違い、とてもシンプルで簡単なものですから、誰でもすぐに始めることができます。

バフェット太郎流の資産形成術を一文にまとめれば、**「新NISAで全米株式インデックスファンドに毎月一定額の積立投資をする」**というものです。

新NISAは絶対売るな

そもそも新NISA（少額投資非課税制度）とは、政府が個人の資産形成を支援するために導入した税制優遇制度のことです。導入の背景には、公的年金だけでは老後生活を賄うことができない可能性が高まっていることがあります。

新NISAには「つみたて投資枠」と「成長投資枠」の2つの投資枠が用意されています。

1 つみたて投資枠

- 対象年齢：18歳以上
- 年間投資上限額：120万円
- 非課税保有上限額：600万円
- 非課税期間：無期限
- 投資対象商品：金融庁の基準を満たした投資信託（ETF含む）に限定
- 売却分の投資枠：売却した場合は、その分の非課税保有上限額（総枠）が翌年以降、再利用可能

2 成長投資枠

- 対象年齢：18歳以上
- 年間投資上限額：240万円
- 非課税保有上限額：1200万円
- 非課税期間：無期限
- 投資対象商品：上場株式・投資信託など（※レバレッジ型等は除く）
- 売却分の投資枠：売却した場合は、その分の非課税保有上限額（総枠）が翌年以降、再

利用可能

２つの投資枠の合計は３６０万円ですから、仮に毎年３６０万円の投資枠を使い切った場合、最速5年で非課税保有上限額の１８００万円を使い切ることができます。同時にそれ以上の追加投資はできなくなります。

ただし、保有している株や投資信託などを売ると、投資枠が復活します。たとえば、仮にある年に新ＮＩＳＡで運用していた資産を全て売却した場合、非課税枠が復活して翌年の投資枠は１８００万円に戻ります。そのため、翌年目以降も毎年最大３６０万円（計１８００万円）の投資を継続することができるというわけです。

おすすめ投資対象

- 1位：全米株式インデックスファンド
- 2位：S&P500インデックスファンド
- 3位：全世界株式インデックスファンド（通称オルカン）

■大切なこと
・すべての投資枠を使い切ること（収入とリスク許容度の範囲内で）
・愚直に積立投資を続けること
・絶対に売らないこと

史上最強の投資対象「株式」

新NISAでは、株式や債券、コモディティ（金やエネルギー、穀物などの商品）、REIT（不動産投資信託）の中から投資対象を選択するわけですが、**30年以上の長期の資産形成を前提とした場合、株式が最も有利です。**

たとえば、ペンシルベニア大学大学院ウォートン・スクールのジェレミー・シーゲル教授が書いた『株式投資（第4版）』（日系BP）によれば、1946年から2006年までの株式の名目トータルリターン（配当再投資込みのインフレ調整前名目リターン）は年率11・2％だった一方で、長期国債のそれは年率6・0％、短期国債は年率4・7％と、株式が債券を大きく上回っていました。

また、1871年から2006年までにおいて、株式と長期国債の保有期間をそれぞれ1年とした場合、株式の利回りが長期国債を上回る確率は60・3％だったのに対して、保有期間が5年なら71・3％、10年なら82・4％、20年なら95・6％、30年なら100％となります。つまり、保有期間が30年以上の場合、長期国債に投資するよりも株式に投資をした方が有利なのです。

ロンドン・スクール・オブ・エコノミクスのエルロイ・ディムソン教授やポール・マーシュ教授らが書いた『証券市場の真実』（東洋経済新報社）によれば、1900年から2000年までにおいて、米国や日本、英国、カナダ、オーストラリア、ドイツ、フランス、イタリア、スペイン、ベルギー、オランダ、スウェーデン、スイス、デンマーク、アイルランド、南アフリカの16か国の株式利回りが債券利回りを大きく上回っていたとの研究結果を紹介しています。つまり、どの国でも株式の利回りは長期国債を上回る傾向があるのです。

さらに、金が変動相場制に実質的に移行した年の1971年1月から2023年12月までの53年間のS&P500と金の名目トータルリターンは、S&P500が年率10・9％だったのに対して、金は年率8・0％と、S&P500が金を大きく上回りました。

仮に1970年1月にS&P500と金にそれぞれ1ドルずつ投資した場合、2023

年12月には S&P500は236・3ドルに、金は60・2ドルになりますから、金に投資するよりもS&P500に投資をした方が、およそ4倍も資産を増やせた計算になります。

ちなみに、REITは1970年代後半の米国において、次々と破綻した歴史がありま す。これは、FRBが公定歩合（ディスカウントレート）を1981年に14％まで引き上げたことで、住宅ローン金利が18％を超えるなど、借り換え不能の状況に陥ったことなどが原因です。

このように歴史を振り返れば、債券やコモディティ、REITに投資をするよりも、株式に投資をした方が大きなリターンが期待できます。そのため、新NISAで投資対象を選ぶ場合は必ず株式にしてください。

やはり米国株を選ぶべき3つの根拠

世界には米国株や日本株、欧州株、新興国株などがありますが、日本の個人投資家は日本株を選好する傾向があります。これはホームカントリーバイアスといって、世界中に投

実質ドル建ての株式リターン
（1900～2000年）

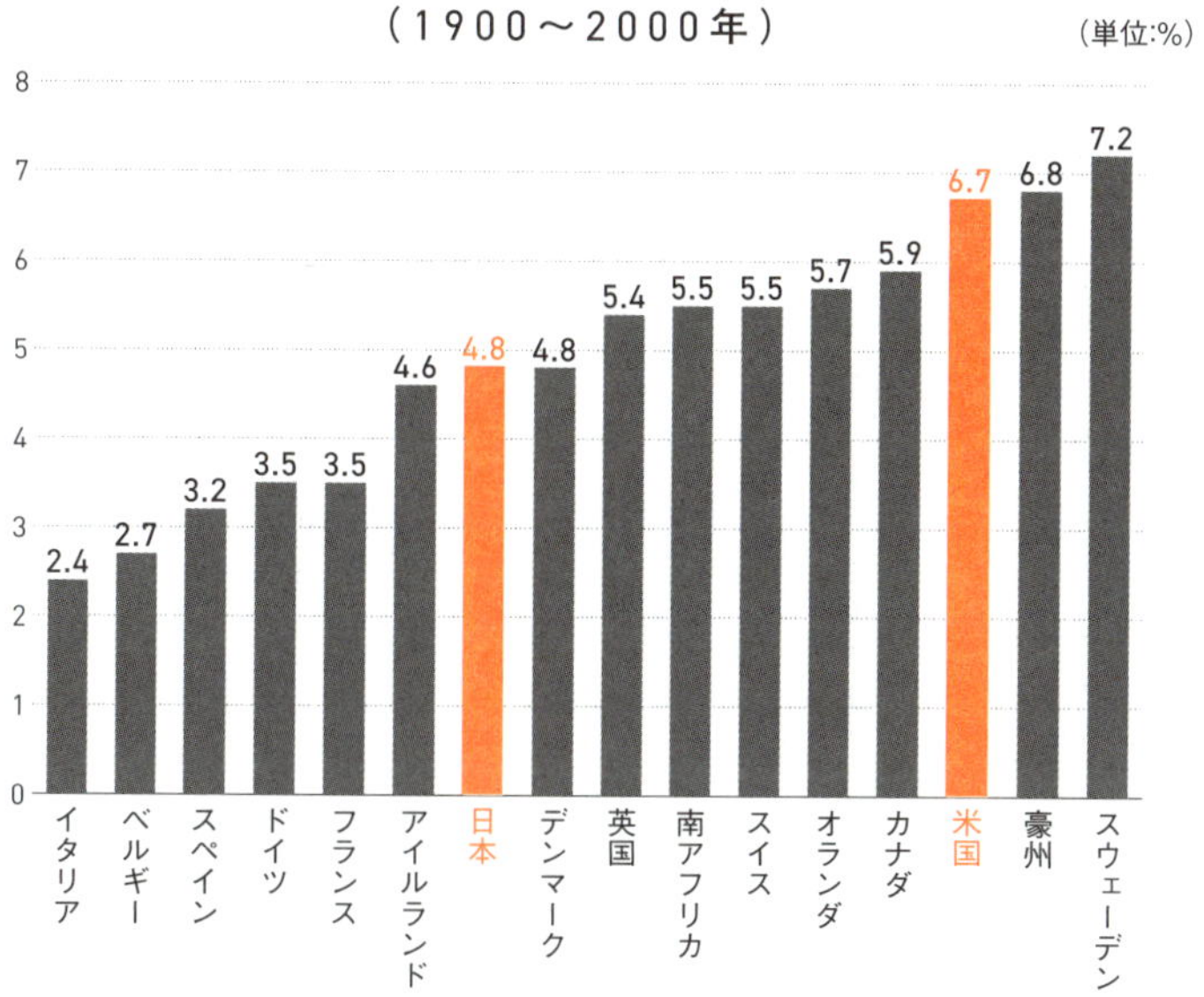

出所:『証券市場の真実』（東洋経済新報社）

資機会があるのにもかかわらず、親しみや馴染みがあるほか、容易に理解しやすいことから、外国株に比べてリスクが低いと錯覚してしまう現象のことです。

しかし、特定の国に集中投資してしまえば、ポートフォリオの分散効果が得られませんから、かえってリスクが増大してしまいます。また個人投資家の中には外国株は為替リスクがある一方で、日本株にはそれがないと誤解している人が大勢いますが、日本株にも為替リスクは存在します。

実際、ドル円相場が急激な円高に振れると、海外売上高の大きい大企業ほど、為替を理由に業績の下方修正を発表する傾向があります（反対に円安に振れれば、業績の上方修正を発表する傾向があります)。ところが、多くの日本人は日本株を円建てでしか見ることがないため、あたかも為替リスクが存在しないかのように錯覚してしまうのです。

では、どの国に投資をすればいいのでしょうか?

結論から言えば、米国であり、米国への集中投資はリスクが高いと感じるのであれば、全世界の株式に分散投資するといいと思います。

たとえば、『証券市場の真実』によれば、1900年から2000年までの101年間の各国の実質(インフレ調整後の)ドル建ての株式リターン(95ページ図)は、日本が4・8%と16か国中10位だったのに対して、米国は6・7%と3位でした。

なぜ、米国の株式リターンが各国と比較して高いのかというと、主に次の3つの理由が考えられます。

▼理由1:覇権国家

米国は世界最大の経済大国であり、2023年のGDPは約27・4兆ドルと、世界のGDP(104・8兆ドル)の約26%を占めています。

また同時に覇権国家でもあり、覇権国家であるということは、他国に対して経済的、軍事的、政治的、文化的に優位な立場であることを意味します。つまり、**自国に有利なルールでゲームができますから、構造的に経済成長しやすいのです。**

たとえば、2020年にはUSMCA（米国・メキシコ・カナダ協定）が発行されましたが、これは関税などの貿易制限を廃止、または削減することを約束した協定です。USMCAの特徴は米国の製造業と労働市場を保護する目的で、高い最低賃金が設定されるなど保護貿易的要素が強く、米国に有利な協定となっています。

また、米国はウクライナ戦争を巡って、ロシアをSWIFT（国際銀行間通信協会）から排除することで国際貿易の場から事実上締め出したり、中国に対しては安全保障に対する懸念から、先端半導体輸出の規制を強化するなどして強力な経済制裁を課しています。

さらに、ドルが基軸通貨であるということは、基本的に貿易はドルで行わなければなりませんから、各国の政府や企業はドルを持たざるを得ません。これは同時に、各国の経済が米国の金融政策に大きく左右されることを意味します。

たとえば、ドル高が進むと輸入物価が高騰するなどインフレが加速するリスクが高まるほか、政府や企業はドル建て債務の返済が困難になり、デフォルト（債務不履行）リスクが高まります。

そのため、各国の中央銀行はドル高を抑制するために、政策金利を引き上げるなど金融引き締めをする必要があるのですが、自国経済が減速している中で金融引き締めを余儀なくされれば、中銀自ら景気後退を招きかねず、政治の不安定化リスクが高まります。

実際、2022年3月から始まったFRB（米連邦準備制度理事会）の一連の金融引き締めによって、エジプトやナイジェリアなどが経済危機に陥っています。

つまり、米国は自国経済を優先して金融政策を決定することができますが、他国は米国の金融政策に左右されるため、政治や経済の運営が極めて難しいのです。

▼理由2：解雇規制

日本では解雇規制が厳しい関係で終身雇用が一般的です。そのため労働者は簡単に解雇される心配がなく、安定した雇用を享受することができます。反対に米国ではコモン・ローによる「解雇自由原則」のもと、解雇規制が緩く簡単に解雇されるリスクがあります。

成果主義の米国では、労働者の雇用は成果によって判断されるため、管理職や専門職など成果を求められる労働者ほど、高い成果を求められるプレッシャーの中で働くことになります。しかし、企業の成長にとって解雇規制は緩い方が有利なのです。

たとえば、野球やサッカーなどプロスポーツの世界では、過去にどれだけ偉業を達成したスター選手であっても、成績が振るわなければ戦力外通告を受けますが、若くて経験が浅くても、成績が良ければチームのメンバーとして第一線でプレーすることができ、莫大な報酬を得ることもできます。

これは**勝ち負けを決める厳しい世界で生き残るためには、常に最高の選手で挑まなければ試合に負けてしまうからです。**もし、みなさんの地元の球団が、過去の成績は良いけれどとっくに選手としてのピークを過ぎている60代の選手ばかり起用して多額の報酬を支払う一方で、20~30代の若手選手をベンチに座らせて低い報酬を払っているとしたらどうでしょうか。能力の高い若手選手は他球団への移籍を考えるのが自然ですし、みなさんも優秀な若手選手が次々に抜けるチームを応援したいとは思わないはずです。

しかし、日本のビジネス界ではこれと同じようなことが起きているうえ、低い賃金でも会社にしがみつきたいと考える労働者が大勢います。当然そのような企業が勝負の世界で生き残ることはできませんから、日本がグローバル競争を勝ち抜くことは難しいと思います。

とりわけ、インターネットとリモートワーク、そしてAIの普及によって、ビジネスチャンスのサイクルはどんどん短くなっていますから、年功序列型の人事制度では新しいビジネスチャンスを摑むことができません。また、これらによって生産性が向上しても、日本の場合、解雇規制が厳しいので生産性を向上させるメリットが生まれにくいです。

その一方で、米国は労働者の入れ替わりが激しいうえ、生産性の向上がコスト削減につながり、それが次の成長の原動力になりますから、他国と比較して高い競争力を維持し続ける可能性が高いと言えるのです。

▼理由3：リスクテイクの精神と文化

米国はリスクテイクの精神と文化が最も強く根付いている国のひとつとして知られていて、これが米国の発展とイノベーションを支える原動力になっています。

そもそもリスクテイクとは、やみくもにリターンを取りに行く行為ではなく、あらかじめリスクを想定した上で、大きなリターンを取りに行く行為のことです。米国ではこうしたリスクテイクの精神が植民地時代に誕生したと言われています。

たとえばハーバード・ビジネス・スクールのトム・ニコラス教授が書いた『ベンチャーキャピタル全史』（新潮社）によれば、19世紀の米国の重要産業のひとつだった捕鯨産業が、現代のベンチャーキャピタルの利益分布にそっくりな「ロングテール」の形をしていると して、リスクテイクな投資スタイルがこの時期に生まれ、発展し、イノベーションの強力

ベンチャーキャピタルの
ロングテール型利益分布のイメージ

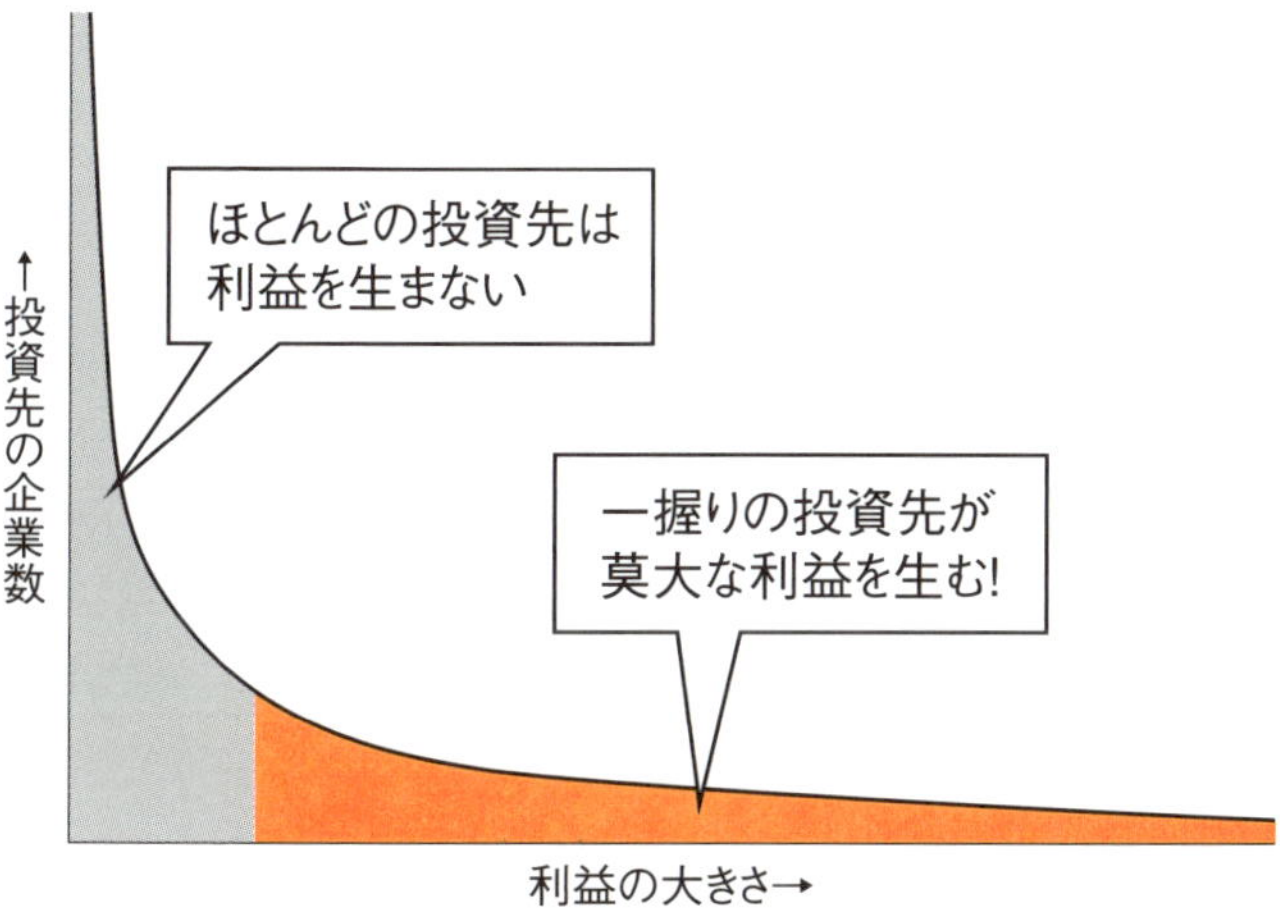
ほとんどの投資先は
利益を生まない
一握りの投資先が
莫大な利益を生む!
↑投資先の企業数
利益の大きさ→

出所:『ベンチャーキャピタル全史』(新潮社)を参考に筆者作成

な牽引役になってきたとしています。

縦軸に投資先の企業数、横軸に利益をとってグラフ化すると、左端に高い山ができ、右端にかけて長いシッポの形をしたロングテール型のグラフが出来上がります。これはほとんどの投資先は利益を生まない一方で、一握りの投資先が莫大な利益を生むことを表しています。そしてこのリスクティクな投資スタイルを「ロングテール投資」と呼びます。

19世紀、電気や石油が普及していない中で、鯨油は主にランプの燃料や機械の潤滑油として使用されるなど高価で貴重な燃料でした。しかし、鯨油や鯨ひげをいっぱいにして帰って来る船はごく一部で、捕鯨航海の3分の1は赤字だったそうです。それでも莫大な利益を上げられる可能性があるということで、捕鯨業への投資がブームになりました。

その後、石油産業の発展とともに捕鯨業は衰退し、投資先が綿織物業、航空産業、ハイテク産業へと時代の移り変わりとともにシフトしたものの、ロングテール投資は変わりませんでした。つまり、米国のリスクテイクの投資は捕鯨業から始まり、それが精神や文化として根付き、現代のＡＩ関連株投資につながっているのです。

別の言い方をすれば、**米国のリスクテイクの精神と文化は、長い歴史の中で形成されてきたため、他の国は簡単に真似することができず、米国の優位性は揺るがないと考えられるのです。**

実際、マグニフィセント・セブン（マイクロソフト、アップル、エヌビディア、アマゾン・ドットコム、アルファベット、メタ・プラットフォームズ、テスラの7銘柄）のような世界をリードするような企業が、米国以外の国から生まれてこないのはこうしたことに原因があると思います。

新NISAの最適解「投資信託」

新NISAで米国株投資を始める場合、つみたて投資枠には投資信託とETFの2つの選択肢が、成長投資枠には投資信託とETF、個別株の3つの選択肢がそれぞれ用意されていますが、どちらも必ず「投資信託」を選ぶようにしてください（※つみたて投資枠において、ETFを取り扱っていない証券会社もあります）。

そもそも「投資信託」とは、少額でもたくさんの銘柄に分散投資できる「箱」のようなものです。

たとえば、S&P500構成銘柄をそれぞれ1銘柄ずつ購入しようとした場合、※合計約11万ドル（約1700万円）も必要になりますが、投資信託であれば100円からS&P500構成銘柄にまとめて分散投資できます（※2024年10月末時点）。

そして投資信託には、非上場の投資信託とETFといって上場している投資信託の二種類が存在します。ETFとは「Exchange Traded Fund（上場）Fund（投資信託）」のそれぞれの頭文字を取ったものです。

投資信託とＥＴＦの主な違いは「取引価格」です。投資信託の場合、１日に１つ決まる基準価格で購入・換金するため、申し込み時点でいくらで買えたのか、あるいはいくらで売れたのかということがわかりません（そのため前日の終値などを参考にします）。

その一方で、ＥＴＦは上場されている関係で取引時間中に売買できるため、売買する値段を指定する「指し値注文」や取引の成立を優先する「成り行き注文」も可能です。

また、個人投資家が特に注目している信託報酬（投資信託を管理・運用してもらうための経費）は、投資信託よりもＥＴＦの方が低いことが多いです。

たとえば、代表的な銘柄を例に挙げると、投資信託の「ｅＭＡＸＩＳ Ｓｌｉｍ米国株式（Ｓ＆Ｐ５００）」の信託報酬が０・０９３７２％であるのに対して、ＥＴＦの「バンガード・Ｓ＆Ｐ５００ＥＴＦ（ＶＯＯ）」のそれは０・０３％と３分の１以下です（※いずれも２０２４年10月末時点）。

そのため、取引価格や信託報酬などを比べた場合、投資信託よりもＥＴＦの方が優れていると言えますが、ＥＴＦには分配金に関わる大きなデメリットが存在します。

そもそも分配金とは、投資信託の運用によって得られた収益を決算ごとに投資家に分配するお金のことで、株式で言うところの配当金に相当します。

たとえば、ある投資信託の分配金利回りを2％とした場合、投資家はその投資信託を100万円分保有していたら、年間2万円の分配金を得ることができます。

そして投資信託の場合、分配金が基準価額に上乗せされるようにして、自動的に再投資されるのに対して、ETFはそのまま払い出されてしまいます。そのためETFは、分配金を自分で再投資する手間がかかるほか、再投資する際に新NISAの残りの投資枠を使うことになってしまうのです。

つまり、**投資信託は1800万円の投資枠を目一杯使えるのに対して、ETFは分配金分減ってしまうため、非課税制度の恩恵を十分に享受することができないのです。**

ちなみに、成長投資枠では個別株にも投資することができますが、老後の備えとしての資産形成に失敗が許されないことを考えれば、個別株ではなく投資信託に投資した方が賢明です。

たとえば相場の格言に、「卵を1つのカゴに盛るな」という言葉があります。これはそのカゴを落としてしまったら、カゴの中に入っているすべての卵が割れてしまうため、複数のカゴに盛っておくことで、そのうち1つのカゴを落としてしまっても、他のカゴに盛った卵は守ることができるという意味です。

つまり、投資資金を1銘柄につぎ込めば、その銘柄が倒産した場合、資産のすべてを失いかねません。100銘柄に分散投資していれば、たとえ2～3銘柄が倒産したところで、資産の大部分は守られるというわけです。

すると、経験の浅い未熟な個人投資家ほど、将来有望の個別株に分散投資すればいいと考えがちですが、銘柄選択を誤れば、あなただけが資産形成に失敗しかねませんし、もう一度はじめからやり直すこともできません。

たとえば、プリンストン大学の名誉教授バートン・マルキール氏が書いた『ウォール街のランダム・ウォーカー』（日本経済新聞出版）によれば、平均的なアクティブファンドのパフォーマンスは、幅広く分散投資されたインデックスファンドにバイ・アンド・ホールド戦略で投資した場合のパフォーマンスを下回ったと証明しています。また、インデックスファンドのパフォーマンスを下回ったのは、投信だけでなく、年金運用を専門にするファンドも含まれます。

ちなみに、アクティブファンドとは、特定の指数を上回る運用成績を目指すファンドであるのに対して、インデックスファンドとは、特定の指数に連動するよう設計されたファンドのことです。

つまり、仮に個人投資家がインデックスファンドを上回る運用成績を目指して独自のポートフォリオを組んでバイ・アンド・ホールドしても、インデックスファンドには勝てない可能性が高いというわけです。別の言い方をすれば、プロのファンドマネジャーが運用する投資信託も、個人投資家が作った独自のポートフォリオも、ランダムに選んで作ったポートフォリオも、パフォーマンスは変わらないということです。

そこで個人投資家の中には、バイ・アンド・ホールドではなく、売買することでインデックスファンドに勝つことができると考えている人もいますが、**新NISAという非課税制度の恩恵を最大限享受するためにはバイ・アンド・ホールド戦略が適していることを考えると、やはりインデックスファンドを選んだ方が理に適っている**と言えます。

個人投資家は「積立」が合理的

新NISAで資産形成を成功させるためには、主に「スキル」と「ルーティン」の二つのやり方が存在します。

スキルを使った投資とは、主に投資の知識や技術を使って資産の最大化を目指すというものです。たとえば、企業の内在価値を評価するファンダメンタルズ分析やチャートを手掛かりにするテクニカル分析を用いたりするほか、景気のサイクルや地政学リスクなど、幅広い知識をもとに、適切なタイミングで投資をします。

その一方で、ルーティンを使った投資とは、規則正しく、自動的かつ効率的に運用することで、資産の最大化を目指すというものです。たとえば、S&P500インデックスファンドに毎月2万円の積立投資を行うというものです。大切なことは、いかなる景気局面でも、予め決めた額の積立投資を毎月継続して行うということです。そしてこの投資法を「ドルコスト平均法」と呼びます。

▼ドルコスト平均法のメリット

そもそもドルコスト平均法とは、一定の金額を定期的に投資することで、安定したリターンを追求する投資手法のことです。この投資手法は、経験の浅い未熟な投資家から経験豊富なベテラン投資家まで幅広く利用されていて、その効果は実績によって支持されています。

たとえば、ドルコスト平均法を用いれば、投資タイミングが分散されることで、購入価格の平均化を図ることができます。相場が高い時は少ない数量を、相場が安い時は多くの

ドルコスト平均法なら平均購入単価を抑えられる
(毎月100ドルの投資信託を12か月購入した場合)

	価格(ドル)	投資額(ドル)	購入数量
1月	10	100	10.0
2月	9	100	11.1
3月	11	100	9.1
4月	12	100	8.3
5月	11	100	9.1
6月	10	100	10.0
7月	9	100	11.1
8月	7	100	14.3
9月	5	100	20.0
10月	7	100	14.3
11月	12	100	8.3
12月	15	100	6.7
平均	9.8	100	11.0

数量を買い付けられるため、平均購入単価を抑えることができるのです。

具体的な数値を用いてシミュレーションすると、以下のようになります。

たとえば、上の図のような価格変動のシナリオを想定した上で、毎月100ドルのドルコスト平均法で投資信託を購入した場合、12か月の平均購入単価は9・8ドル、平均購入数量は11となり、平均購入単価を抑え、平均購入数量を増やすことができます。

また、個人投資家は相場が安く、最も買い向かうべき局面で買い控える一方、相場が高く、最も買い控えるべき局面で買い向かう傾向があるため、**投資タイミングを見計らって売買するよりも、毎月予め決めた日に機械的に積立投資した方が、長期的に**

見ればリターンを最大化させやすいです。

さらに、投資タイミングの判断を自ら放棄することで、心理的な負担を軽減できるだけでなく、投資タイミングを考える時間を別のことに費やすことができます。

余談になりますが、ぼくはYouTubeやnoteで売買タイミングを紹介することがあるのですが、ぼくが悲観の中で「買い」だというと、たくさんのフォロワーから「それは違う」と反発を受け、楽観の中で「売り」だというと、同じくたくさんのフォロワーから「それは違う」と反発を受けます。

しかし、フォロワーからの反発が多ければ多いほど、ぼくの予想は当たり、賛同が多ければ多いほど外れる傾向があるため、ほとんどの個人投資家は投資タイミングを計ることなどできないと言えます。

そのため、個人投資家は投資タイミングを計るよりも、その時間を副業などの時間にあてた方が、効率良く資産の最大化を目指せると思います。

▼ドルコスト平均法のデメリット

しかし、ドルコスト平均法は上昇相場において、機会損失を招く可能性が高まります。

たとえば、市場が一貫して上昇している場合、初期に一括投資を行った方が高いリターンを得ることができます。とりわけ、米国株は長期的に見れば一貫して上昇し続けていることを考えると、ドルコスト平均法よりも一括投資の方が資産を最大化させるうえでは有利だと言えます。

つまり、新NISAは毎年最大360万円、計1800万円の投資枠が使えることを考えると、個人投資家は毎年1月に360万円の積立投資を5年続けるのが最も合理的だと言えます。とはいえ、ほとんどの個人投資家はそのようなことはできませんし、1800万円の投資枠を埋めることすら難しいですから、無理のない範囲で毎月少額の積立投資を継続するのが現実的です。

また、ドルコスト平均法を採用することは、投資タイミングの判断を自ら放棄するわけですから、**相場が楽観と熱狂の渦に包まれたバブル相場の中でも投資額を増やすことはできませんし、相場が悲観と絶望に瀕している弱気相場の中でも投資額を減らすことはできません。**

なにより、ドルコスト平均法は市場平均が長期にわたって右肩上がりで上昇し続けることを前提としているため、予想に反して右肩下がりで下落し続けた場合、資産形成そのものが台無しになる可能性もゼロではありません。

▼ドルコスト平均法の活用方法

ドルコスト平均法を用いて資産形成する場合は、必ず自動積立サービスを活用してください。これは毎月の積立投資を自動化するサービスで、手間をかけずにドルコスト平均法を実践することができます。そのため積立投資を忘れる心配がありませんし、投資家が投資に躊躇したくなる局面でも機械的に買い付けてくれますから、長期的に見れば報われやすいです。

ただし、自動積立サービスによって機械的に積立投資できるといっても、証券会社にお金を入金できなければ、積立投資は途中でストップしてしまいます。たとえば、予期せぬ事故や病気、失業、ボーナスのカットなどによって入金することができず、新ＮＩＳＡの投資枠を十分埋めることができなくなるかもしれません。

つまり、ドルコスト平均法を実践するためには、投資家自身の安定した入金力が必要になりますから、人的資本の最大化にも力を入れる必要があるのです。

富のために差し出す5つの「代償」

世の中うまい話などありませんから、資産形成を成功させるにはそれなりの代償を払わなければなりません。

これまで紹介してきたように、老後の備えとしての資産形成は、新NISAで全米株式インデックスファンドに毎月一定額の積立投資をすればいいだけですが、これはそれほど簡単な話ではありません。なぜなら忍耐力や時間、運を必要とするからです。

代償1：不安

S&P500インデックスファンドに投資した場合、頻繁に訪れる株安によって、初めのうちはいつも不安な気持ちで過ごすことになります。

たとえば、米投資アドバイザー会社カーソンによれば、S&P500で3%の下落は一

S&Pの下落率ごとの年間平均発生回数
（1950年～2022年のボラティリティ）

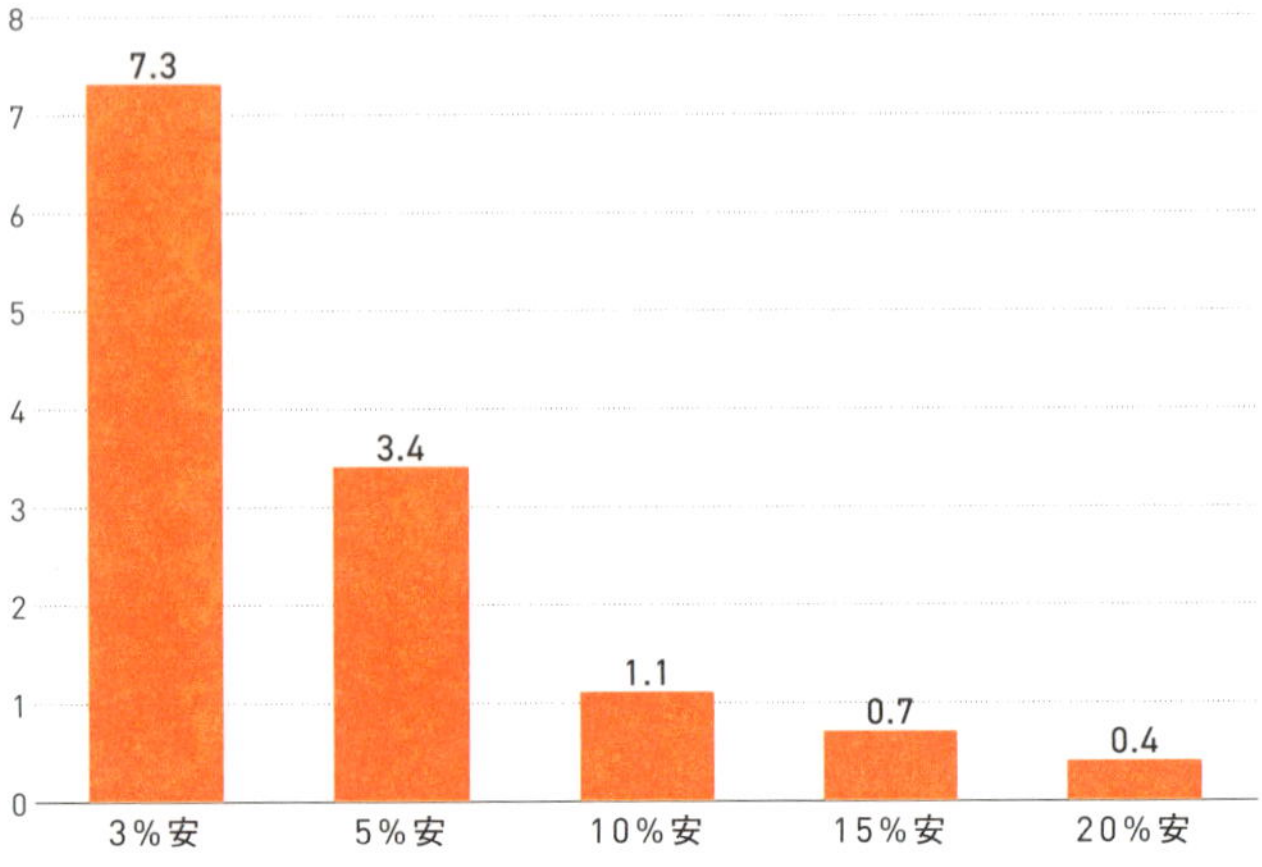

出所：カーソン・インベストメントリサーチ

年に7・3回、5％の下落は一年に3・4回発生するとのこと。さらに、調整局面の目安となる10％の下落は一年に1・1回、弱気相場の目安となる20％安は3年に1回の頻度で発生するとしています（上図）。

ぼくの体感として、**一般的な個人投資家はS&P500が高値から5％下げると不安を感じ始める傾向があるため、1年に3回の頻度で先行き見通しに不安を覚えることになります。**

また、高値から10％下げると、多くの個人投資家が不安を感じ、株式市場の暴落を心配し始めます。つまり、一年に1回の頻度で株式投資に対して恐怖を覚えるのです。

さらに、高値から20％下げると、ほとんどの投資家が先行き見通しに対して悲観的になり、株価は一段と値下がりし、長期にわたって低迷すると考える傾向があります。

このように、頻繁に訪れる株安に対して不安を覚え、常に買い時や売り時を心配する人が後を絶たないわけですが、S&P500インデックスファンドに長期投資するということは、こうした不安と常に戦い続けなければなりません。

▼代償2：忍耐力と覚悟

たとえば、1950年から2023年までのS&P500の年間平均騰落率（116ページ図）は＋9・3％でした。しかし、これは毎年コンスタントに9％前後のリターンが期待できるというわけではありません。

74年間のうち、年間平均騰落率＋9％±2％（7～11％）だった年は7回しかなく、平均並みのリターンが得られる確率は毎年一割にも満たないのです。

そして毎年、平均並みか、それ以上のリターンが得られたのは46回と62％の確率に留まりますから、満足のいくリターンは3年に2度かそれよりも少ない頻度でしか期待できません。

また、年間平均騰落率がマイナスだった年は19回と、27％の確率で一年を通して資産が

毎年平均のリターンが得られるわけではない
（S&P500の年間騰落率）

（単位:%）

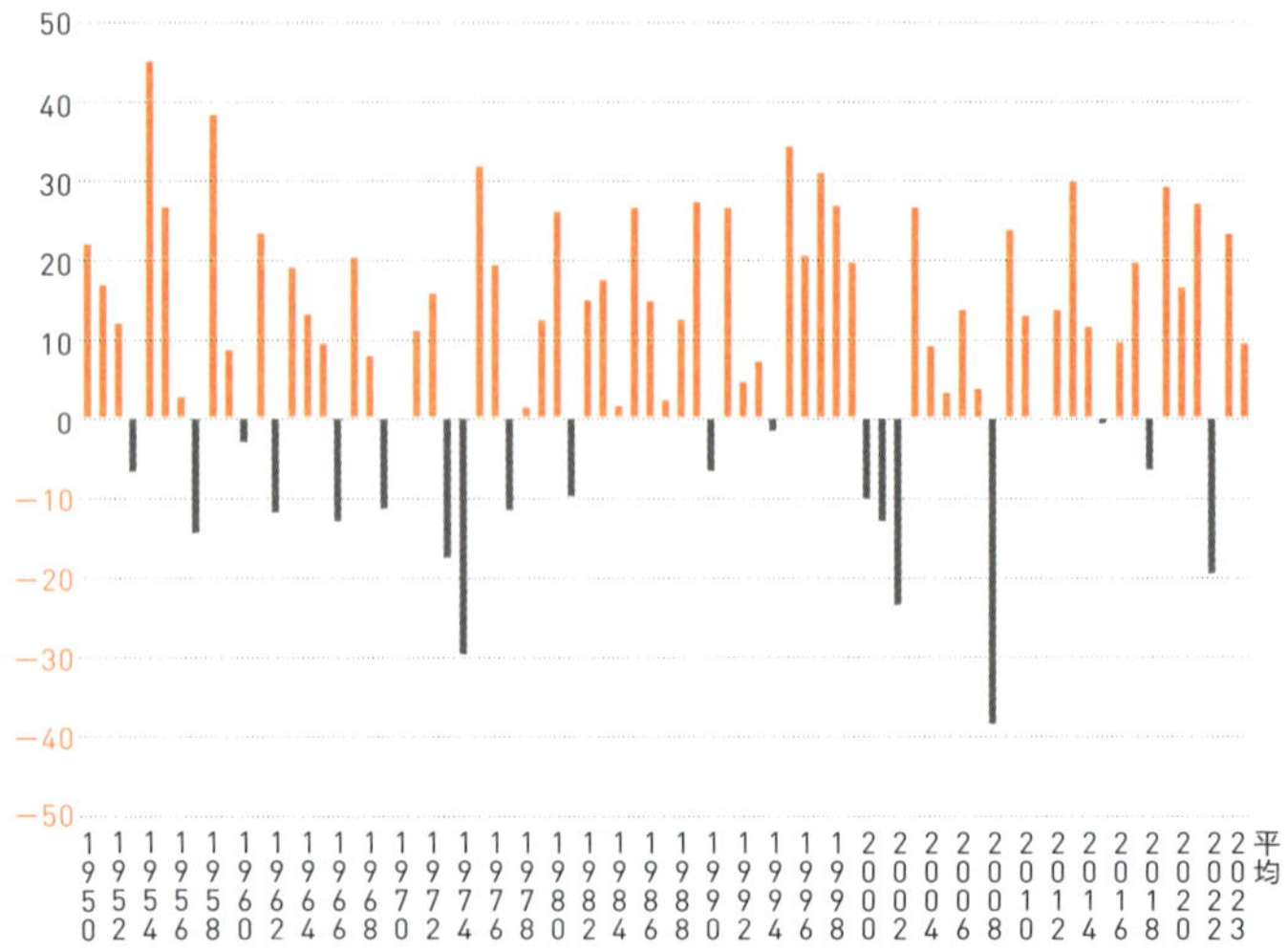

出所:STOCK TRADERS ALMANAC

減っている可能性がありますから、3年に1度かそれよりも多い頻度で満足のいかないリターンに甘んじることになります。

とりわけ弱気相場では、いくら積立投資をしても資産は増えるどころかむしろ減っていくため、まるで砂漠に水をあげるような感覚を味わう局面もあります。

しかし、長期的な資産形成において最も大切なことは、そうした弱気相場でも愚直に積立投資をしたかどうかです。

そのため、忍耐強く積立投資を続けた人は結果的に満足のいくリターンが得られますが、この最も大切な局面で「米国株はもうダメかもしれない」とか「もっと安くなってから買おう」と考えて積立投資を怠った人たちは、同じ運用期間でもリターンに差が出てしまいます。

つまり、個人投資家は強い信念を持ち、忍耐強く愚直に積立投資し続ける覚悟が必要になります。ただし、証券会社が用意している自動積立設定などを活用すれば、あとは勝手に積立投資してくれますから、精神的な負担をあまり感じることなく、資産形成を続けることができます。

▼代償3：時間と可能性

全米株式インデックスファンド（あるいはオルカンなど）のみで資産形成を目指した場合、若くしてお金持ちになることも、ＦＩＲＥ（経済的自立・早期退職）を達成することもできなくなりますから、その時点でひとつの可能性を失います。

そもそも、全米株式インデックスファンドに毎月一定額の積立投資をするという投資戦略は、時間という代償を払わなければ資産形成を成功させることはできません。

たとえば、毎月3万円の積立投資を年率平均7％で40年間運用した場合、最終資産額は約７４６０万円、毎月5万円なら約1億２４００万円になります。つまり、40年という時間を費やさなければ十分な資産形成などできないわけですから、**この投資戦略を採用した**

ら若くしてお金持ちになることも、ＦＩＲＥを達成することもほぼ不可能だと言えるのです。

ただし例外は存在します。たとえば、年収１５００万円以上の単身世帯や世帯年収３０００万円以上のＤＩＮＫｓ（Double Income No Kids＝子なし夫婦）世帯が、運よく長期強気相場の初期段階から投資を始めることができれば、40代のうちに数億円の資産を築いてＦＩＲＥを達成させられるかもしれません。

しかし、たとえ高収入世帯であっても、運悪く長期弱気相場の初期段階から投資を始めてしまえば、若くして数億円の資産を築くことも、あるいはＦＩＲＥを達成することもできません。

これはなにもタイミングを見計らって投資を始めろと言いたいわけではなくて、むしろタイミングを計ることなど誰にもできないことを考えると、全米株式インデックスファンドに積立投資をするだけでＦＩＲＥを達成させるには、運の要素を多分に必要とするため、再現性はそれほど高くないのです。

▼代償４：継続的な努力

毎月一定額の積立投資は1年なら誰でもできますが、これが3年、5年、10年となると少しずつ難しくなります。なぜなら、努力とは本人の意思とは関係なく、事故や病気、失業などの不運によって、努力したくても努力できなくなったり、家庭や職場環境の変化によってできなくなることもあるからです。

たとえば、みなさんが今の人生を3年前に予想できたかというと、ほとんどの人はできていないと思います。5年前ならなおさらで、おおよそ自分自身は何も変わっていないと思っても、家庭や職場環境が大きく変わったことで、生活リズムや収入まで影響を受けたという経験は誰にでもあると思います。

とりわけ、年を重ねれば重ねるほど、自分自身のイベント・リスクだけではなく、家族や両親のイベント・リスクまで高まります。ちなみにイベント・リスクとは、病気や失業、自然災害といったネガティブなイベントだけではなく、結婚や出産、育児などポジティブなイベントなども含まれます。

つまり、継続的な努力にも運の要素を必要とするため、**いくら継続的な努力ができる環境を整えようと思っても、実際に努力を続けられるかどうかは運次第というわけです。**

別の言い方をすれば、いくらＥｘｃｅｌでシミュレーションしたからといって、あなたの人生の変数はそのシミュレーションから除外されていますから、米国株に毎月いくら積立投資をして何十年運用したらいくらになるといった物語は完全なフィクションであり、机上の空論でしかありません。

▼代償5：学習と精神的苦痛

しかし、それがいかに机上の空論だとしても、それをやらなければ貧乏な老後生活が待っていることに変わりありませんから、数ある選択肢の中から最もマシな選択肢を選ばなければなりません。

ところが、最もマシだと思えた選択も、時代の変化や他人の意見などによって確信が持てなくなることがあります。そのため、過去の選択肢が本当に正しかったどうかについて自信を深めるためには、常に知識の復習やアップデートをする必要があります。

たとえば、戦後79年間のS&P500を振り返ると、18回にわたって弱気相場入りしました。弱気相場とは直近のピークから20%以上下落した場合と定義されています。

過去18回の平均最大下落率は▲30・6%、底打ちまでの期間は11・3か月ですから、投資家は4年に一度のペースで資産がおよそ1年近くにわたって3割も下がり続けるという経験をしてきたことを意味します。そのため、仮に積立投資の期間を40年とした場合、10

S&P500の戦後79年間の弱気相場と底打ちまでの期間

起点	高値	終点	安値	最大下落率	底打ちまでの期間
1946年5月	19.25	1947年5月	13.77	▲28.5%	12
1948年6月	17.06	1949年6月	13.55	▲20.6%	12
1956年8月	49.74	1957年10月	38.98	▲21.6%	14
1961年12月	72.64	1962年6月	51.35	▲29.3%	6
1966年2月	94.72	1966年10月	72.28	▲23.7%	8
1968年12月	109.37	1970年5月	68.61	▲37.3%	17
1973年1月	121.74	1974年10月	60.96	▲49.9%	22
1976年9月	108.72	1978年3月	86.45	▲20.5%	18
1980年11月	141.96	1982年8月	101.44	▲28.5%	21
1987年8月	337.88	1987年10月	216.46	▲35.9%	2
1990年7月	369	1990年10月	295	▲20.1%	3
1998年7月	1190.58	1998年10月	923.32	▲22.4%	3
2000年3月	1553.11	2002年10月	768.63	▲50.5%	31
2007年10月	1576.09	2009年3月	666.79	▲57.7%	17
2011年5月	1370.58	2011年10月	1074.77	▲21.6%	5
2018年9月	2940.91	2018年12月	2346.58	▲20.2%	3
2020年2月	3393.52	2020年3月	2191.86	▲35.4%	1
2022年1月	4818.62	2022年10月	3491.58	▲27.5%	9
平均				▲30.6%	11.3

出所:Stockchart.com

年も苦しい時期に積立投資することになります。

また、2010年代以降、世界の株式市場は米国株一強時代が続いているため、いま米国株の未来に対して自信を持つことは比較的容易ですが、ドットコムブームが崩壊した2000年以降、米国株のみに積立投資していた投資家は、必ずしも自信を持って積立投資していたわけではありません。

なぜなら当時、成長力の乏しい米国株に投資をするよりも、成長著しい新興国株に投資をした方が、長期で見た場合のリターンは大きくなると考えられたからです。

実際、2000年代を振り返ると、BRICs(ブラジル、ロシア、インド、中国の4か国の頭文字を取った造語)をはじめとした新興国株投資がブームになったことで、多くの投資家が新興国株を選好して次々とお金持ちになり、米国株のみに投資をしていた人たちのパフォーマンスは冴えなかったです。

そのため、2000年代のような米国株の長期停滞局面が訪れた場合、自分だけが愚直に積立投資を続けることは難しくなってしまうのです。

ちなみに、長期停滞局面で積立投資が難しくなるのは、何もパフォーマンスが冴えないことだけが原因ではありません。それよりも、**周囲の投資家たちが新興国株など別の投資対象でお金持ちになっていく様子に、次第に耐えられなくなってしまうのです。**

たとえば、仮に新興国株がブームになったとしても、そのブームがいつ終わるのか予めわかっていれば、米国株への積立投資も無理なく続けることができます。しかし、新興国株ブームがいつ終わるかわからないと、投資家はそのブームが永遠に続くかのような錯覚に陥って、低迷する米国株に積立投資し続けることがバカらしく思えてくるのです。

そのため、「新ＮＩＳＡで全米株式インデックスファンドに積立投資し続けることなんて誰でも簡単にできる」と思っていても、それが実践できるのは高い代償を払い続けられる投資家か、積立投資していることすら忘れている投資家しかいないのです。その意味では、**ほとんどの個人投資家は自動積立設定と入金だけ済ませたら、あとは忘れて日々の生活を楽しんだ方が良いかもしれません。**

株価は業績よりも金利に左右される

人生100年時代と言っても、積立投資ができる時期は20~60代までの40~50年程度です。そしてほとんどの人は、人生の様々なイベント・リスクによって、20~30年程度しか積立投資できないと思います。

そのため時代の不運によって、思うような資産形成ができないリスクがあります。

たとえば、1950年以降のS&P500種指数とS&P500EPS(一株当たりの利益)の推移(124ページ図)を眺めると、概ね相関関係にあることがわかります。こうしたことから多くの個人投資家は、長期的に見れば企業業績の成長とともに米国株は右肩上がりで上昇し続けるため、いつの時代に積立投資しても、同様のリターンが見込めるだろうと楽観的に考えています。

しかし、これは半分正しくて半分間違っています。

たとえば、1966年1月から1980年1月までの15年間を振り返ると(125ページ

長期的には米国株は企業業績とともに上昇し続ける
（S&P500種指数と一株当たりの利益の推移：1950年以降）

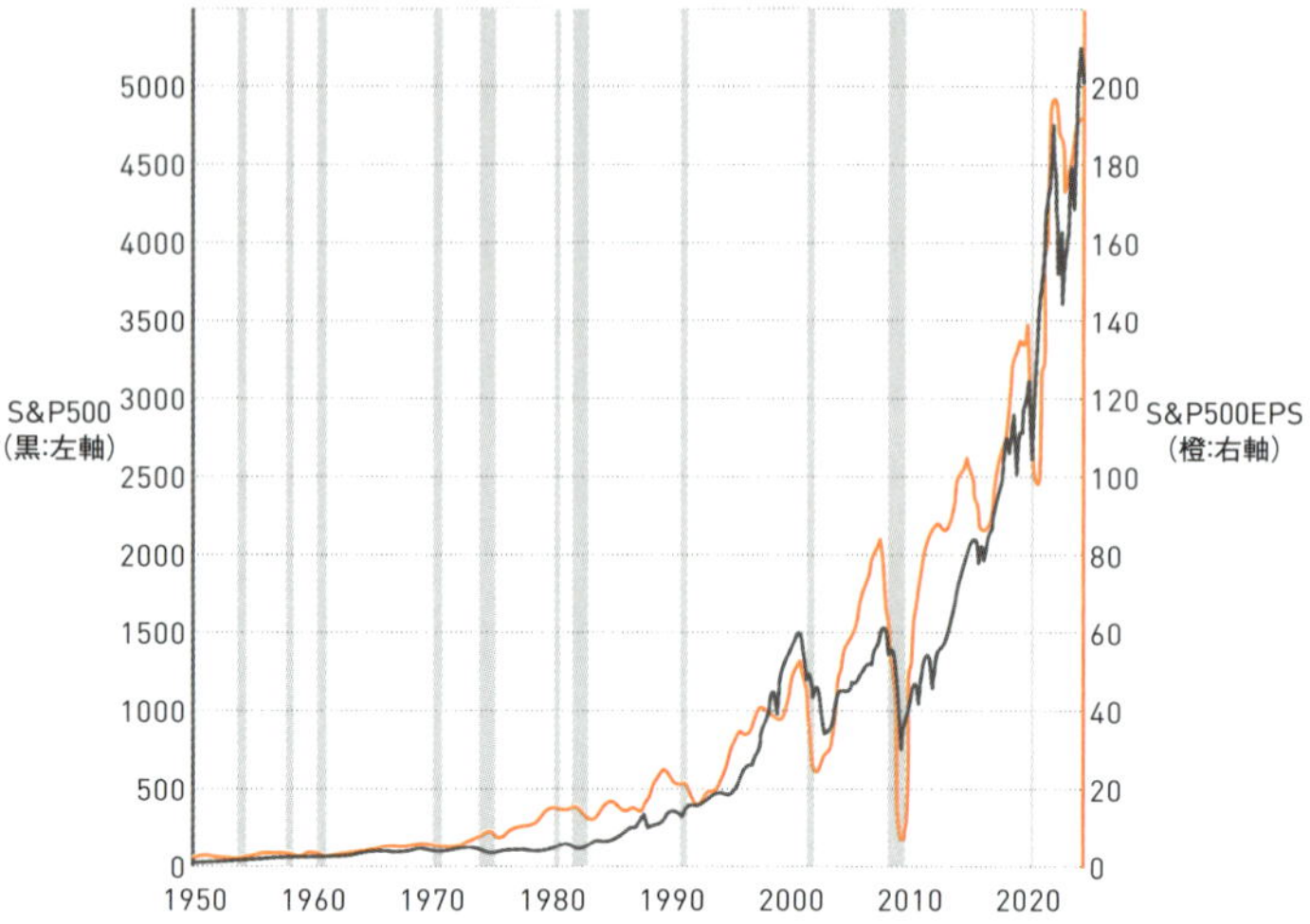

出所：https://www.macrotrends.net/

上図）、S&P500EPS（一株当たりの利益）は5・3から15・3と、およそ3倍も増加したにもかかわらず、S&P500種指数は92・9から114・2と、わずか2割しか上昇しませんでした。

これは、当時のインフレ率が概ね一桁台後半で推移していたことを背景に、米10年債利回りが一時13%を超える場面があったからです（125ページ下図）。長期金利（米10年債利回り）が上昇すると**マルチプル・コントラクション**が起こるため、株式にとって逆風になるのです。

マルチプル・コントラクションとは、PER（株価収益率）が低下することを意味します。株価とは、EPS（一株当たりの利益）×PER（株価収益率）で求めることができ

15年間ぐらいだと株価と業績が相関しないこともある
（S&P500種指数と一株当たりの利益の推移:1966〜1980年）

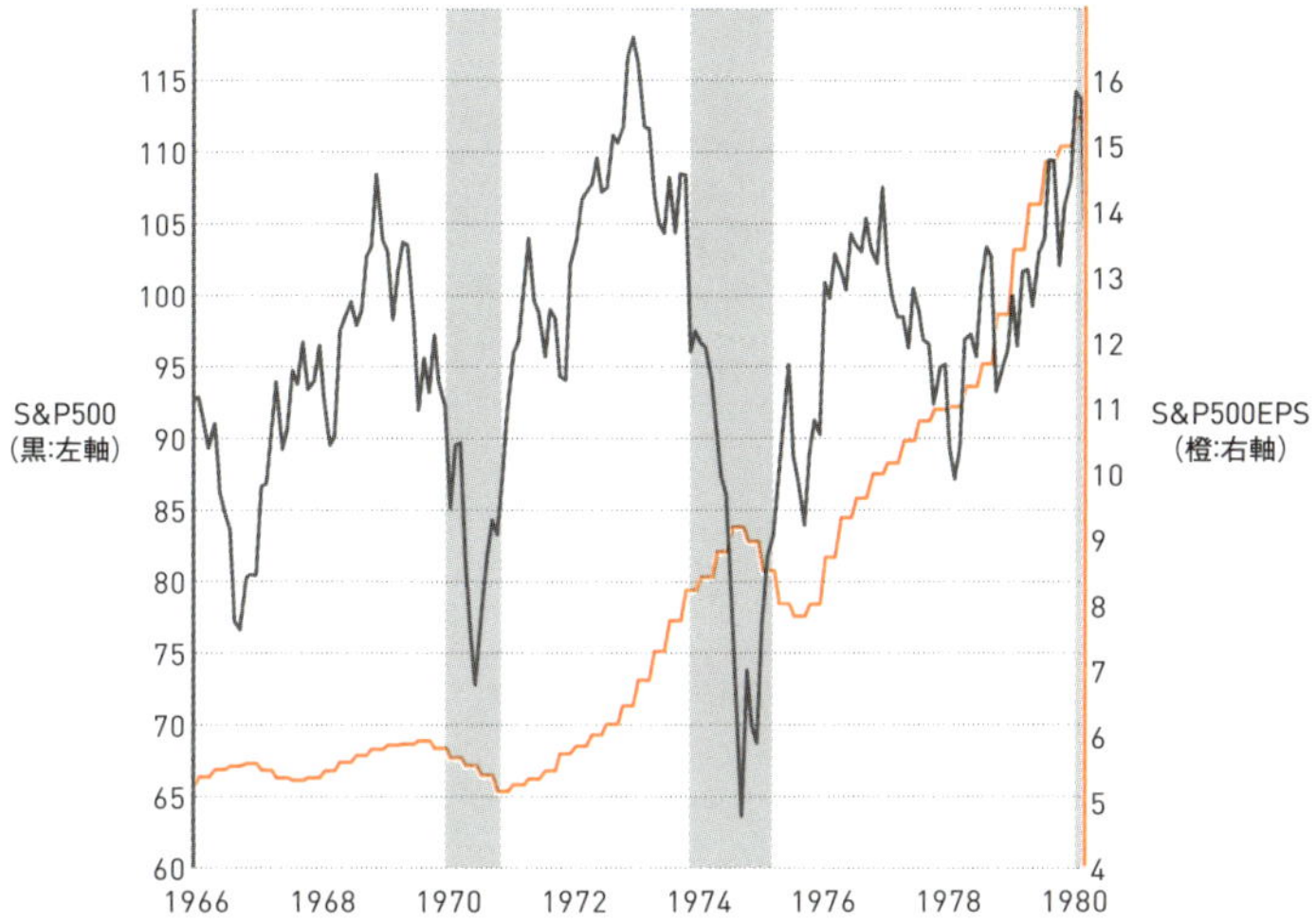

出所:https://www.macrotrends.net/

長期金利の上昇は株式に逆風
（米10年国債利回りの推移:1966〜1980年）

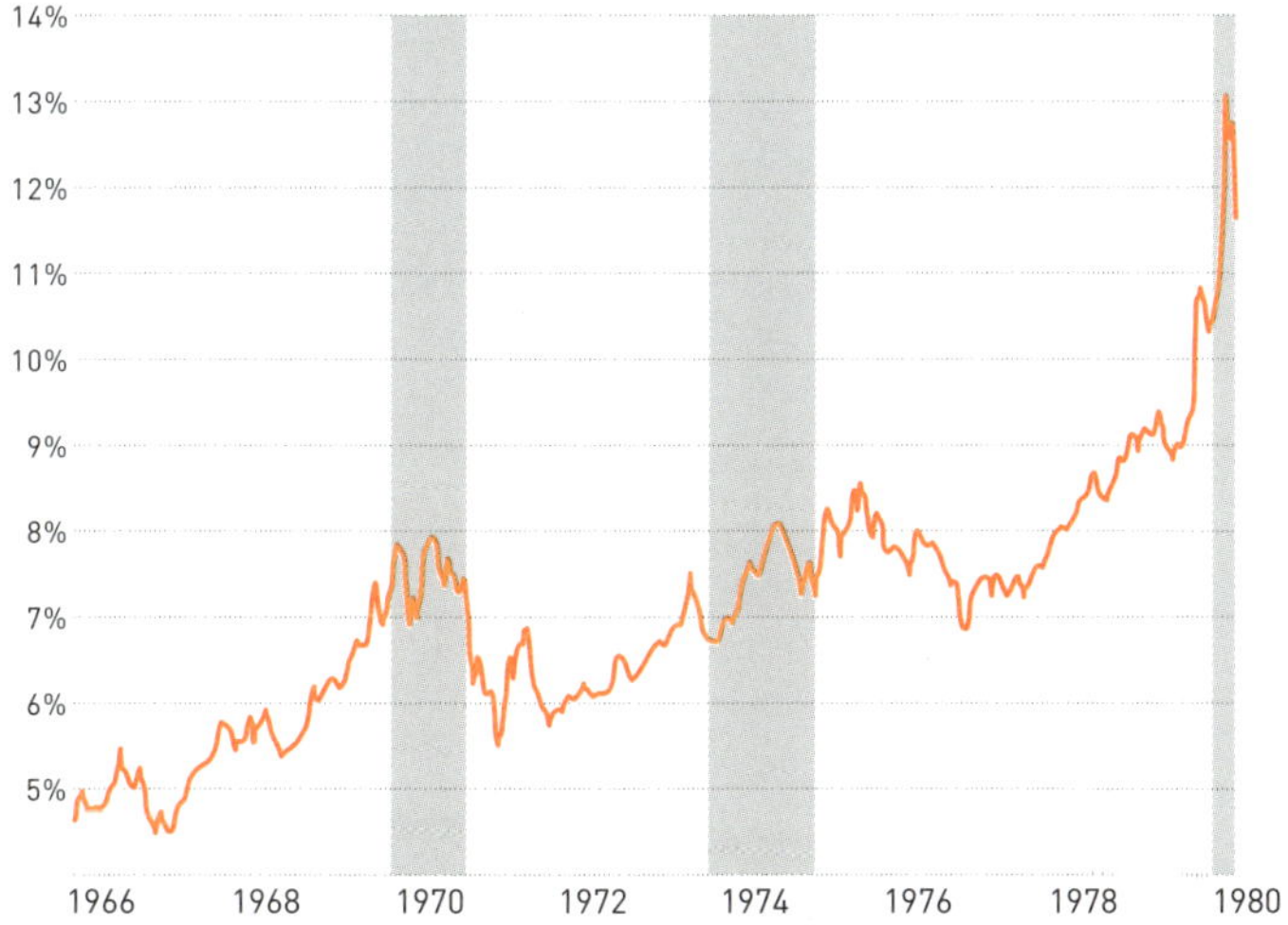

出所:https://www.macrotrends.net/

るため、ＰＥＲの低下は株価の下落につながります。

また、当時は高インフレが長期化したことで、インフレ調整後の実質リターンはマイナス成長が続きました。つまり、インフレ調整後の実質ベースで見た場合、１９６６年から１９８０年までの15年間積立投資していた個人投資家は、資産を増やすどころかむしろ減らしていたのです。

その一方で、１９８０年1月から２０００年1月までの20年間を振り返ると、Ｓ＆Ｐ５００ＥＰＳが15・3から51・0と、およそ3倍増加する中で、Ｓ＆Ｐ５００種指数は１１４・2から１３９４・5と、12・2倍も上昇しました（１２７ページ上図）。

ＥＰＳの成長率が１９６６年から１９８０年までの15年間とほとんど変わらないのにもかかわらず、Ｓ＆Ｐ５００種指数が爆発的に成長したのは、米10年債利回りが急落（価格は暴騰）したことが背景にあります。

１９８１年、米10年債利回りは一時15％を超える場面があったものの、それ以降はインフレの沈静化とともに下落し、１９９８年には4％台まで低下しました（１２７ページ下図）。長期金利が下落すると**マルチプル・エクスパンション**が起こるため、株式にとって追い風になるのです。

マルチプル・エクスパンションとは、ＰＥＲ（株価収益率）が上昇することを意味します。

企業業績が3倍増の中でS&P500は12倍に上昇
(S&P500種指数と一株当たりの利益の推移:1980〜2000年)

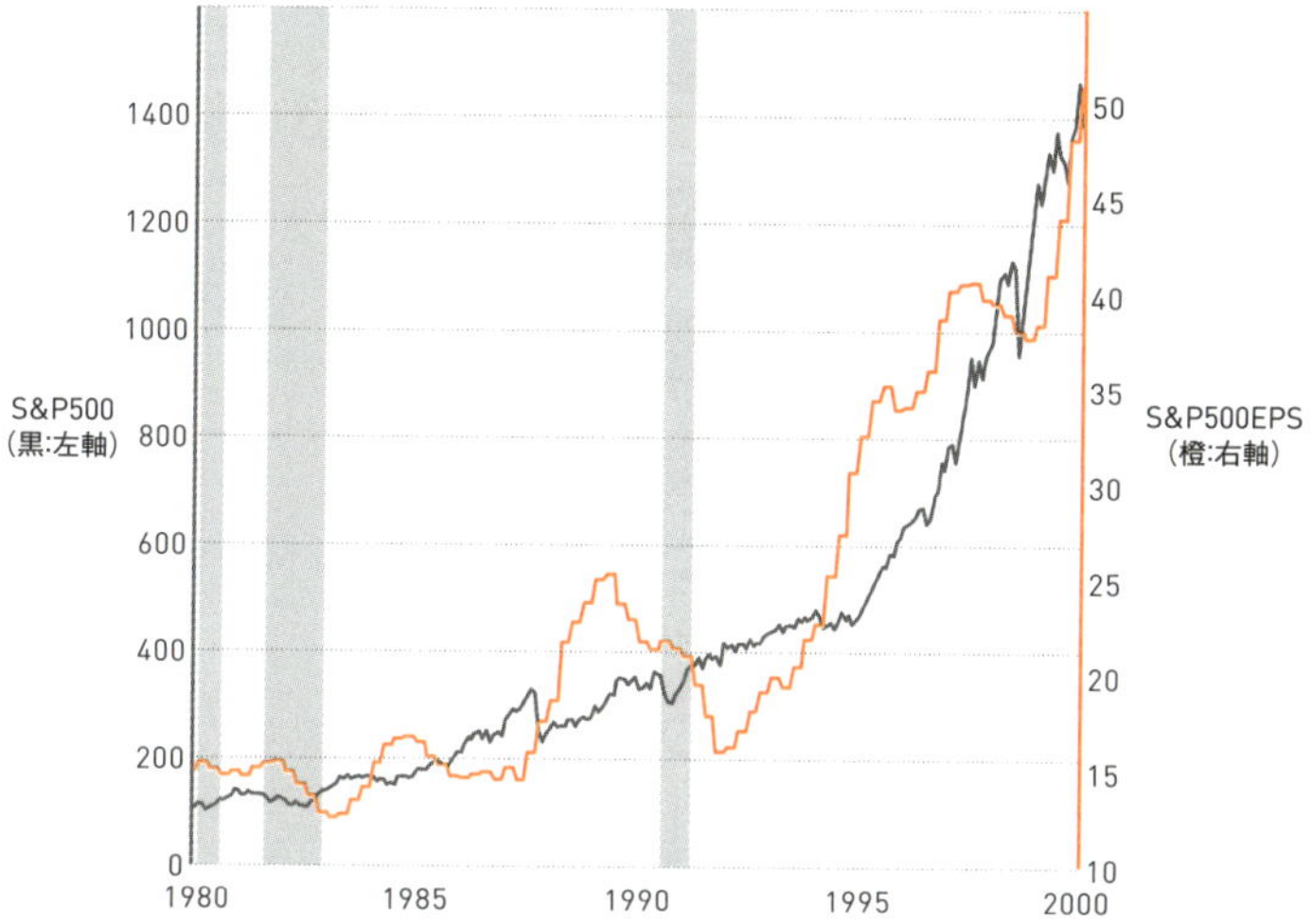

出所:https://www.macrotrends.net/

長期金利の暴落は株式に追い風
(米10年国債利回りの推移:1980〜2000年)

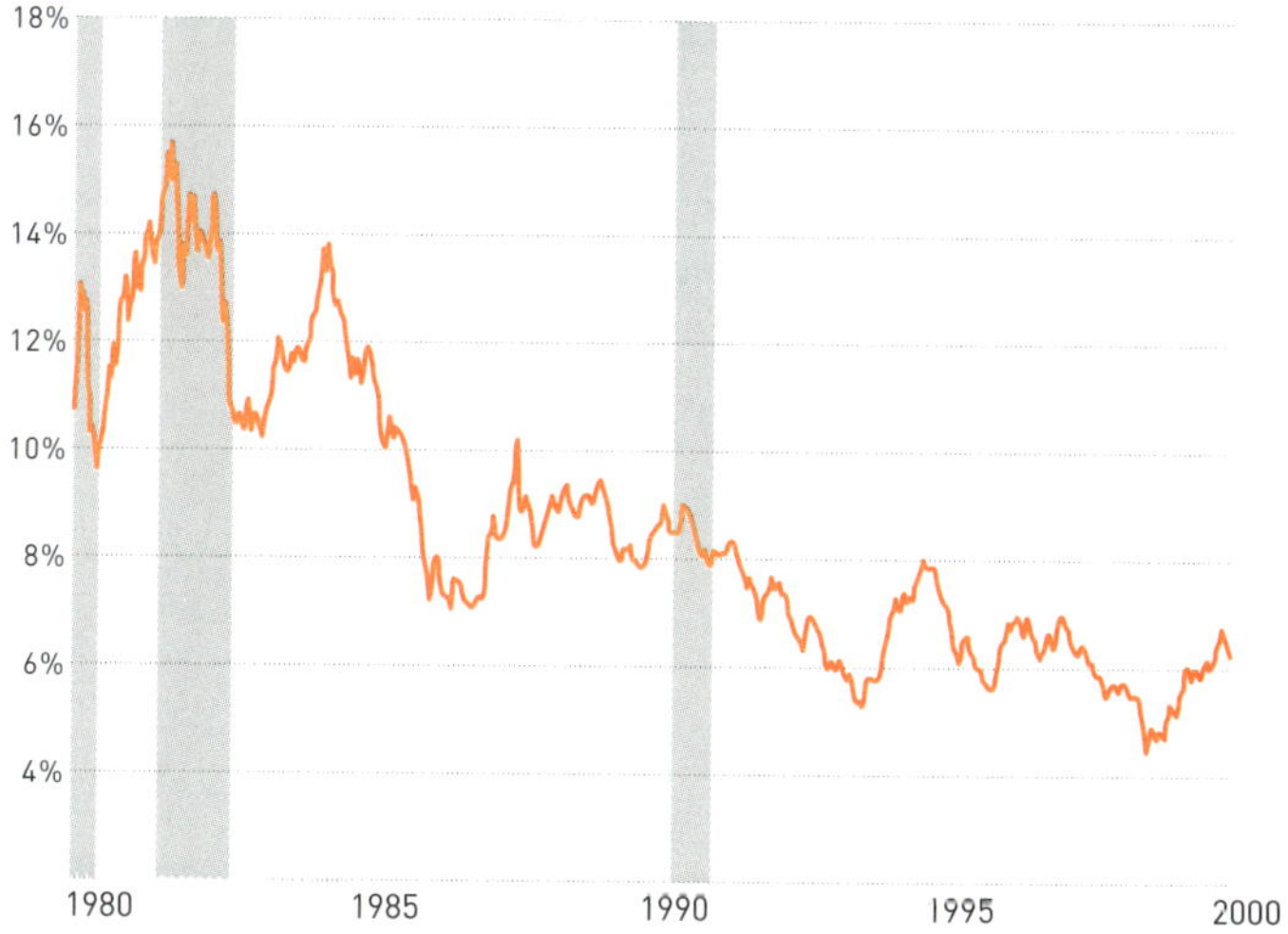

出所:https://www.macrotrends.net/

株価とは、EPS（一株当たりの利益）×PER（株価収益率）で求めることができるため、PERの上昇は株価の上昇につながります。

つまり、株価は業績よりも金利に大きく左右されるため、業績が拡大しているからといって必ずしも株高が見込めるわけではないのです。別の言い方をすれば、長期金利が上昇し続ける時代に積立投資をしても、資産は増えるどころか減ってゆく可能性があるのです。

苦痛の時代を投資家たちはどう生きるか

インフレ率5％なら、今日の100万円と一年後の105万円は同じ価値になります。

そのため、インフレ率5％が20年間続いた場合、20年後の265万円と今日の100万円は同じ価値になるため、仮に株式投資で100万円を20年で265万円に増やしたところで、買えるモノやサービスの量はほとんど変わりません。

つまり、長期的な資産形成を考える上では、インフレ率による実質リターンを考えなければならないのです。

15～20年間株価が戻らない期間もある
（インフレ調整後のS&P500の推移）

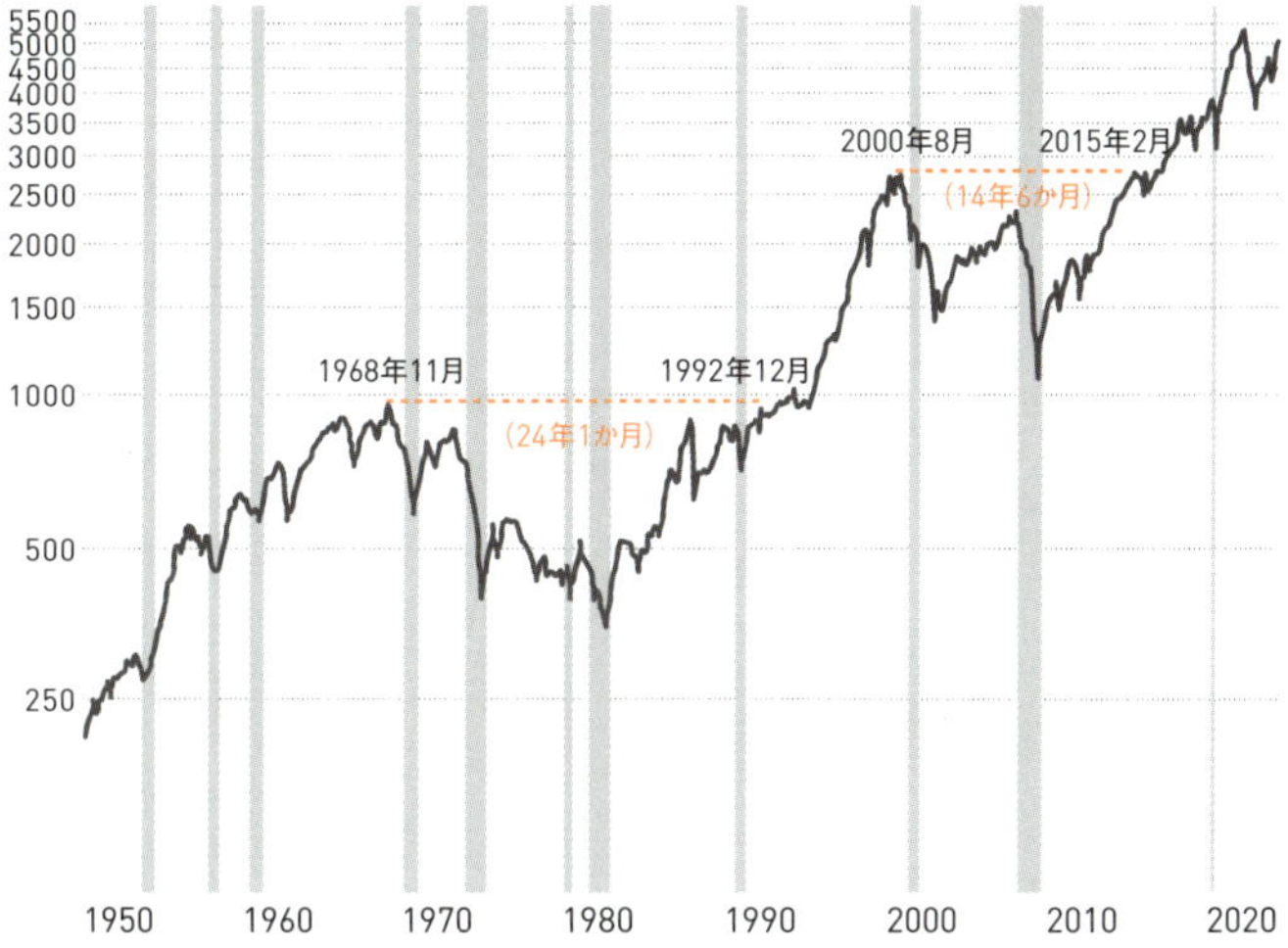

出所：https://www.macrotrends.net/

たとえば、インフレ調整後のS&P500の推移（上図）を眺めると、1968年11月の高値を超えたのは、約24年後の1992年12月、2000年8月の高値を超えたのは、14年半後の2015年2月でした。

人生100年とした場合、15～20年は短いように思えますが、積立投資できる期間が20～30年程度しかないことを考えると、そのうちの半分以上、あるいは大部分の時間が、過去の高値を超えられないケースも考えられます。

その一方で、楽観と希望の中で積立投資できるケースもあります。

たとえば、130ページの図のように1949年6月から1968年11月までの19

楽観と希望の中で積立投資できるケース
（インフレ調整後のS＆P500の推移）

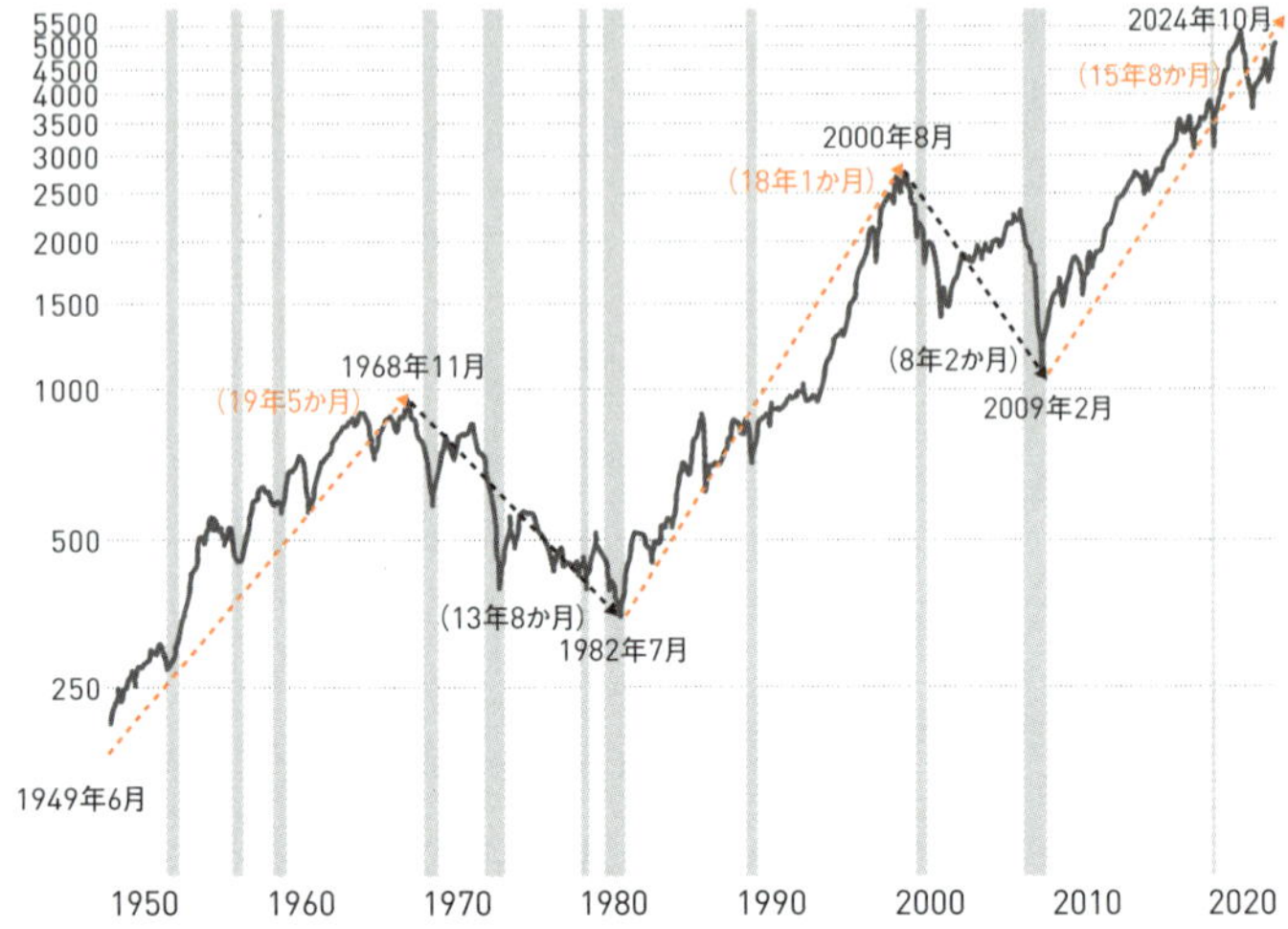

出所：https://www.macrotrends.net/

年５か月の強気相場、１９８２年７月から２０００年８月までの18年１か月の強気相場といったように、およそ20年間にわたってインフレ調整後のＳ＆Ｐ５００が右肩上がりで上昇する局面では、気持ちよく積立投資を続けることができます。

ちなみに、現在（２０２４年10月時点）は２００９年２月を起点に15年８か月の強気相場が続いていますから、個人投資家は時代の恩恵を享受していると言えます。

仮に今回も同程度の強気相場が待っているなら、もう少しだけ強気相場が続くかもしれません。

しかし、強気相場が永遠には続かないこと、そして一度天井を付けたら底打ちするまで10年程度の時間がかかること、さらにそこからインフレ調整後の過去最高値を再び更新するまで、5～15年程度の時間を要することを考えると、米国株ブームは最終局面を迎えつつあると言えます。

これは、20年代後半から40年代にかけて資産形成が思うように進まない可能性があることを意味しますが、積立投資をするなら良い時期だと言えます。なぜなら株式投資とは、株価が高い時に買い増すよりも、株価が安い時に高い増した方が、将来のリターンを最大化させやすいからです。

とはいえ、ほとんどの投資家にとっては苦痛の時代だと言えます。

長期金利と米国株の未来

２０３０年代に資産形成が思うように進まなくなる兆候として、長期金利の指標となる米10年債利回りの動向が挙げられます。

たとえば、１９８０年以降の米10年債利回りの推移（１３２ページ図）を眺めると、これまで何度も跳ね返されてきた下降トレンドラインを、２０２２年に上にブレイクアウトし

長期金利を見ると、米国株の風向きは変わりつつある
（米10年債利回りの推移：1980年以降）

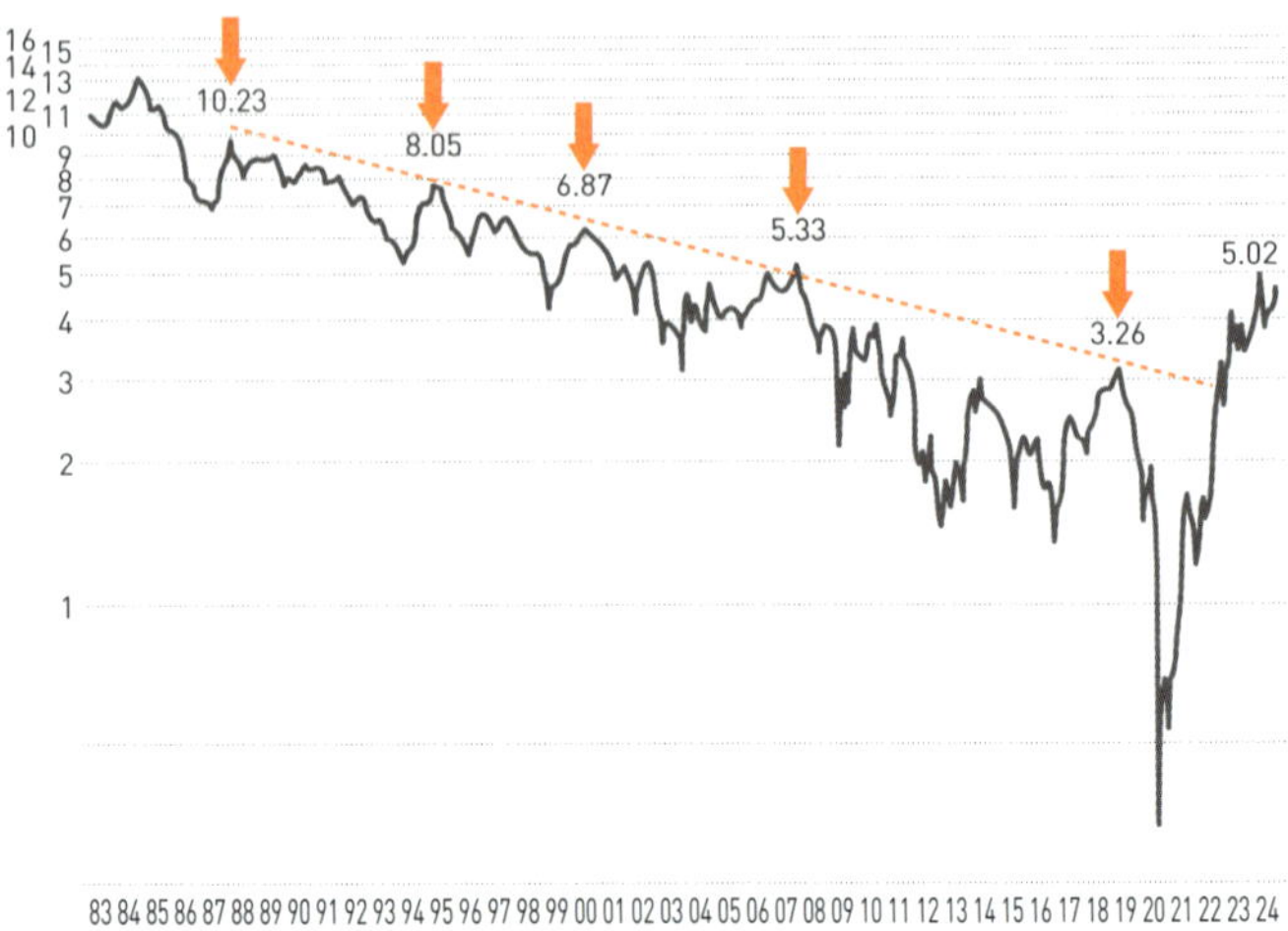

出所：StockChart.com

たことがわかります。

　トレンドラインの突破はトレンド転換を示唆する最も優れた早期警戒シグナルのひとつとして知られています。とりわけ、トレンドラインは突破されずに経過した時間が長ければ長いほど重要性が高まりますから、そのトレンドラインが突破されたときの重要性も増します。

　つまり、1987年から2022年までの35年間にわたって続いたトレンドラインが突破されたという事実は、市場参加者にとって非常に重要なシグナルだと言えるのです。

　ところでなぜ、長期金利の動向が株式市場にとって重要なのかというと、それは金利が株価の重要な構成要素になっているか

らです。

そもそも会社の値段（株価）は、C÷（r－g）というシンプルな公式によって導くことができます。

- **C：キャッシュ（現在のキャッシュフロー）**
- **r：割引率（金利）**
- **g：成長率**

たとえばCを100、rを5、gを2とした場合、会社の値段は33になります。

そこでCを100、rを4、gを2とした場合、会社の値段は50になります。これは他の条件が変わらない中で割引率（金利）だけが下がると、会社の値段が上がることを意味します。

またCを100、rを1、gを1とした場合、会社の値段は100になります。これは割引率（金利）が極端に下がると、たとえ成長率が下がっても会社の値段は上がることを意味します。

そのため、割引率（金利）の低下は株価にとって追い風になるのです。

その一方でCを100、rを6、gを2とした場合、会社の値段は25になります。これは他の条件が変わらない中で割引率（金利）だけが上がると、会社の値段は下がることを意味します。

またCを100、rを8、gを3とした場合、会社の値段は20になります。これは割引率（金利）が極端に上がると、たとえ成長率が上がっても会社の値段は下がることを意味します。

そのため、割引率（金利）の上昇は株価にとって逆風になるのです。

このように、会社の値段（株価）は割引率（金利）によって大きく左右されますから、長期金利が下降トレンドラインを上にブレイクアウトして、上昇トレンドを形成する可能性が出て来たことを考えると、投資家はこれまでのような高いリターンはしばらく期待できないかもしれません。

▼35年間か10年間かで違う

それでも、長期的な資産形成を目的とした場合、全米株式インデックスファンドなどに積立投資することが理に適っているのは、将来のリターンはいずれ平均回帰することが期

過去35年間では年間パフォーマンスは安定
（S&P500の各年の過去35年間の年間平均騰落率）

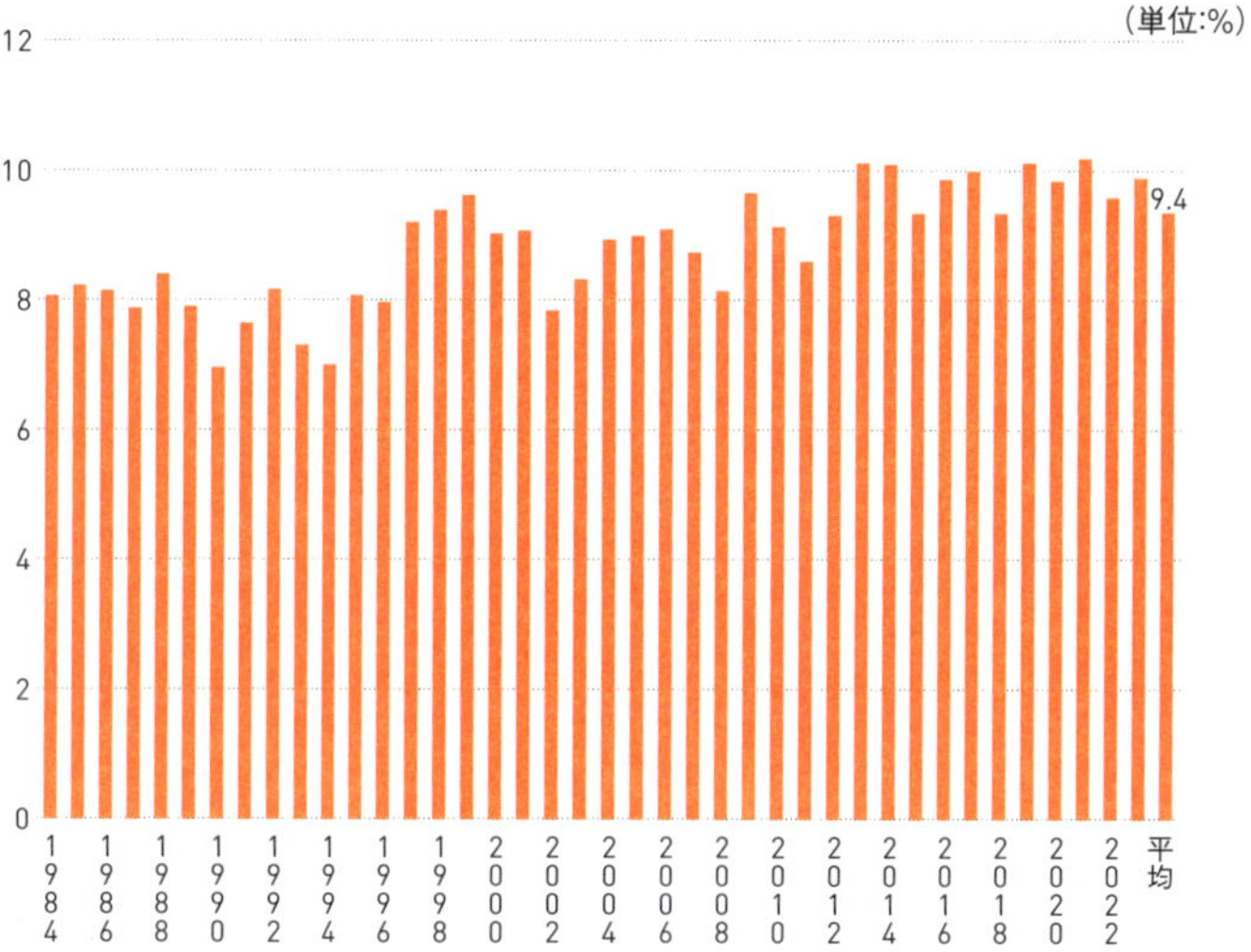

出所:STOCK TRADERS ALMANACより筆者作成

待されるからです。

平均回帰とは、仮に平均値を大きく上回る（あるいは下回る）数字が何年も連続して続いた場合、その後のリターンが平均値に向かって調整されるという現象のことです。たとえば、1950年から2023年までの74年間のS&P500の年間平均騰落率は+9・3%でした。そこで、各年の過去35年間の年間平均騰落率を眺めると、概ね+7〜10%程度で平均+9・4%でした（上図）。

つまり、どの年でも過去35年間の年間パフォーマンスは+9%前後だったわけですから、この先35年以上の長期にわたって資産形成をした場合、同様のリターンが見込めるというわけです。

過去10年間だと毎年振れ幅が大きい
（S&P500の各年の過去10年間の年間平均騰落率）

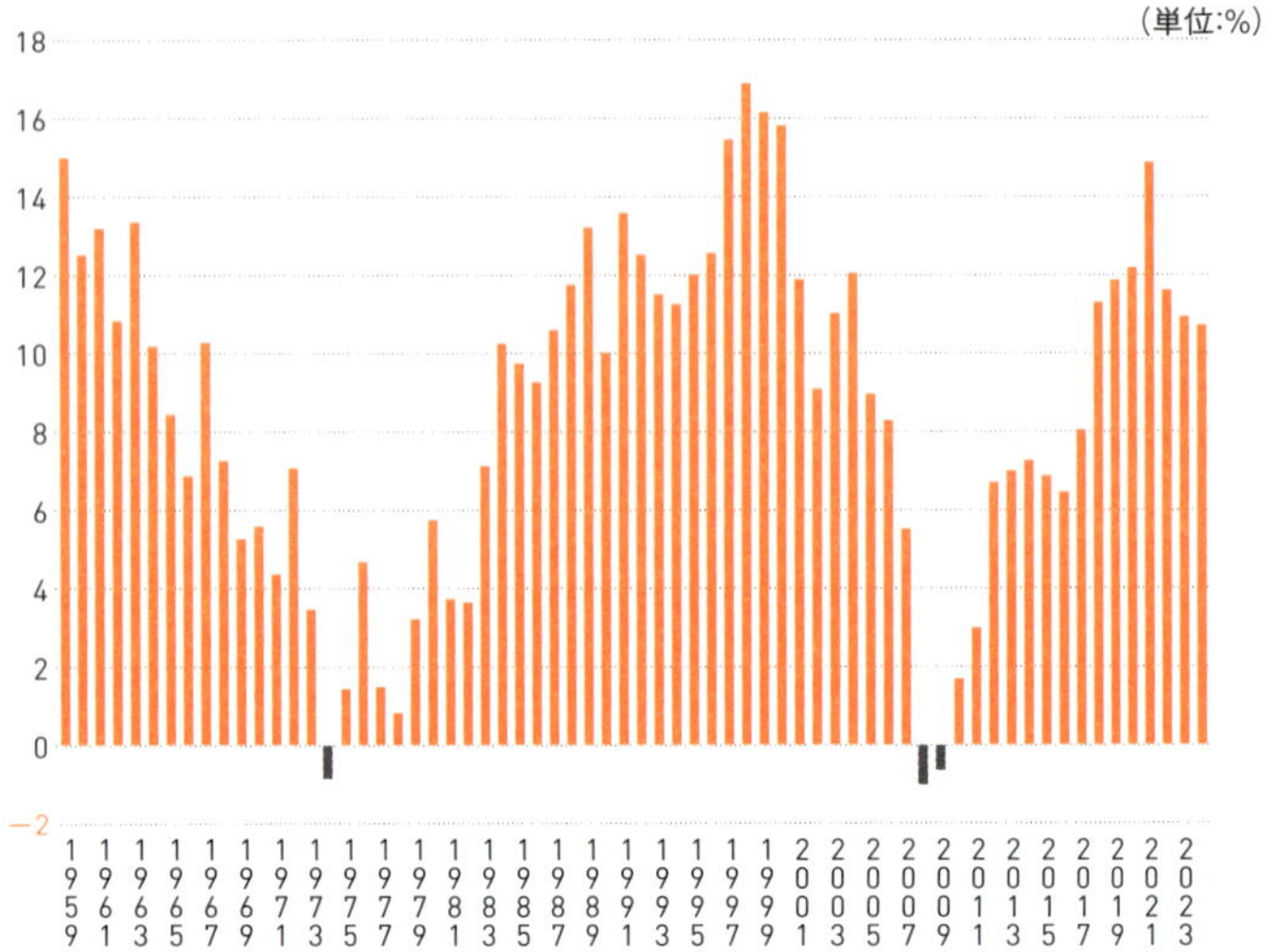

出所:STOCK TRADERS ALMANACより筆者作成

ただし、各年の過去10年間の年間平均騰落率（上図）を見た場合、毎年振れ幅が大きいほか、１９７３年と２００８年、２００９年に至ってはマイナス成長だったことを考えると、10年程度の運用期間ではリターンが平均回帰しないと言えます。

ちなみに、各年の過去35年間の年間平均騰落率のグラフを眺めると、２０１０年代以降の年間平均騰落率は＋10％程度と、１９９５年以前の＋８％と比べて高い傾向があることがわかります。

これは、過去35年間の大部分を長期金利が低下し続けた幸運の時代が占めている一方で、１９９５年以前は過去35年間のおよそ半分の期間を長期金利が上昇し続けた不運の時代が占めていることなどが原因です。

長期金利が再び上昇すれば、資産形成の障壁にも
（米10年債利回りの推移：1871〜2024年）

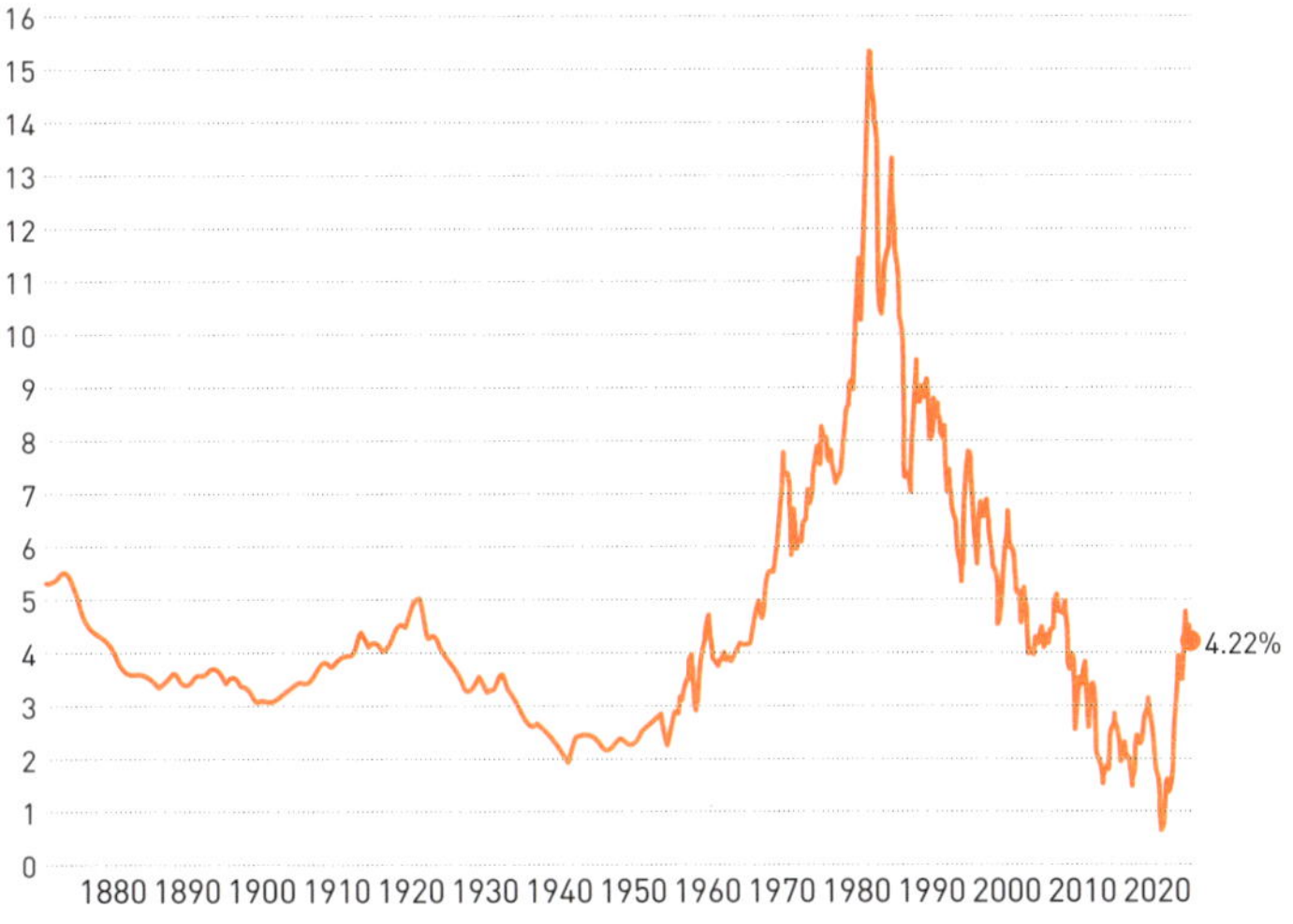

出所：https://www.multpl.com/

実際、米10年債利回りの推移を眺めると、1960年以降、急速に上昇していることがわかります（上図）。そのため、この先10年〜20年間にわたって長期金利が上昇トレンドを形成した場合、資産形成が思うように進まない可能性があります。

しかし、35年以上の長期にわたって資産運用を続けられるのであれば、パフォーマンスはいずれ平均回帰することで、こうした不運の時代を乗り越えることができます。

また、そうした不運の時代は、副業などを通じて人的資本の最大化を目指したり、分散投資によって乗り越えることができます。たとえば、指数全体が低迷する中では個別株投資、新興国株、金、ビットコインなどが注目されます。

4
限目

資産を最大化する
個別株投資の基本

「割安」で地道に儲けるバリュー株投資

個人投資家の99％は、全米株式インデックスファンドやオルカンなどに積立投資し続けるだけで、満足のゆく資産形成ができると思います。

それを断った上で、全米株式インデックスファンドなどへの長期投資は、指数全体が右肩上がりで上昇し続けることが前提になるため、指数が長期停滞局面を迎える中では資産をうまく増やすことができません。

その場合、個人投資家は個別株や日本株、新興国株、金など、別の投資対象に資金を振り向けることで、資産の最大化を目指すこともできます。

たとえば、個別株に投資をする場合、主にバリュー株とグロース株の二つのアプローチがあります。

そもそも**バリュー株投資とは、企業の本質的な価値に比べて、株価が割安に評価されている銘柄に投資し、適正価格まで戻るまでの値幅を狙った投資手法**のことです。大きく儲けるよりも、着実に資産形成をしたい投資家におすすめの投資手法です。

企業の本質的な価値とは、その企業が将来生み出すキャッシュフロー（現金収入）の総和を現在価値に換算することで求めることができます。

たとえば、毎年1億円のキャッシュフローを生み出す企業のキャッシュフローの総和は無限大になってしまうため、将来のキャッシュフローについては現在価値に換算しなければなりません。

現在価値への換算とは、将来のインフレ率や金利、リスクプレミアムを加味し、将来のキャッシュフローを評価するということです。

たとえば、あなたに1億円受け取れる権利があるとして、その権利を行使するタイミングは今日と10年後とではどちらがお得かと言うと、今日行使した方がお得になります。なぜなら、1億円を年率4％で運用した場合、10年後には1億4802万円になるため、10年後に1億円受け取るよりも4802万円も得をするからです。

現在価値に換算するというのは、この計算を逆にしたものになります。

たとえば、割引率4％で計算した場合、今日の1億円の価値は1年後には9615万円になり、5年後には8219万円、10年後は6756万円、50年後は1407万円、100年後は198万円、200年後は4万円になります（142ページ図）。

将来の1億円の現在価値
（割引率4%で計算）

(単位:万円)

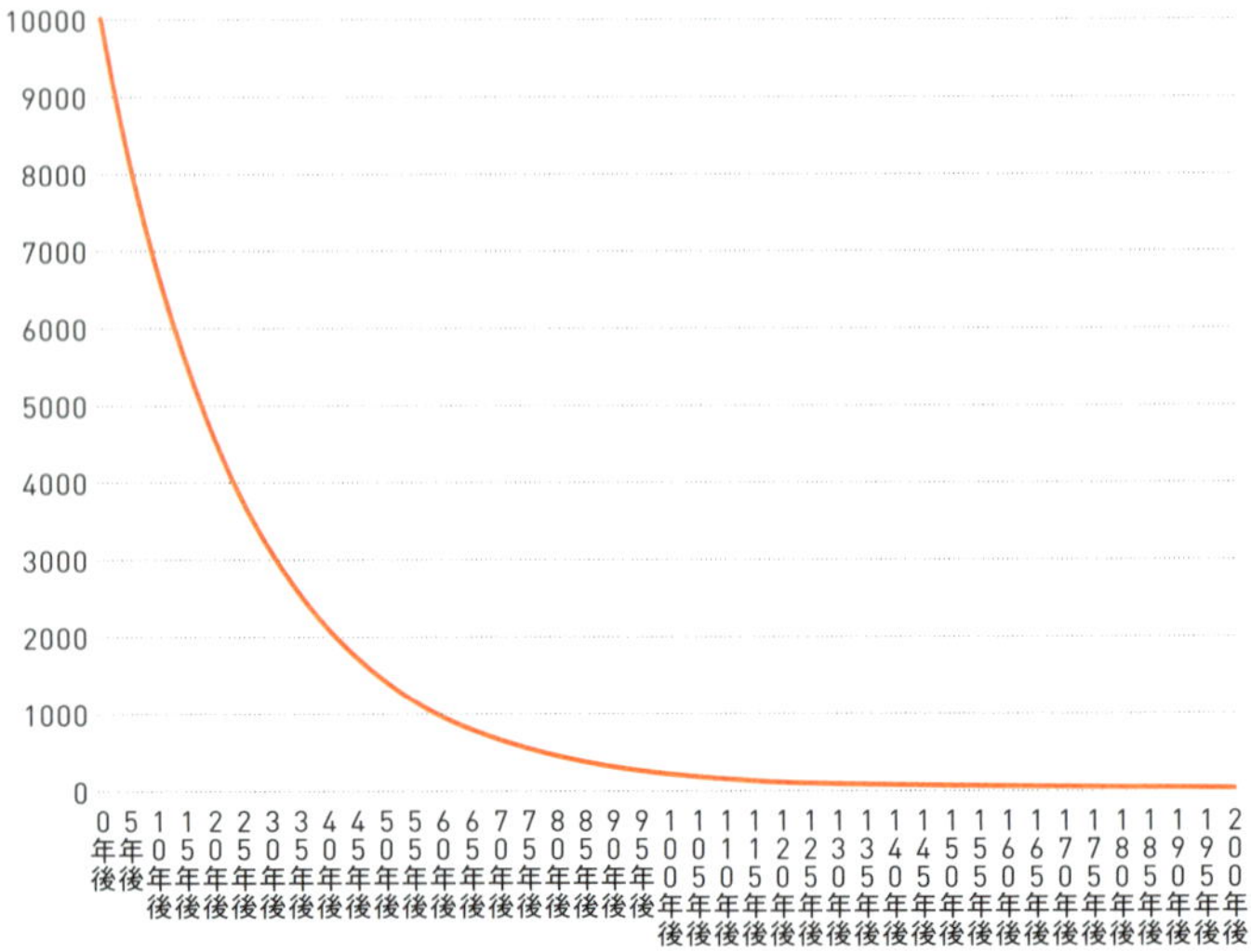

そして、これらの数字をすべて足し合わせた合計額が25億円となり、割引率4％とした場合、毎年1億円のキャッシュフローを生み出す企業の現在価値は25億円ということになります。

そのため、その企業が仮に時価総額20億円で取引されているなら、それは割安だと言えるのです。

このようにして企業の本質的価値を導き出す手法を、DCF（割引キャッシュフロー）法と言ったりするのですが、このDCF法には大きな欠陥があります。それは、割引率の構成要素となる将来のインフレ率や金利、リスクプレミアムを正確に予想することなど誰にもできないという点です。

■割引率と企業の本質的価値

割引率：企業の本質的価値（キャッシュフロー1億円の場合）

・2％：50億円
・4％：25億円
・8％：12・5億円

投資家が予想する将来のインフレ率や金利、リスクプレミアムの値が少し違うだけで割引率が異なり、企業の本質的価値が大きく変わってしまうことを考えると、バリュー株投資がいかに難しいかがわかると思います。

また、バリュー株投資では株価が割安か割高かを判断する際に、ＰＥＲやＰＢＲを手掛かりに評価する方法もあります。

▼ＰＥＲ（株価収益率）とシラーＰＥＲ

ＰＥＲ（株価収益率）とは、株価がＥＰＳ（一株当たりの利益）の何倍で取引されているかを測る指標のことです。

■ＰＥＲと評価の目安

- 10倍未満：割安
- 10～15倍：やや割安
- 15～20倍：適正
- 20～25倍：やや割高
- 25倍超：割高

通常、ＰＥＲが10倍未満なら割安、25倍超なら割高と判断する場合が多いです。しかし、適正な評価は売上高成長率や金利にも左右されるため、一概に上記の目安が参考になるわけではありません。

たとえば、売上高成長率が毎期20％を超えている企業は、たとえＰＥＲが30倍でも割安だと評価することができますし、金利が８％を超えるような局面では、ＰＥＲが15倍でも割高だと評価する場合もあります。

また、シラーＰＥＲを使うことで、市場全体の長期的なバリュエーションを評価するこ

S&P500のシラーPER：株価収益率
（1871～2024年）

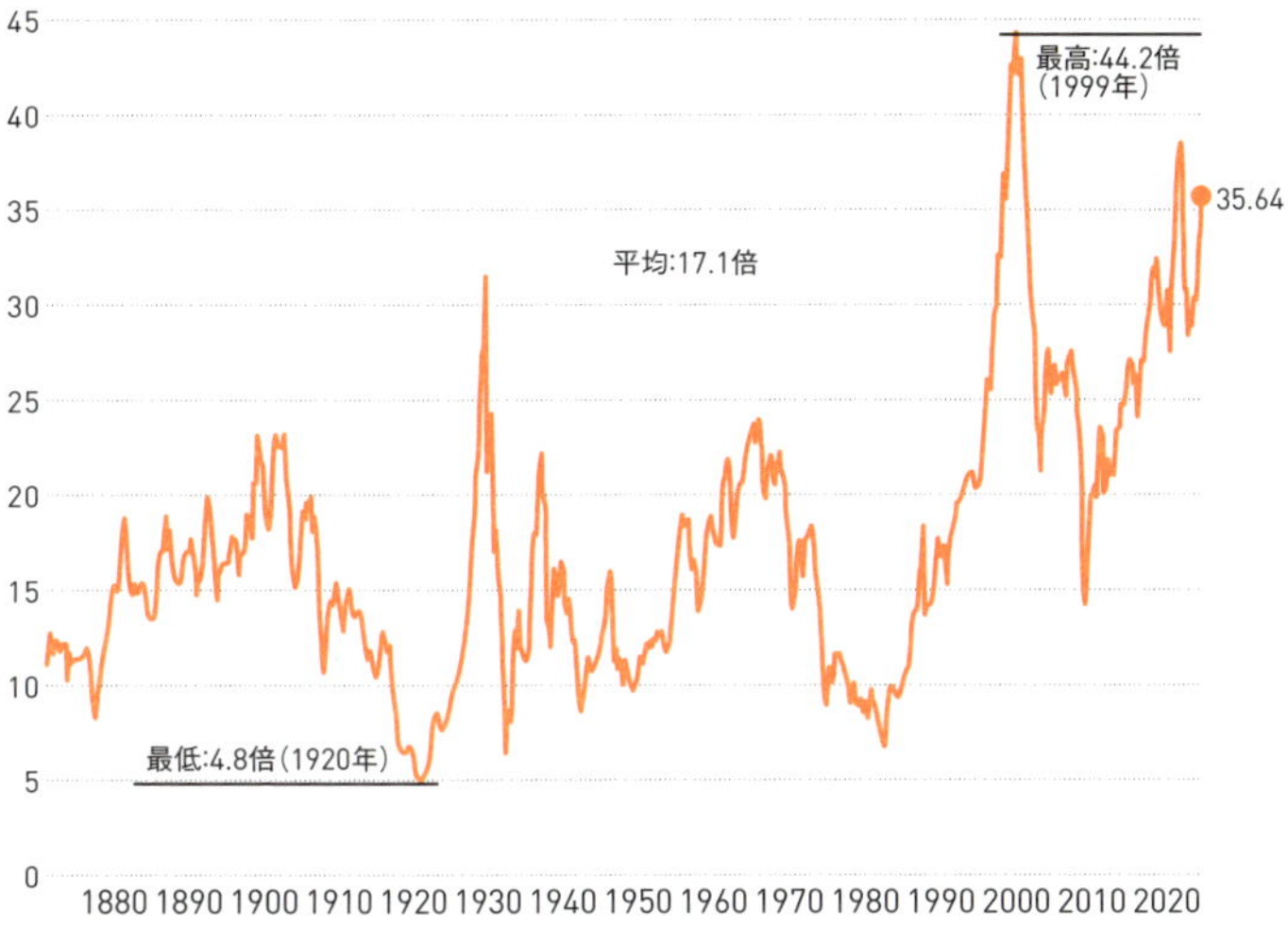

出所：https://www.multpl.com/

ともできます。

シラーPERとは、イェール大学のロバート・シラー教授が提唱したPERの一種で、長期的な株式市場のバリュエーションを評価するための指標です。通常のPERが1年分の利益に基づいているのに対して、シラーPERは10年分のインフレ調整後の平均実質利益に基づいて計算されます。これにより、短期的な利益の変動を平滑化し、長期的な視点で株式市場の評価を行うことができるのです。

たとえば、1871年から2024年6月までのシラーPERは平均17・1倍、最低は1920年の4・8倍、最高は1999年の44・2倍でした（上図）。また2024年6月時点は35・6倍と、割高な水準だと言えます。

過去153年間でシラーPERが10倍を下回り割安を示した時期は、第一次世界大戦が勃発した1910年代後半、1929年の世界恐慌後の30年代前半、第二次世界大戦が勃発した1940年代前半、不況と高インフレが併存するスタグフレーションに陥った70年代後半でした。

第二次世界大戦を除いて、いずれのケースも経済の混乱に加えて長期金利が急騰(価格は急落)したことがPERの低下要因となりました。ちなみに1990年以降、20倍を超えるPERが常態化しているのは、長期金利が下落し続けたためです。

ただし、シラーPERを手掛かりに投資タイミングを判断することはできません。たとえば、2014年にS&P500が過去最高値を連日更新し、シラーPERが25倍を超えた際、投資家の中には米国株は割高であり、今すぐ売るべきだと主張する人も少なくありませんでした。

しかしその後、S&P500は5500と、当時の1800からおよそ3倍も値上がりしたことを考えれば、シラーPERを手掛かりに米国株を売ってしまった投資家は、その後のキャピタルゲインを十分得られなかったと言えます。

このように、PERもシラーPERも正確にバリュエーションを評価することはできませんし、投資タイミングを計ることもできませんから、あくまで参考程度に留めるようにしてください。

▼PBR（株価純資産倍率）

PERが収益面から見た評価方法だったのに対して、PBR（株価純資産倍率）は資産面から見た評価方法であり、株価がBPS（一株当たりの純資産）の何倍で取引されているかを測る指標です。

■PBRと評価の目安

・1倍未満：割安
・1〜2倍：やや割安
・2〜3倍：適正
・3〜4倍：やや割高
・4倍超：割高

S&P500のPBR:株価純資産倍率
(2000～2024年)

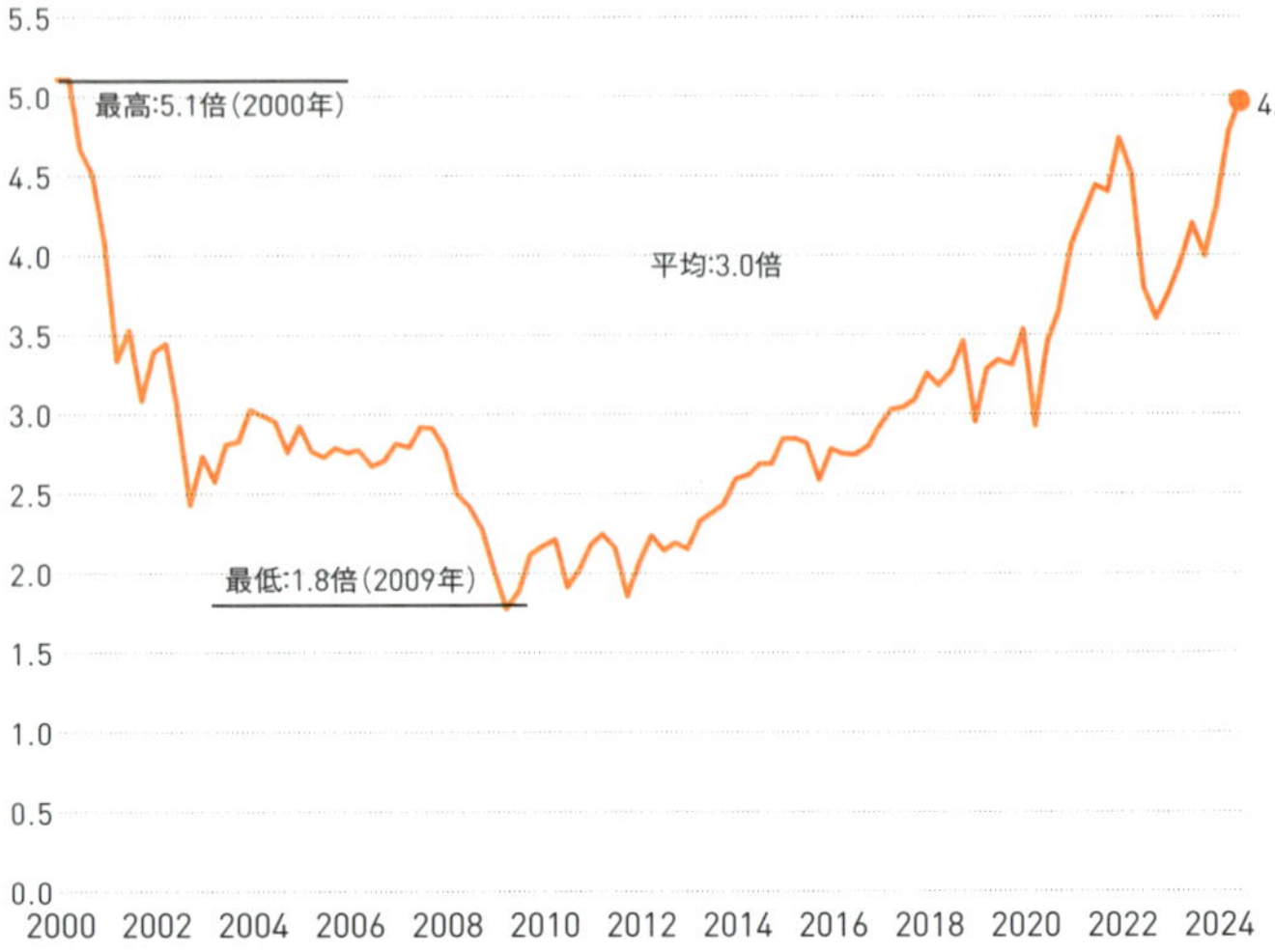

出所:https://www.multpl.com/

たとえば、2000年から2024年までのS&P500のPBRは平均3倍、最低は2009年の1・8倍、最高は2000年の5・1倍でした(上図)。

PBR1倍とは、企業の時価総額とその企業の純資産価値が等しいことを意味します。そのためPBR1倍未満の企業とは、市場から過小評価されているだけではなく、経営者が無能だと評価されていることを意味します。

東京証券取引所によれば、TOPIX500のうちPBR1倍未満の企業の割合は、2022年12月末時点で43%と、S&P500の5%を大きく上回っていると指摘しています。これは、経営者が無能である割合だと捉えることもできますから、日本の上場企業の場合、経営者のおよそ5人に2人が無能だと言えます。

ただし、それは同時に日本株の改善余地の大きさを意味します。たとえば、PBR1倍未満の企業は無駄に現金を貯めこんでいたり、株や不動産を大量に保有しているケースがありますから、それらの資産を取り崩して自社株買いや配当として株主還元することで、PBR1倍割れを解消できます。

このように、PBRを手掛かりに投資をする場合、そうした経営陣の株主還元に注目することで、キャピタルゲインを狙うことができます。ただし、経営陣が無能であり続ける限り、低いPBRは永遠に低いままですから、PBR1倍割れの銘柄を割安だと思って買っても、永遠に割安のままである可能性は十分にあります。

いずれにせよ、PERもPBRもバリュエーションを評価する方法としては不完全ですから、いくつかの指標を組み合わせて総合的に判断しなければなりません。

バフェットは「素晴らしい企業」を買う

バリュー株投資で最も成功した著名投資家ウォーレン・バフェット氏は、**「まずまずの企業を素晴らしい価格で買うよりも、素晴らしい企業をまずまずの値段で買う方がはるかに良い」**として、単純に割安な株に投資するのではなく、素晴らしい企業に投資すべきだと度々言及しています。

バフェット氏の言う「素晴らしい企業」とは、持続的な競争優位性や財務の健全性などに優れた企業のことです。条件としては次の2つが挙げられます。

▼条件1：持続的な競争優位性

■ブランド力

消費者に馴染みのある強力なブランドを持つ企業は、競合他社よりも高い価格設定をすることができるため、利益率の高いビジネスを続けることができます。反対にブランド力のない企業は価格決定力がないため、インフレによるコスト増でも値上げすることができず、利益率が低下するリスクが高まります（代表銘柄：コカ・コーラ、P&G、マクドナルドなど）。

■特許や独自技術

他社が容易に模倣できない技術や特許を持つ企業は、競争優位性を保ちやすいですが、反対に独自技術を持たない企業は簡単にシェアを奪われるため、市場から淘汰されるリスクが高いです（代表銘柄：マイクロソフト、アップル、エヌビディアなど）。

■コスト優位性

スケールメリットや効率的な生産体制によって、低コストで大量の製品やサービスを提供できる企業は、価格面での競争優位性が高いです（代表銘柄：ウォルマート、コストコ、ホームデポなど）。

■ネットワーク効果

サービスや製品の利用者が増えるほど価値が高まる場合、参入障壁の高いビジネスを構築できるため、競争優位性が高くなりやすいです（代表銘柄：アマゾン・ドットコム、アルファベット、ビザなど）。

▼条件2：財務の健全性

■収益性

高い利益率を維持している企業は、競争優位性の高いビジネスを持っている証拠です。高い利益率とは営業利益率20％以上、営業キャッシュフロー・マージン20％以上、ROE（自己資本利益率）20％以上などです。

営業キャッシュフロー・マージンとは、財務三表（貸借対照表、損益計算書、キャッシュフロー計算書）のうち、キャッシュフロー計算書に記載されている、営業活動から得られるキャッシュフローを売上高で割って求めた指標のことです。

ROE（自己資本利益率）とは、株主が出資したお金を元手に、どれだけ効率的に活用して利益を生み出したかを示す指標です。EPS（一株当たりの利益）÷BPS（一株当たりの純資産）×100で求めることができます。

ただし、これらが何％以上であれば望ましいかは、セクターによって異なるため一概には言えません。

■キャッシュフロー

安定したキャッシュフローが見込める企業は、景気の変動に強く、持続可能な成長が期待できます。反対にキャッシュフローが不安定な企業は、景気の変動に弱く、景気後退局面で株価が暴落する傾向があります。

■自己資本比率

企業の総資産に対する自己資本の割合を示す指標です。これは、企業の財務の健全性や安定性を評価するための指標で、自己資本比率が高い企業は借入に依存せずに済むため、財務的に安定していると見なされます。ただし、自己資本比率が何％以上であれば望ましいかは、セクターによって異なるため一概には言えません。一般的な目安としては概ね30％以上が望ましいとされています。

バリュー株投資は、これらの条件を満たす一握りの優良株を長期にわたって買い持ちすることで、資産の最大化を目指します。ただし、バリュー株投資ですぐに金持ちになるのは難しいですから、ゆっくりと時間をかけて資産運用したいと考える投資家と相性が良いです。

▼バフェットのポートフォリオ

バフェット率いる投資会社バークシャー・ハサウェイのポートフォリオ（外国株含む）は155ページの表の通りです（※2024年6月末時点）。

バフェットはかねてから「分散投資は無知に対するリスクヘッジだ」として、一握りの優良株に集中投資するスタイルとして知られています。実際、アップルはポートフォリオ全体のおよそ42・5％を占めているほか、バンク・オブ・アメリカ、アメリカン・エキスプレス、コカ・コーラ、シェブロン、オクシデンタル・ペトロリアムを含む上位6銘柄だけで、全体のおよそ8割を占めています。

こうしたことから、個人投資家の中にはバフェットの投資スタイルを模倣して、一握りの優良株に集中投資しようと考える人も少なくありませんが、大抵の場合、見込み違いの銘柄を損切りできずに塩漬けにしてしまうだけです。

バークシャー・ハサウェイのポートフォリオ
（外国株含む。2024年6月末時点）

ティッカー	銘柄名	構成比率
AAPL	アップル	42.5%
BAC	バンク・オブ・アメリカ	10.6%
AXP	アメリカン・エキスプレス	9.1%
KO	コカ・コーラ	6.5%
CVX	シェブロン	5.0%
OXY	オクシデンタル・ペトロリアム	4.0%
KHC	クラフト・ハインツ	2.8%
MCO	ムーディーズ	2.7%
CB	チャブ	1.8%
8058	三菱商事	1.8%
8031	三井物産	1.5%
8001	伊藤忠商事	1.4%
DVA	ダヴィータ	1.3%
C	シティ・グループ	0.9%
8002	丸紅	0.7%
	その他	7.4%

そのため、ほとんどの個人投資家は10〜20銘柄程度に分散投資した方が良いと思います。

▼分散投資によるリスク低減効果

たとえば、1銘柄に集中投資した場合、仮にその銘柄が50％値下がりした場合、資産額は半減してしまいますが、4銘柄に分散投資するだけで、仮にその銘柄が50％値下がりしても、資産額の減少を12・5％に留めることができます（156ページ図）。

そして、10銘柄に分散投資をすれば5％の減少に、20銘柄に分散投資をすれば2・5％の減少に留めることができます。この

分散投資によるリスクの低減効果

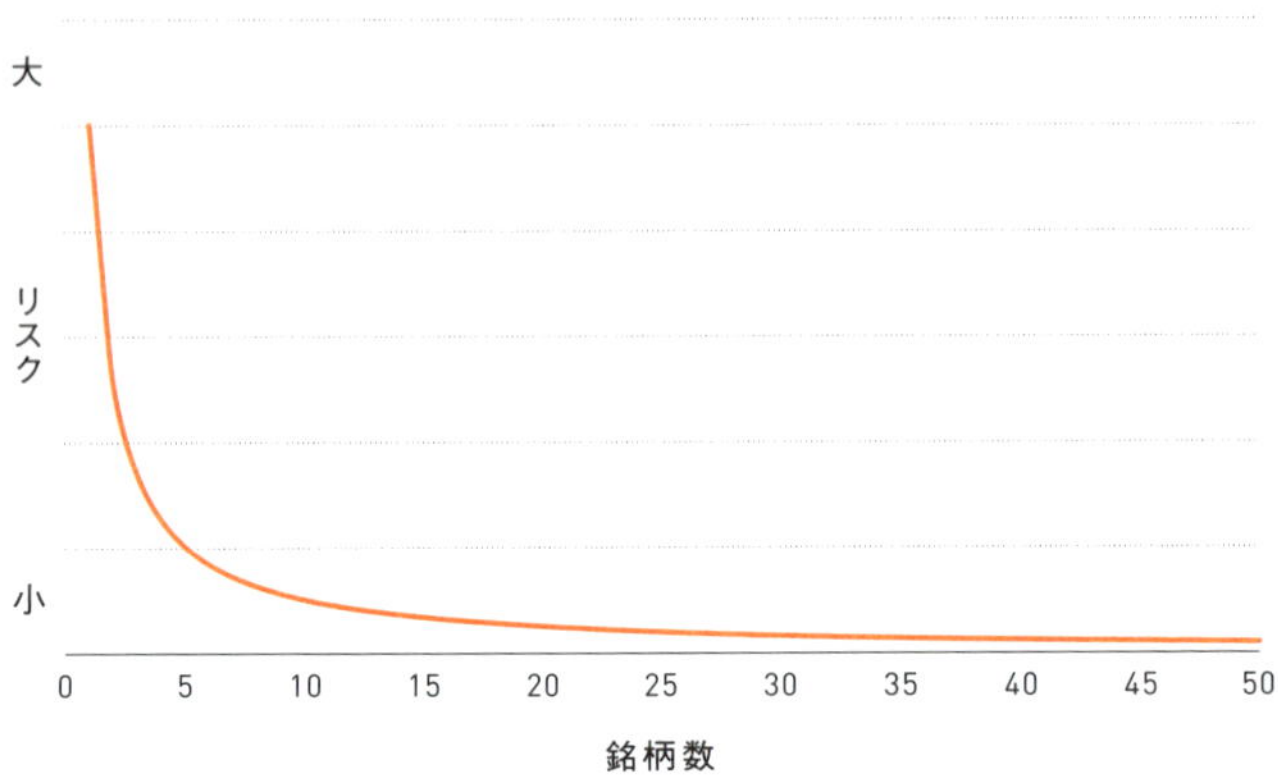

ように複数の銘柄に分散投資するだけで、個別株のリスクを大きく減らせますから、多くの個人投資家は一握りの銘柄に集中投資するよりも、複数の銘柄に分散投資した方がいいと言えるのです。

ただし、20銘柄以上に分散投資しても、それによって得られるリスクの低減効果はほとんどありませんし、せっかく選び抜いて投資した銘柄が大きく値上がりしても、資産全体に与える影響は小さなものになってしまいますから、分散投資は10〜20銘柄程度に留めるようにしてください。

「成長」に賭けるグロース株投資

グロース株投資とは、企業の成長性や将来性に注目し、業績の伸びが期待できる銘柄に投資する手法のことです。主な投資対象は売上高や利益が急速に増加し、市場平均を上回るキャピタルゲインが見込める銘柄で、ＰＥＲやＰＢＲといったバリュエーションは無視することが多いです。

▼グロース株の特徴

■セクター

グロース株投資では、売上高や利益が急成長する銘柄に注目しなければなりません。そのため、投資対象は自ずと業績が急成長しやすいセクターに絞られます。たとえば、急成長が期待できるセクターはハイテクや一般消費財・サービス、バイオテクノロジーなどで、反対に生活必需品や公益などのディフェンシブセクターはグロース株投資に不向きだと言えます。

売上高成長率

グロース株に投資する場合、売上高成長率は高くなければなりません。なぜなら、高い売上高成長率はビジネスの競争優位性を背景に、市場シェアの拡大に伴って利益成長が見込めますし、それによって大きなキャピタルゲインも期待できるからです。ただし、売上高成長率以上にコストの伸び率が大きければ、利益成長もキャピタルゲインも見込めないため注意が必要です。

事業に再投資

グロース株はバリュー株とは異なり、事業によって得た利益を、そのまま事業に再投資することで、業績のさらなる拡大を目指します。これは、配当や自社株買いによって株主に還元するのではなく、業績拡大に伴う株高によって株主価値を高めるというものです。ただし、事業に再投資したからといって必ずしも業績の拡大につながるわけではありませんから、四半期毎の決算を精査する必要があります。

■PER

グロース株投資は高成長が期待されているため、割高なPERがさらに割高になるという特徴があります。しかし、EPSが急成長するなら、PERは見た目よりも小さい可能性があるため、高PERを正当化することができます。たとえば、今期の予想EPS10ドル、株価1000ドルとした場合、予想PERは100倍になりますが、来期の予想EPSが50ドルなら、予想PERは20倍となり、グロース株にしてはむしろ割安なバリュエーションだと言えます。

■金利

グロース株投資で最も大切なことは、「業績」ではなく「金利」です。たとえば2022年3月以降、FRBの急激なペースの利上げによってマルチプル・コントラクションが起こり、グロース株は業績が拡大していたのにもかかわらず、株価は70~90%安と軒並み大暴落しました。そのため、グロース株では業績の拡大も大切ですが、金利に最も注意を払う必要があります。

■リスクとリターン

グロース株は大きなリターンが見込める一方で、大きなリスクを伴います。また、どんなに優秀な投資家であっても銘柄選択は度々間違うものですから、見込み違いだった場合はすぐに損切りするなどのリスク管理が重要になります。別の言い方をすれば、投資家のスキルが求められるということです。

大きく儲ける グロース株投資の極意

グロース株投資なら大きく儲けることができます。そこで、グロース株投資の極意を紹介します。

■EPS成長率

グロース株に投資する場合、EPSが前年同期比で大きな伸び率を示している銘柄でなければなりません。EPSの伸び率は大きければ大きいほど望ましいです。なぜならグロース株に投資するのは大きく儲けるためであり、大きく儲けるためには低いEPS成長率では難しいからです。

EPS成長率は少なくとも25%以上が望ましく、過去2四半期続けてEPSが急成長している銘柄が望ましいです。ただし、特別利益など一時要因によって、爆発的にEPSが伸びている銘柄は無視してください。また、EPS成長率が鈍化し続けることが予想されている銘柄も避けてください。

〈良いEPS成長率の例〉
第1四半期：+15%
第2四半期：+25%
第3四半期：+50%
第4四半期：+95%

〈悪いEPS成長率の例〉
第1四半期：+150%
第2四半期：+30%
第3四半期：+10%
第4四半期：+5%

■売上高成長率

グロース株に投資する場合、EPS成長率の加速に加えて、売上高成長率も25%以上増加しているか、3四半期連続で加速していることが望ましいです。

〈良い売上高成長率の例〉
第1四半期：＋15％
第2四半期：＋25％
第3四半期：＋50％
第4四半期：＋95％

〈悪い売上高成長率の例〉
第1四半期：＋150％
第2四半期：＋30％
第3四半期：＋10％
第4四半期：＋5％

■新高値更新

グロース株の正しい投資タイミングは、正しく形成されたチャートパターンからブレイクアウトし、新高値を更新した時です。この時が最大級の上昇が始まる起点であり、大きなキャピタルゲインが得られる可能性が高まります。

しかし、多くの個人投資家は「底値買い」をしようと、天井を付けたあとに大きく下落した銘柄を割安だと思い込んで買い向かい、結局買値よりもさらに下がった銘柄を「優良株がさらに割安になっただけ」だと信じて塩漬けにしてしまいます。

グロース株の場合、株価が新高値を更新して割高に見える銘柄はさらに値上がりし、株価が安値を更新して割安に見える銘柄はさらに値下がりする傾向があります。そのため、投資家は正しく形成されたチャートパターンからブレイクアウトして、一見するとリスクが高そうに見える銘柄に投資しなければなりません。

▼覚えるべき3つのチャートパターン

そこで、個人投資家が覚えるべき重要な3つのチャートパターンを紹介します。

パターン①：カップ・ウィズ・ハンドル

「カップ・ウィズ・ハンドル」は米国の投資家に最も人気のあるチャートパターンのひとつです。この時に次の強気相場で簡単には売らないであろう株主の強固な基盤が作られます。

そもそもカップ・ウィズ・ハンドルは、カップを横から見た際に「取っ手付きカップ」に見えることから、その名が付けられています。

最初のカップの部分は7～65週間かけて形成されますが、概ね3～6か月ほどの期間で作られます。カップの形状は鋭いV字型ではなく、丸いU字型をしているのが特徴で、カップの深さは高値から15～30％程度が望ましいとされています。この時の下げが、その銘

カップ・ウィズ・ハンドル

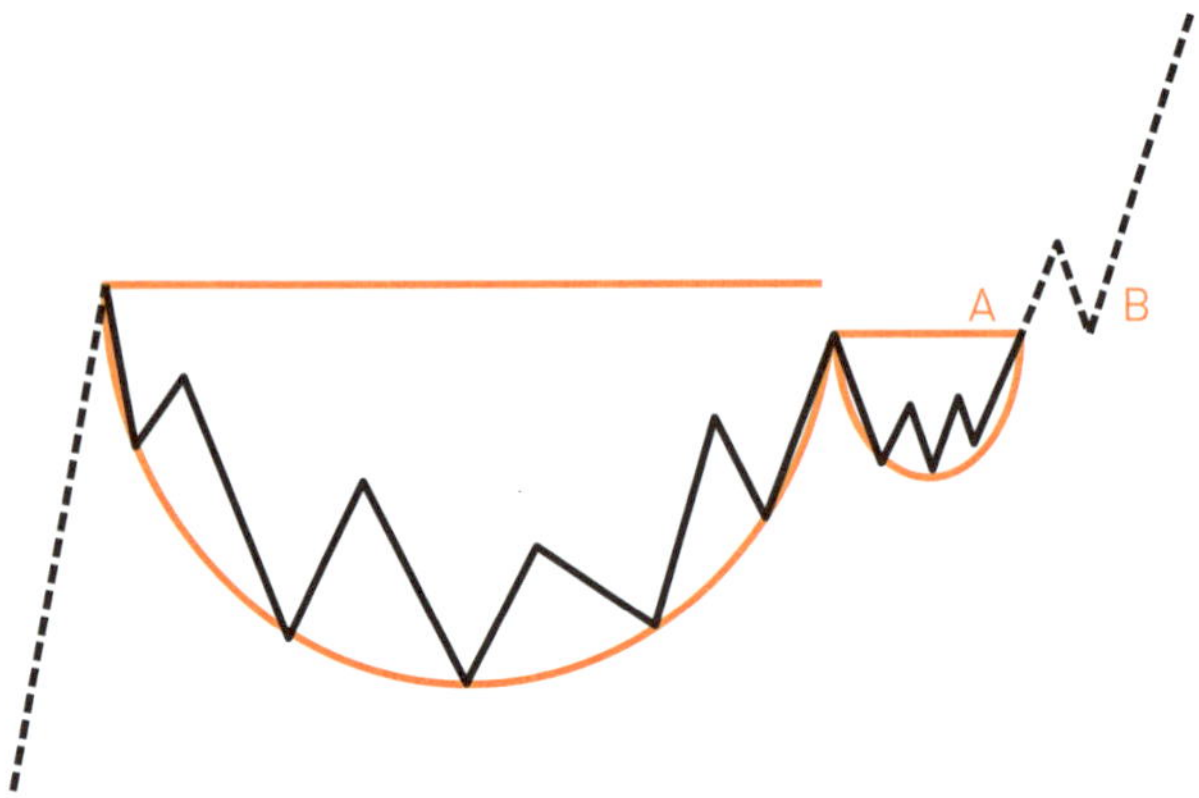

柄が次の強気相場を迎える前に必要とする自然な調整局面になります。

次にベース（もみ合い）となるハンドル部分を1～2週間以上かけて形成します。ハンドルの形状はU字型、あるいはレンジ型で形成され、ハンドル部分の高値はカップの頂点よりも下に位置します。この時の下げによって、まだ残っていた力のない株主がふるい落とされ、次第に投資家の関心がなくなっていきます。こうして、握力の強い株主だけがその銘柄を保有している状況が作られます。

そして、ハンドル部分の高値を上にブレイクアウトすると、そこ（A）が買いタイミングになります。ただし、保守的な投資家は（B）のハンドル部分のレジスタンス

上昇トライアングル

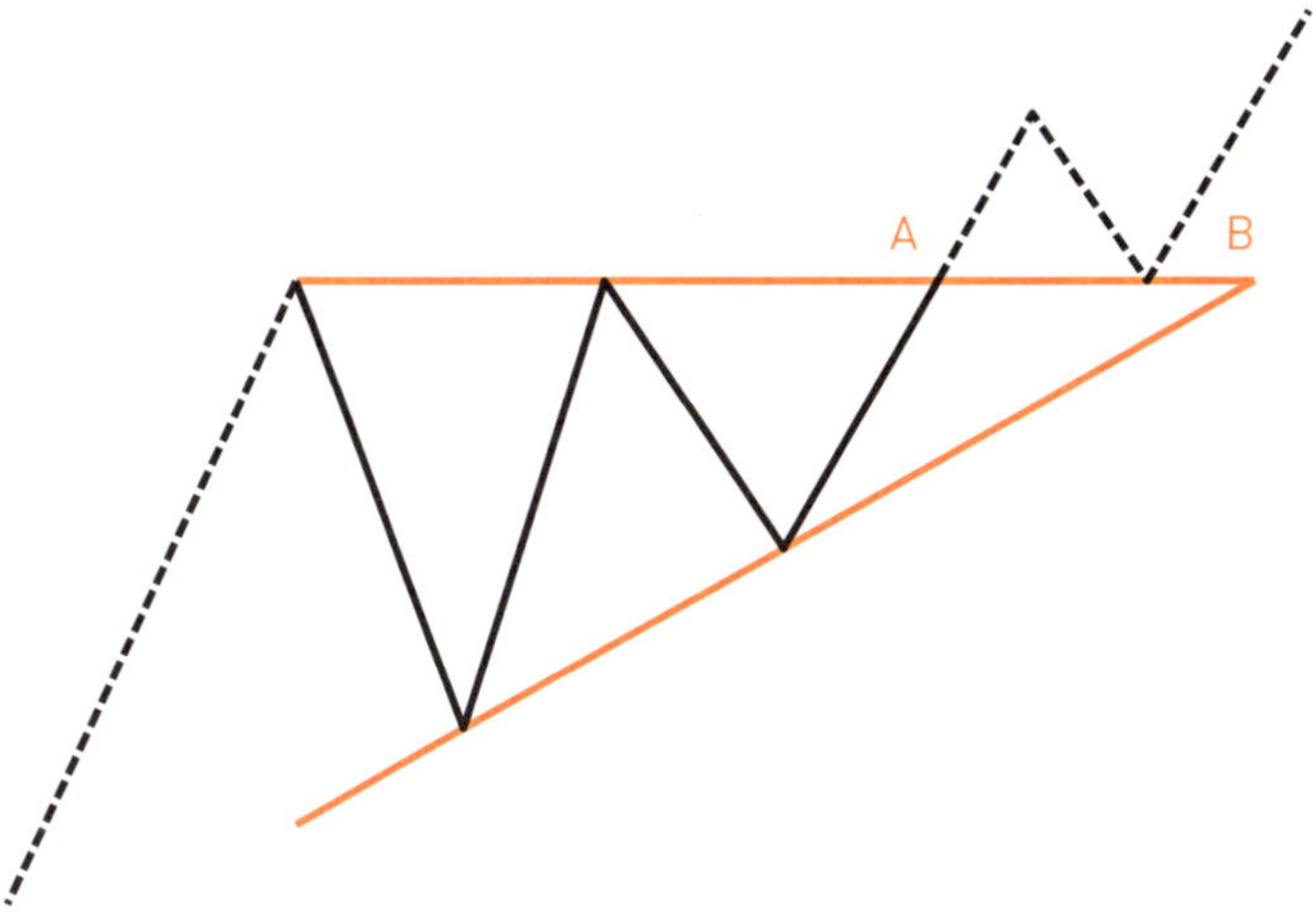

（上値抵抗線）がサポートライン（下値支持線）に転換するのを確認してから買い向かいます。

ちなみに、カップ・ウィズ・ハンドルの場合、買いポイントは高値よりもやや低い位置に出現します。これは新高値更新まで待っていたら、大きなキャピタルゲインを取り逃す可能性が高まってしまうためです。

パターン②：上昇トライアングル

「上昇トライアングル」とは、上昇相場の中の高値圏で水平のレジスタンスが形成される一方、下値が徐々に切り上がり、最終的に終値ベースで完全にブレイクアウトすることで完成します。

このチャートパターンは、売り手よりも

買い手が積極的であることを示しており、市場参加者がその銘柄に対して強気になっていることを意味します。また、上昇トライアングルは継続パターンのひとつですから、これまでのトレンドが続きやすいです。

レジスタンスを上にブレイクアウトした地点（A）が買いタイミングですが、保守的な投資家は（B）のレジスタンスがサポートラインに転換するのを確認してから買い向かいます。

パターン③：レクタングル

「レクタングル（長方形）」とは、トレーディングレンジやもみ合いとも呼ばれ、二本の平行な水平線の間で横ばいに動く特徴があります。

このチャートパターンは、現在進行中のトレンド内での一時休止を表していますから、パターンが形成される前から存在するトレンドと同じ方向に進むことで完成されます。そのため、レクタングルパターンが上昇相場の中で形成されているかどうかに注目しなければなりません。

レジスタンスを上にブレイクアウトした地点（A）が買いタイミングですが、保守的な投資家は（B）のレジスタンスがサポートラインに転換するのを確認してから買い向かい

レクタングル
（長方形）

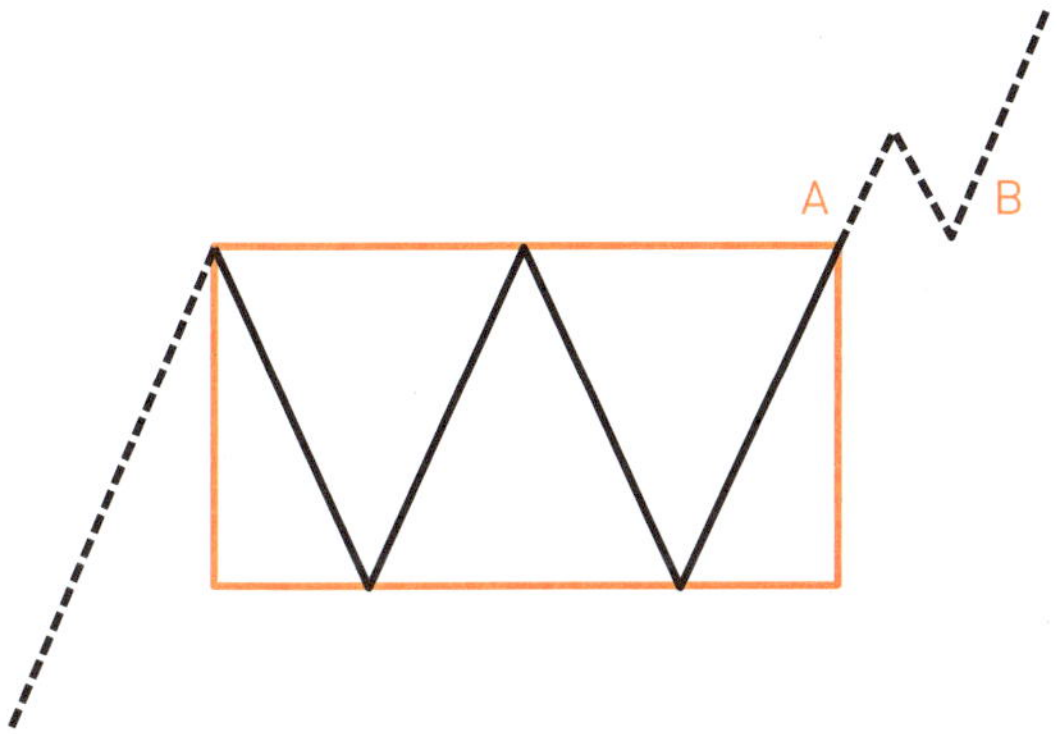

ます。

グロース株投資は、これら3つのうちのいずれかのチャートパターンを完成した銘柄ほど、大きなキャピタルゲインが期待できます。

良い決算とは

「良い決算」とは、四半期決算でEPS、売上高、ガイダンスのすべてがコンセンサス予想を上回る決算のことを指します。良い決算を出した銘柄は、機関投資家による買いが期待できますが、反対に悪い決算（EPS、売上高、ガイダンスのいずれかひとつでもコンセンサス予想を下回った決算）を出した銘柄は機関投資家による売りが予想されます。

なぜ、良い決算が重要なのかを知るには、

そもそもなぜ株は上がるのか？　ということを理解しなければなりません。

▼なぜ株は上がる？

投資の世界には効率的市場仮説という概念が存在します。これは、「株式市場はあらゆる情報を瞬時に織り込むため、誰もマーケットを出し抜くことはできない」という考え方のことです。この効率的市場仮説に従えば、現時点で手に入るあらゆる情報はすでに株価に織り込まれているため、その情報を頼りに株を買っても儲けられないということになります。

別の言い方をすれば、**新しい材料が出た時に株は上がるのです。そしてその新しい材料とは決算にほかなりません。**

すると、「効率的市場仮説に従えば、決算が出た瞬間にその情報は株価に織り込まれるわけだから、やはり株で儲けることはできないのでは？」と思う人もいるかもしれません。

確かに決算発表でポジティブ・サプライズが出た場合、時間外取引で株価が急騰するケースも珍しくありません。そのため、いざ取引時間が始まってから買おうと思っても、すでに株価が上がった後ということは多々あります。

しかし、機関投資家は大きなポジションを持っているため、良い決算を出した銘柄の株をたくさん買いたくても、十分な量の注文を入れるのに何日もかかってしまいます。その一方で、個人投資家は資金が少ない関係で十分な量の注文をすぐに入れることができますから、個人投資家が買い終わった後に、機関投資家の大量の投資資金が流れ込み、株価は一段と押し上げられるのです。

また、良い決算を出した銘柄は、次の決算も良い決算を出す傾向がありますから、投資家は良い決算を出した銘柄をただ買い持ちするだけで資産を増やすことができます。

反対に悪い決算を出した銘柄は、次の決算も悪い決算を出す傾向があるため、瞬時に株を売らなければなりません。もちろん例外は存在するものの、ほとんどの個人投資家はその例外を正しく判別することなどできませんから、例外を作らず、規律に従った投資判断を下した方が賢明です。

では、良い決算と悪い決算の具体例をそれぞれ紹介します。

良い決算の例

- EPSは予想1・0ドルに対して、結果1・3ドルでした。Beat
- 売上高は予想10億ドルに対して、結果12億ドルでした。Beat

・ガイダンスは通年の売上高見通しが予想50億ドルに対して、新ガイダンス50億ドルが発表されました。In-Line

※Beat（予想を上回った）、In-Line（予想に一致した）は良い決算として判定します。

良い決算が出た場合、投資家は「買い」、あるいは「買い持ち」の判断をします。これは、決算発表後に株価が急騰（あるいは急落）した後でも同じです。

■悪い決算の例

・EPSは予想1・0ドルに対して、結果1・3ドルでした。Beat
・売上高は予想10億ドルに対して、結果12億ドルでした。Beat
・ガイダンスは通年の売上高見通しが予想65億ドルに対して、新ガイダンス50〜70億ドル（中値60億ドル）が発表されました。Miss

※「悪い決算」とは、EPS、売上、ガイダンスのいずれか一つでもMiss（予想を下回った）決算を指します。ガイダンスがレンジで発表される場合は中値で判定します。また、ガイダンスを出さない企業はEPSと売上高のみで判定します。

悪い決算が出た場合、投資家は「売り」の判断をします。これは、決算発表後に株価が急騰（あるいは急落）した後でも同じです。

個人投資家の中には、「EPSがミスしても、ガイダンスが良いのだから問題ない」とか、「ガイダンスがミスしても、それはCFOの予想に過ぎないから問題ない」と、すぐに例外を設ける人がいますが、それは間違いです。

なぜなら、EPS（あるいは売上高）をミスするということは、その企業の経営陣は投資家の期待に応えられない数字しか出せないことを意味するからです。また、ガイダンスをミスするということは、その会社の数字に誰よりも詳しいCFOが業績見通しに慎重になっていることを意味するため、市場参加者はその意見に敬意を払うべきだからです。

そのため、**いかなる優良株も悪い決算が出たら一旦売り払って、監視銘柄に入れておくのが妥当です。**

また、良い決算を出したにもかかわらず株価が急落するケースがあります。これは、コンセンサス予想を上回る決算になることが、決算発表の直前までに株価に織り込まれた場合、「材料出尽くし」となって売られるからです。ただしその場合でも、良い決算を出した銘柄は「買い」、あるいは「買い持ち」の判断をします。

反対に悪い決算を出したにもかかわらず株価が急騰するケースがあります。これは、コンセンサス予想を下回る決算になることが、決算発表の直前までに株価に織り込まれた場合、「悪材料出尽くし」となって買われるからです。ただしその場合でも、悪い決算を出した銘柄は「売り」の判断をします。

■チャート的に正しい銘柄だけを買い続けたら

こうして良い決算を出し、かつ正しく形成されたチャートパターンをブレイクアウトした銘柄だけを買い持ちし続けた場合、あなたのポートフォリオは超優良株ばかりになり、ゴミのような三流株はすべて処分されています。

ただし、良い決算を出し続けられる銘柄は極めて稀ですから、20銘柄に分散投資したとしても、一年以上にわたって生き残っている銘柄はせいぜい数銘柄程度になります（売った銘柄で新たに買う銘柄もあるため、ポートフォリオは常に10～20銘柄程度になります）。

そして、**数四半期の決算を乗り越えて生き残った一握りの優良株が大化け銘柄となって、資産の最大化に貢献してくれるのです。**

とはいえ、すぐに投資成果が現れるわけではなく、2～3年続けることで徐々に成果が見えてきますから、速攻でお金持ちになろうとしたり、他人のパフォーマンスと比べてひとりで勝手に焦ったりせずに、長期的な視点を持つことを忘れないでください。

▼コンセンサス予想の調べ方

グロース株投資をするなら、決算発表日までにコンセンサス予想を調べておかなければなりません。なぜなら、それこそがすでに株価に織り込まれている数字であり、投資判断の基準になるからです。

仮に四半期決算で増収増益が発表されても、その数字がすでに株価に織り込まれているなら、それは新しい材料とはならず、株は上がりません。それどころか、もしコンセンサス予想を下回る数字だった場合、たとえ増収増益でもネガティブ・サプライズと受け止められて、株は売られてしまうのです。

そこで、グロース株投資をする上で欠かせない、コンセンサス予想の調べ方について紹介します。

ぼくはコンセンサス予想を調べる際、主にSeeking Alphaを利用しています。

手順1：「Seeking Alpha」で検索して、サイトにアクセスします。

(https://seekingalpha.com/)

手順２：検索バーにティッカーシンボル（銘柄を識別するコード）を入力します。たとえば、アップルなら「ＡＡＰＬ」と入力します。

手順３：①「Earnings（収益）」→②「Earnings Estimates（業績予想）」の順にクリックします。すると、③「Annual Estimates Summary（通年業績サマリー）」から、「Consensus EPS Estimates（コンセンサスＥＰＳ予想）」と「Consensus Revenue Estimates（コンセンサス売上高予想）」として、それぞれの通年のコンセンサス予想を確認することができます。

また、下にスクロールすれば、翌年以降のＥＰＳと売上高のコンセンサス予想を確認することができます。次に右上の④「Annual（通年）」を「Quarterly（四半期）」に切り替えると、四半期のコンセンサス予想を調べることができます。

手順４：「Quarterly Estimates Summary（四半期業績サマリー）」から、「Consensus EPS Estimates（コンセンサスＥＰＳ予想）」と「Consensus Revenue Estimates（コンセンサス売上高予想）」として、それぞれの四半期のコンセンサス予想を確認することができます。

また、下にスクロールすれば、通年同様、翌々期以降のＥＰＳと売上高のコンセンサス

コンセンサス予想の調べ方

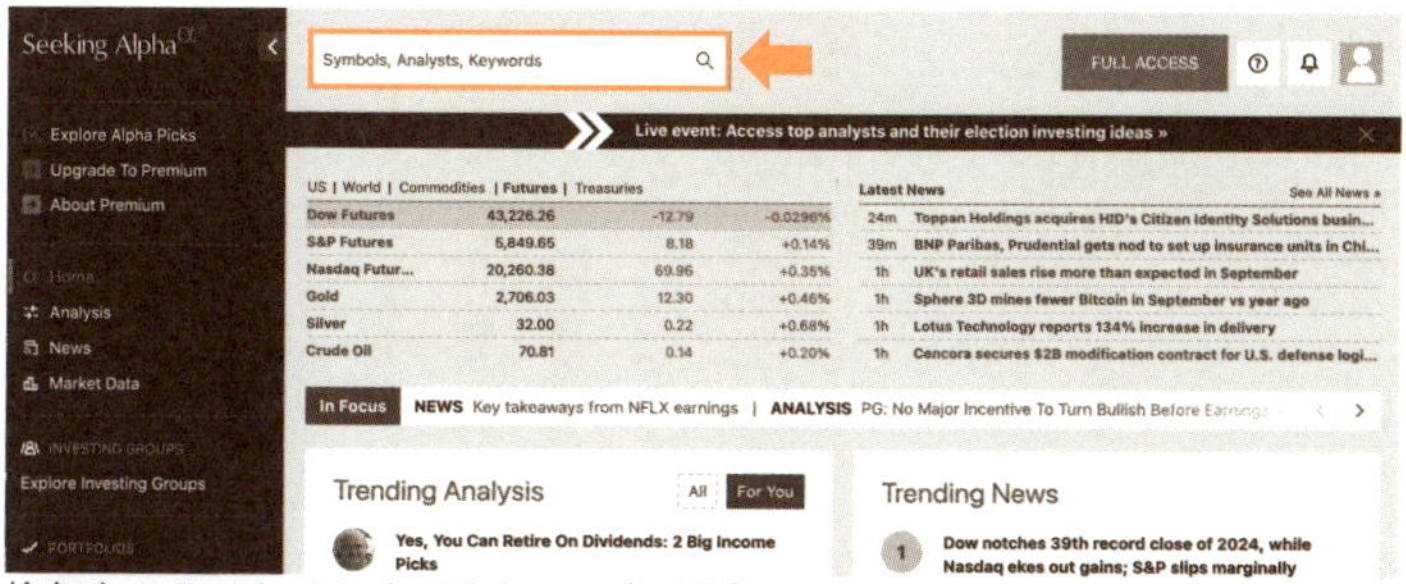

検索バーにティッカーシンボルを入力。アップルなら「AAPL」

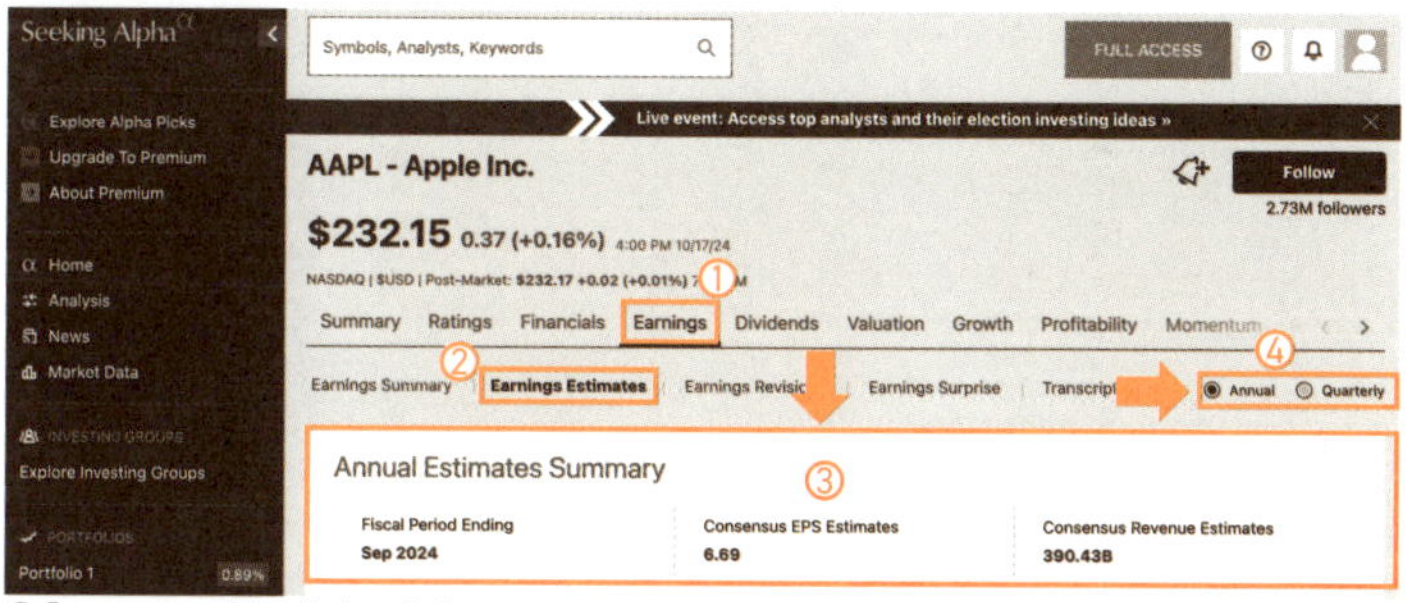

①「Earnings（収益）」→②「Earnings Estimates（業績予想）」の順にクリック。すると、③「Annual Estimates Summary（通年業績サマリー）」から、「Consensus EPS Estimates（コンセンサスEPS予想）」と「Consensus Revenue Estimates（コンセンサス売上高予想）」として、それぞれの通年のコンセンサス予想を確認できる

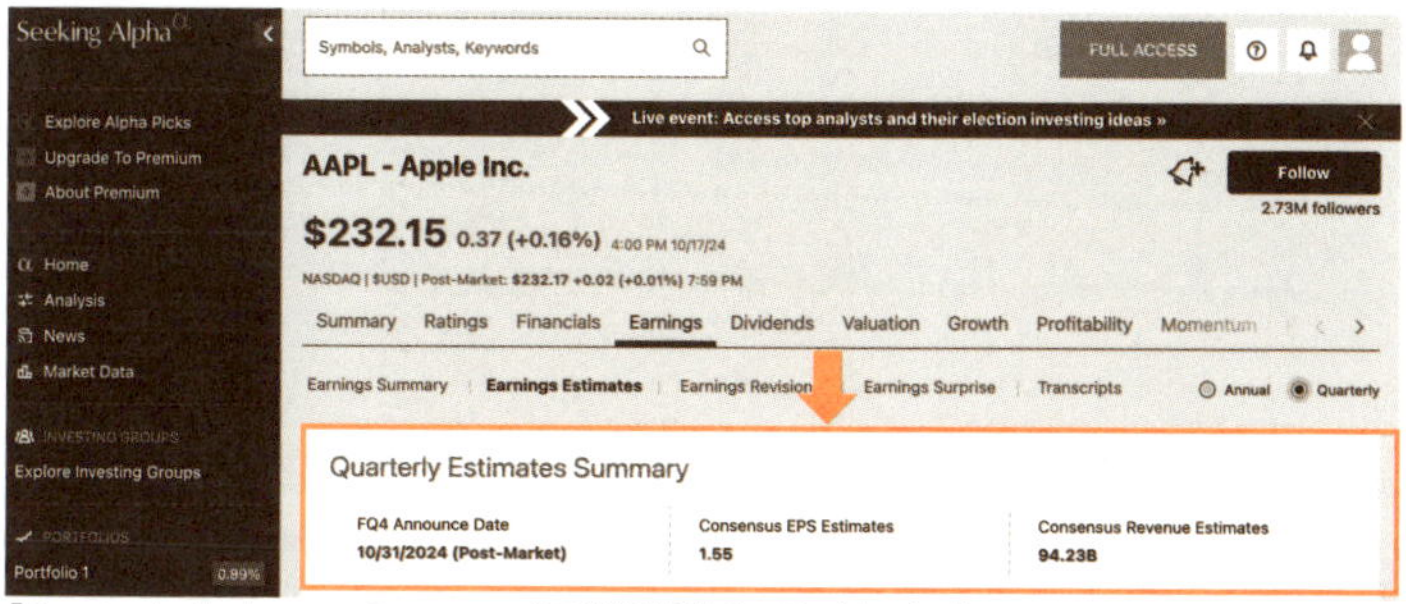

「Quarterly Estimates Summary（四半期業績サマリー）」から、「Consensus EPS Estimates（コンセンサスEPS予想）」と「Consensus Revenue Estimates（コンセンサス売上高予想）」として、それぞれの四半期のコンセンサス予想を確認できる

予想を確認することができます。

四半期決算の調べ方はグーグルの検索エンジンから、「AAPL　IR」（ティッカーシンボル＋IR）で検索して、アップルのサイトにアクセスします。

EPS、売上高、ガイダンスはPress release（プレスリリース）やPresentation（プレゼンテーション）に記載されています。ただし、ガイダンスを出さない企業もあれば、カンファレンスコール（決算発表後の電話会議）でのみ発表する企業もあるので注意してください。

ちなみに、「Seeking Alpha」や「Investing.com」、「Yahoo! Finance」なら、四半期のEPSと売上高のコンセンサス予想と結果を確認することができますが、ガイダンスを含む決算情報をすべてまとめて掲載している無料サイトはありませんから、投資家が自分で確認するなど地道な努力が必要です。

最近は個人投資家がSNSなどに決算情報をアップしていますから、それを参考にしてもいいと思います（ぼくも注目銘柄に関してはnoteでアップしています）。

ただし、コンセンサス予想に利用しているサイトやデータを取得した日は個人投資家によって異なりますから、信頼できる個人投資家の情報を参考にするのも良いですが、自分で調べるのが一番おすすめです。

バリュー株VS.グロース株

1980年代以降、グロース株がバリュー株に対して優位の時代が続いており、とりわけ金融危機直前の2007年以降、それが顕著になって表れていることから、投資家の中にはバリュー株よりもグロース株をバイ&ホールドした方が良いと考えている人も少なくありません。

実際、グロース株指数÷バリュー株指数で求めたMSCIグロース株／バリュー株レシオの推移（178ページ図）を眺めると、2007年以降、急激なペースで上昇しています。

この指数の見方は、指数が上昇していればグロース株がバリュー株のパフォーマンスを上回っている一方で、指数が下落していれば下回っていることを意味します。そのため、米国株は長期にわたってグロース株優位の時代が続いていると言えるのです。

ただし、常にグロース株がバリュー株のパフォーマンスを上回るわけではありません。

たとえば、スタグフレーションに苦しんだ70年代後半や湾岸戦争が勃発した90年代前半、

米国株ではグロース株がバリュー株を上回ってきた（MSCIグロース株／バリュー株レシオ）

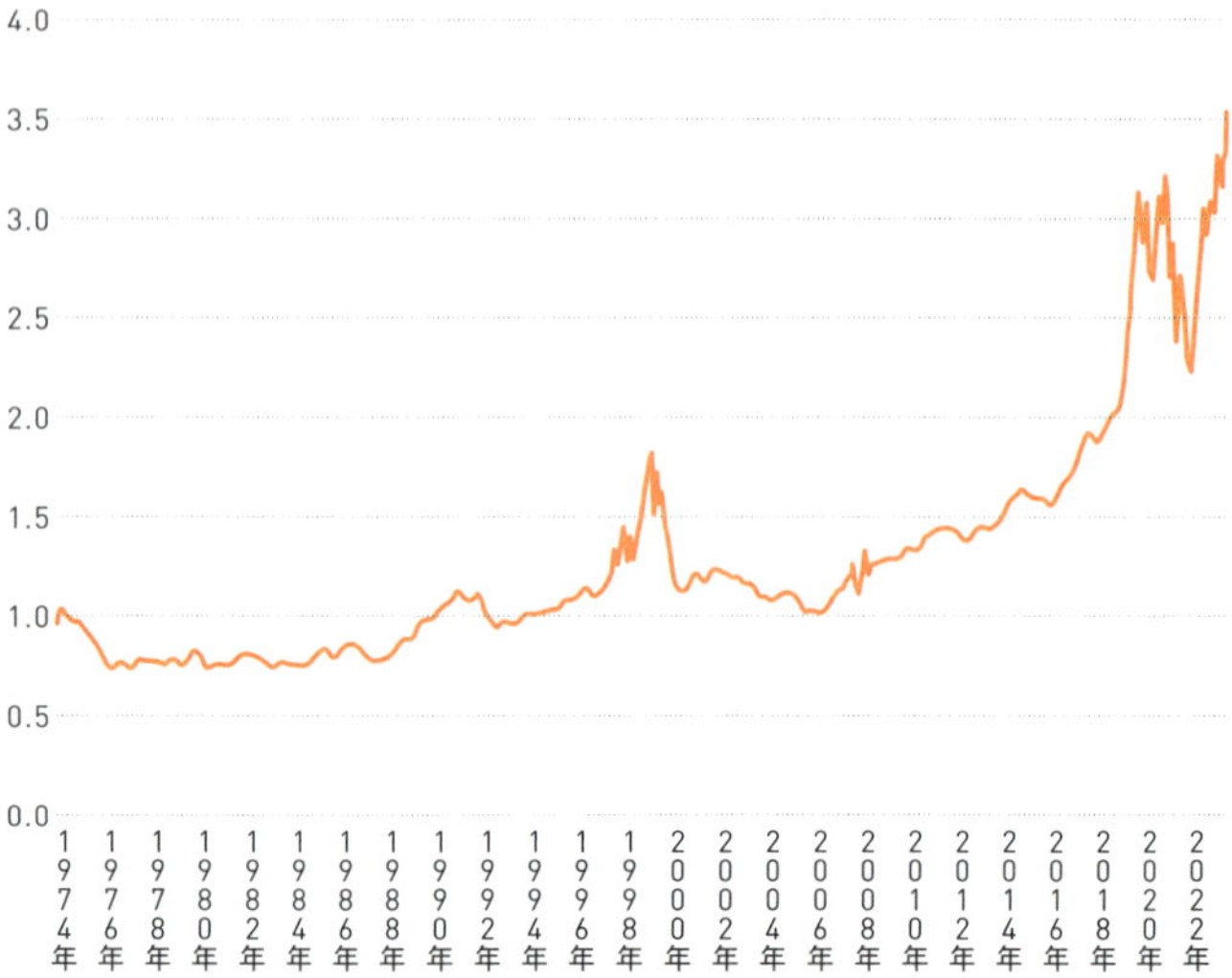

出所：longtermtrends.netより筆者作成

ドットコムバブル崩壊後の2000年代前半、コロナ禍後の高インフレに苦しんだ2022年などでは、バリュー株がグロース株のパフォーマンスを上回っていました。つまり、経済危機や金融危機、景気後退などの有事においては、バリュー株の方が耐性は強いと言えます。

それでも長期的に見ればグロース株がバリュー株のパフォーマンスを上回っていたことから、グロース株の方が優位だと考える投資家も少なくないと思います。

しかし、80年代以降、長期金利が一貫して下落し続けるなど、マルチプル・エクスパンションが起きていたことがグロース株の追い風になっていたほか、2022年に長期金利が長期下降トレン

長期金利が下落する期間はグロース株が優位になる
(S&P500のインフレ調整後の配当再投資込みのトータルリターン)

期間	S&P500インフレ調整後トータルリターン
1900-1920	1.7%
1920-1960	9.2%
1960-1980	2.5%
1980-2020	8.7%
1871-2023	7.0%

出所:moneychimp.comより筆者作成

ドを上にブレイクアウトしたことを考えると、仮にこの先長期金利が一貫して上昇し続けるなどマルチプル・コントラクションが起こるようなら、バリュー株がグロース株のパフォーマンスを上回り続ける可能性があります。

とりわけ、長期金利は一度上昇し始めるとそれが何十年と続き、市場全体のパフォーマンスが長期にわたって低迷し続ける傾向がありますから注意が必要です。

たとえば、1871年から2023年末までを振り返ると、S&P500のインフレ調整後の配当再投資込みのトータルリターンは年率+7.0%でしたが、長期金利が特に上昇した1900年から1920年までの20年間は年率+1.7%、1960年から1980年までの20年間は年率+2.5%と、長期平均を大きく下回っています(上図)。

その一方で、長期金利が特に下落した1920年から1960年までの40年間は年率+9.2%、1980年から2020年までの40年間は+8.7%でした。

つまり、これまでのおよそ40年間は、長期金利の下落を背景にグロース株優位の時代が続き、市場全体のパフォーマンスも良好でしたが、この先は長期金利の上昇を背景にバリュー株優位の時代が続き、市場全体のパフォーマンスも低迷する可能性もあるのです。

別の言い方をすれば、過去数十年の歴史を振り返っただけで、どちらの投資スタイルが優位かを判断することはできませんから、長期金利の動向に注意しなければなりません。

ファンダメンタルズ分析VS.テクニカル分析

投資の分析手法には、主に「ファンダメンタルズ分析」と「テクニカル分析」の二つがあります。

ファンダメンタルズ分析とは、財務諸表などを基に企業の本質的価値を算出するというものです。このファンダメンタルズ分析には、「本質的価値と株価が乖離した場合、株価はいずれ本質的価値に戻る」という前提があります。

その一方でテクニカル分析とは、主にチャートを基に将来の株価の動きを分析するというもので、このテクニカル分析には3つの前提があります。

- **前提1：市場はすべてを織り込んでいる**
- **前提2：価格はトレンドを形成する**
- **前提3：歴史は繰り返す**

前提1：市場はすべてを織り込んでいる

テクニカル分析は、市場はあらゆる情報を瞬時に織り込むという「効率的市場仮説」を前提としていて、チャートにはファンダメンタルズであれ、地政学的リスクであれ、投資家心理であれ、あらゆるものが価格に反映されていると考えられています。

「チャートがすべてを反映しているはずがない」と思うかもしれませんが、値動きは需要と供給の変化を反映しているわけですから、価格が上昇していれば、その理由がなんであれファンダメンタルズが強いことを意味し、価格が下落していれば、ファンダメンタルズが弱いことを意味していると考えるのは自然です。

つまり、テクニカル分析というのは、間接的にファンダメンタルズを分析しているというわけです。

前提2：価格はトレンドを形成する

テクニカル分析でチャートを用いる目的は、トレンド形成の初期段階でトレンドの存在を発見し、そのトレンドの方向に沿って売買することにあります。実際、テクニカル分析で用いられる手法の多くはトレンドに追随して売買するトレンドフォロー型です。

これは、形成され始めたトレンドは、反転するよりも持続する可能性の方が高いからです。そのため、テクニカル分析を用いた投資戦略の基本は、一度トレンドに乗ったらあとは反転のサインが出るまでそのトレンドに乗り続けることです。

前提3：歴史は繰り返す

結局のところ、テクニカル分析で用いられるチャートパターンは投資家心理の縮図だと言えます。つまり、人間の心理が簡単に変わらないことから、歴史は繰り返されるというわけです。また、「買い」から入る場合、投資家が覚えるべきチャートパターンは、163ページで紹介した「カップ・ウィズ・ハンドル」と「上昇トライアングル」「レクタングル」の3つです。

米10年債利回りは80年代後半から長期の下降トレンド
（1871～2024年）

出所:https://www.multpl.com/

▼テクニカル分析の応用

テクニカル分析は株式のほかに、債券やコモディティ、FX、暗号資産でも応用できます。

また、日足や週足といったように、異なる時間枠でも応用できます。つまり、テクニカル分析を学べば、より多くの投資機会が得られるほか、世界経済の全体像も摑みやすくなるのです。

実際、米10年債利回りは80年代後半以降、長期の下降トレンドラインを引くことができます（上図）。

これは、テクニカル分析が株式だけではなく、様々な投資対象と時間枠に応用可能であることを証明しています。

テクニカル分析を債券やコモディティに応用すれば経済予測も可能になりますから、投資タイミングを計るためだけでなく、世界経済全体の流れを把握するのにも役立つというわけです。

▼予言の自己成就

ただし、テクニカル分析で注意しなければならないことがあります。それは、チャートが非常に主観的なものであり、経験を積んだチャート分析者たちでさえ、パターンの解釈が一致することがあまりないということです。

そのため、テクニカル分析では「全員と同じ時に同じものを見る」ことが大切になります。こうすることで、パターンの解釈がズレるリスクを抑えることができるほか、「予言の自己成就」が成立しやすくなります。

予言の自己成就とは、たとえ根拠のない予言でも人々がそれを信じ、その通りに行動すれば現実になってしまうことを指します。

たとえば、チャート分析者はカップ・ウィズ・ハンドルやトレンドライン、移動平均線いません。

などを好んで使う傾向があるため、比較的予言の自己成就が成立しやすいことで知られています。

その一方で、マニアックなテクニカル指標ほど、それを見ているチャート分析者が少ないことから、予言の自己成就が成立しにくいです。

そのため、**テクニカル分析をする場合は必ず全員と同じ時に同じものを見るようにしてください**。

たとえば、米国市場の場合、移動平均線なら50日・200日移動平均線で見るようにして、自分好みに100日移動平均線で見るなど勝手にカスタマイズしないということです。

ただし、テクニカル分析はあくまでひとつの指標に過ぎませんから、テクニカル分析だけを信じて投資しないようにしてください。

高配当株投資でマネーマシンをつくる

配当株投資とは、株式を長期保有することで、その企業が分配する「配当金」によって利益を得る投資スタイルです。

たとえば、ある企業の株が一株100ドル、DPS（一株当たりの配当）4ドルとした場合、配当利回りは4％になります。この時、その銘柄を100株（1万ドル分）購入して一年間保有すると、税引き前で400ドルの配当金を得ることができます。

そのため、仮に配当利回り4％の株を100万ドル分保有した場合、税引き前で4万ドルの配当金を得ることができますから、働かなくても配当だけで暮らしてゆくこともできるのです。

また、投資家は配当を再投資することで、資産の最大化を目指せます。

たとえば、1950~2023年末までのS&P500配当再投資込みのトータルリターンは年率+11・48％、配当を再投資しなかった場合のリターンは年率+7・94％でした。

配当再投資で資産の最大化を目指せる
(S&P500配当再投資アリとナシのリターン)(単位:ドル)

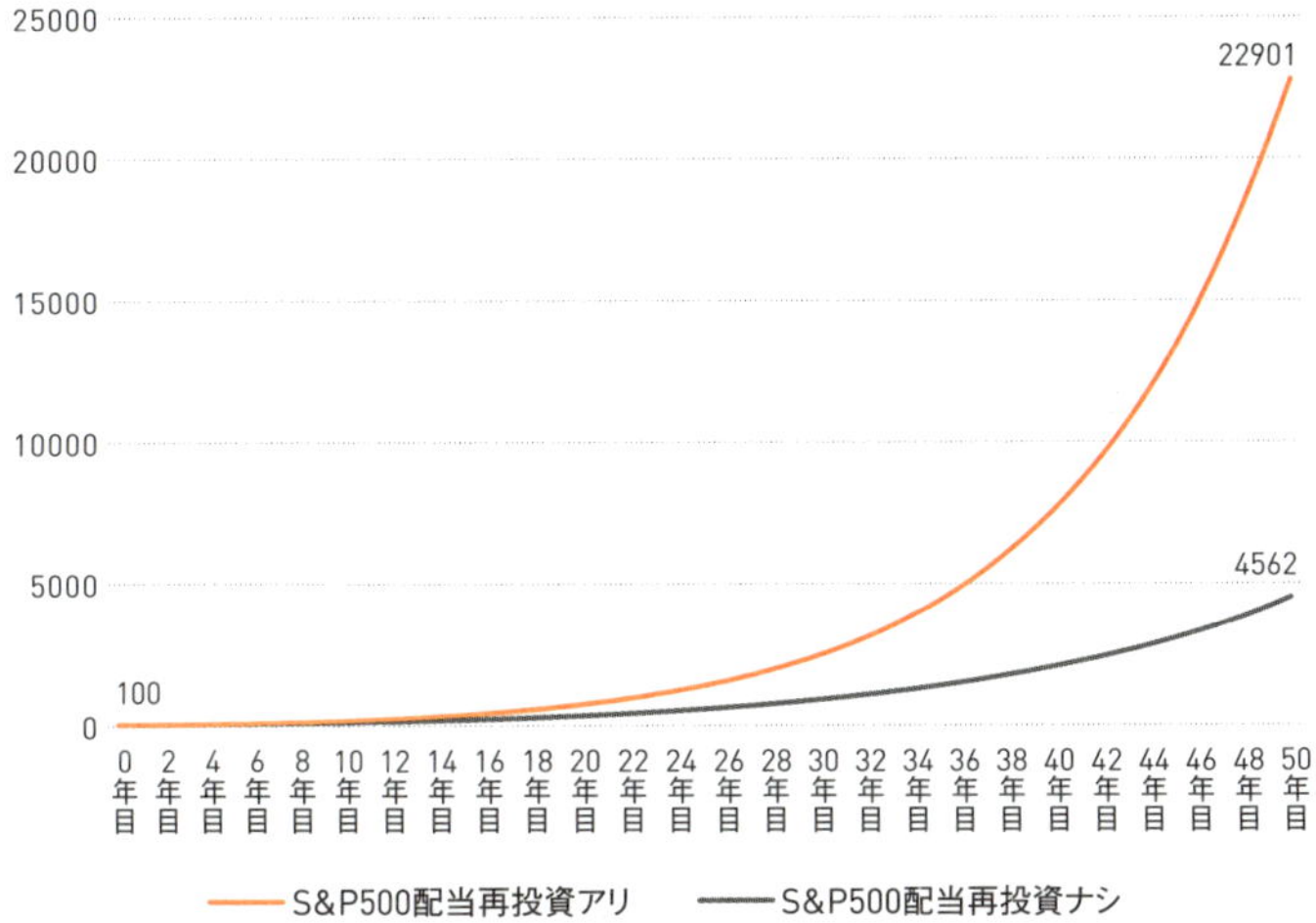

出所:moneychimp.comより筆者作成

仮にS&P500に100ドル投資をして50年間運用した場合、配当を再投資した場合は2万2901ドルと、当初の100ドルが229倍になった一方で、配当を再投資しなかった場合は4562ドルと、45倍に留まりました(上図)。

このように、配当金は不労所得となって収入の最大化に貢献してくれる一方、それを使わずに再投資すれば、資産の最大化に貢献してくれるのです。

とりわけ、株式市場の長期停滞局面で配当を再投資した分の株が、次の強気相場の成長エンジンとなって、資産の最大化に貢献していますから、配当再投資戦略は非常に有効な戦略だと言えます。

ただし、すべての企業が配当を出してい

るわけではありません。

▼配当株の特徴

配当とは株主還元策のひとつにしか過ぎませんから、企業の経営陣は配当を出しても出さなくてもどちらでも良いのです。では、どのような企業が配当を出すのか？　というと、それは成長余地の乏しい成熟企業です。

そもそも、上場企業は株主価値を最大化するという使命を担っているわけですが、株主価値の最大化とは、簡単に言えば株価を上げることに他なりません。

そして、株価を上げるためにはＥＰＳ（一株当たりの利益）を上げることが重要であり、ＥＰＳを上げるためには売上高を増やさなければなりませんから、企業は稼いだお金を事業に再投資することで、売上高とＥＰＳの最大化を目指しているのです。

しかし、食品・飲料、日用品などの生活必需品セクターは市場が飽和状態となっているため、成長余地が乏しく、売上高を増やすことが難しいため、株価を上げることも難しいのです。

たとえば、コカ・コーラやＰ＆Ｇが設備投資や新製品の研究開発費に莫大な資金を投じたところで、売上高が爆発的に増えることはあり得ません。なぜなら、市場が飽和状態であることに加えて、ソフトドリンクや洗剤、石鹸、歯磨き粉、髭剃りといった消費財は、品質や機能に大きな差が生まれにくく、競合他社からシェアを奪うことも難しいからです。

そのため、稼いだ利益を事業に再投資するよりも、配当や自社株買いとして株主に還元してしまった方が、株主価値の最大化につながると考えられるのです。

別の言い方をすれば、これまで配当を出さなかった企業が配当を出し始めたら、それはその企業の経営陣が「将来の成長余地は乏しい」と自ら宣言していることにほかならず、かつてのような株高も見込めなくなります。

▼配当株投資の注意点

配当株投資ではいくつか注意しなければならないポイントがあります。

1 配当利回り

配当利回りとは、高ければ高いほど良いわけではありません。なぜなら、ウォール街では配当利回りが8％を超える株は減配や無配、倒産を織り込んだ水準だと一般的に言われているからです。

そのため、仮に配当利回りが8%を超えているようなら、それは近い将来、減配か無配転落が発表される可能性が高いため、決算を精査するなど、なぜ配当利回りが高くなっているのか？（なぜ株価が低迷しているのか？）という原因を突き止めなければなりません。

ちなみに、配当株投資をするなら、配当利回りは2〜3%くらいを、高配当株に投資をするなら、配当利回りは3〜4%程度を目安にするといいと思います。もし、配当利回りが5%を超えている場合、その企業は何か深刻な問題を抱えている可能性もありますから注意してください。たとえば、配当利回り以上に株価が下落することによって、資産形成が思うように進まない可能性もあるということです。

ただし、タバコや通信、公益など一部のセクターは、利益成長が期待できない一方で、高い参入障壁に守られているため、配当利回りが5%を超えていても、それは必ずしも減配の可能性が高まっているとは言えません。

配当利回りの目安

- 危険な高配当株：8%以上
- 高配当株：3〜5%

・配当株：2～3％
・成長株：0～2％

2 配当性向

配当性向とは、利益の何%を配当として株主に還元しているのかを示す指標のことです。たとえば、EPS（一株当たりの利益）10ドル、DPS（一株当たりの配当）3ドルとした場合、配当性向は30％になります。

適正な配当性向の水準は、その企業のセクターや成長ステージ、財務状況、収益の安定性などによって異なるため一概には言えませんが、配当性向が高過ぎる場合、企業が前期（あるいは前年）と比べて配当を増やす増配の余地が限られているほか、減配のリスクも高いと言えます。

たとえば、タバコや通信、公益など、成熟した参入障壁の高いセクターの配当性向は50～70％と比較的高いことも珍しくありません。これらのセクターは利益成長の余地が限られており、利益の大部分を配当として還元する傾向があります。そのため、配当性向が高くても必ずしも減配のリスクが高いとは言えません。

また、生活必需品やヘルスケア、金融、資本財といった安定したキャッシュフローが見込めるセクターは30〜50％程度が目安になります。これらのセクターは利益も緩やかに成長するため増配も期待できます。

実際、米国には50年以上連続で配当を増やし続けている増配企業が53社あり、そのうちセクター別では生活必需品が14、資本財11、公益9、ヘルスケア5、金融5、素材5、一般消費財・サービス2、エネルギー1、不動産1となっていて、安定したキャッシュフローが見込めるセクターほど増配株が多いです（※2024年5月末時点）。

その一方で、ハイテクやバイオテクノロジー、一般消費財・サービスなど、成長が見込めるセクターの配当性向は0〜20％程度が比較的多いです。これは、稼いだ利益を配当として株主に還元するよりも、事業に再投資して業績の拡大を目指した方が、株主価値を最大化できる可能性が高いからです。

■配当性向の目安

- 成熟株：50〜70％
- 安定株：30〜50％
- 成長株：0〜20％

一般的には配当性向が30％未満であれば、減配や無配を心配する必要はありません。しかし、業績の悪化によってＥＰＳが激減した場合、減配や無配転落してしまう可能性があるため、配当性向はあくまで目安に留めてください。

▼配当実績

配当株に投資する場合、配当実績に注目しなければなりません。なぜなら、せっかく配当株に投資をしても、すぐに減配を発表する企業も少なくないからです。

たとえば、米国には50年以上連続で増配している企業が53社あると紹介しましたが、これは、少なくとも70年代後半のスタグフレーション（景気後退と高インフレが併存する状態）や87年のブラックマンデー、90年の湾岸戦争、97年のアジア通貨危機、２０００年のドットコムバブル崩壊、２００８年の金融危機、２０１０年の欧州債務危機、２０２０年のコロナ危機、そして7度の景気後退局面の中でも配当を増やし続けて来たことを意味します。

しかし、日本に50年以上連続で増配している企業は1社もなく、花王の34年が最長記録となっています（※２０２４年10月末時点）。これは、米国は株主価値の最大化が重視される一方で、日本は経営の安定が重視される傾向があるからです。

たとえば、経営陣が株主価値を最大化しようと考えた場合、稼いだ利益を投資に回しても、必ずしも業績拡大につながるとは限りません。それなら稼いだ利益を配当として株主還元してしまった方が確実に株主価値を最大化させることができます。

その一方で、日本は長期にわたるデフレ不況に苦しんだ関係で、経営の安定性が求められてきました。これは、日本の株主構成が米国と比べて個人投資家の割合が少なく、機関投資家の割合が多い関係で、配当よりも経営の安定性の方が重視されているからです。

そのため、配当株に投資をする場合は、過去数年の配当実績だけを振り返るのではなく、少なくとも2008年の金融危機を含む長期の配当実績を確認する必要があります。これは、2008年と2020年の二度の不況でも配当を出しているなら、経営陣が配当による株主還元に対して積極的だと考えられるからです。

配当株で10億円の資産を築いた清掃員

米国では50年以上連続で増配している企業は「配当王」と呼ばれ、25年以上連続で増配している企業は「配当貴族」と呼ばれています。

2014年、米バーモント州でひとりの老人が亡くなったことが世界中で大きなニュースとなりました。

ロナルド・リードという名の老人は、いつもみすぼらしい格好をしていて、時にはホームレスに間違われるほどだったのですが、彼には800万ドル（当時の為替レートで約9億6000万円：1ドル＝120円）もの遺産があり、彼の死後、その多くが病院や図書館に寄付されたのです。

人々の関心を引いたのは、彼がどのようにして莫大な富を築いたのか？ということでした。実はお金持ちの家庭に生まれ、莫大な遺産を相続していた？　宝くじに当選していた？　事業に成功した実業家だった？　その答えは自宅の金庫に保管されていた大量の株券にありました。

リード氏は1921年にバーモント州の地元の貧しい農家に生まれ、高校卒業後は第二次世界大戦に参加し、米陸軍で従軍しました。戦後は故郷に戻り、地元のガソリンスタンドで修理工として働き、定年後は大手百貨店JCペニーの清掃員として17年間働いた典型的なブルーカラー労働者で、いわゆる低所得者層だったのです。

そんな彼がお金持ちになったきっかけは、37歳からはじめた株式投資でした。

リード氏は決して収入に恵まれていたわけではありませんでしたが、質素で慎ましい生活によって投資資金を捻出し、一握りの優良配当株に分散投資することで、莫大な資産を築いたのです。

▼ロナルド・リード流の投資哲学

リード氏の投資スタイルを一言で表すと、**「優良配当株に分散投資し、配当を再投資しながら永久保有する」**という堅実なものでした。

■ロナルド・リード氏の上位10銘柄

1：ウェルズ・ファーゴ（WFC：金融）
2：プロクター&ギャンブル（PG：生活必需品）
3：コルゲート・パルモリーブ（CL：生活必需品）
4：アメリカン・エキスプレス（AXP：金融）
5：JMスマッカー（SJM：生活必需品）
6：ジョンソン&ジョンソン（JNJ：ヘルスケア）

ロナルド・リード氏の上位10銘柄

（単位：万ドル）

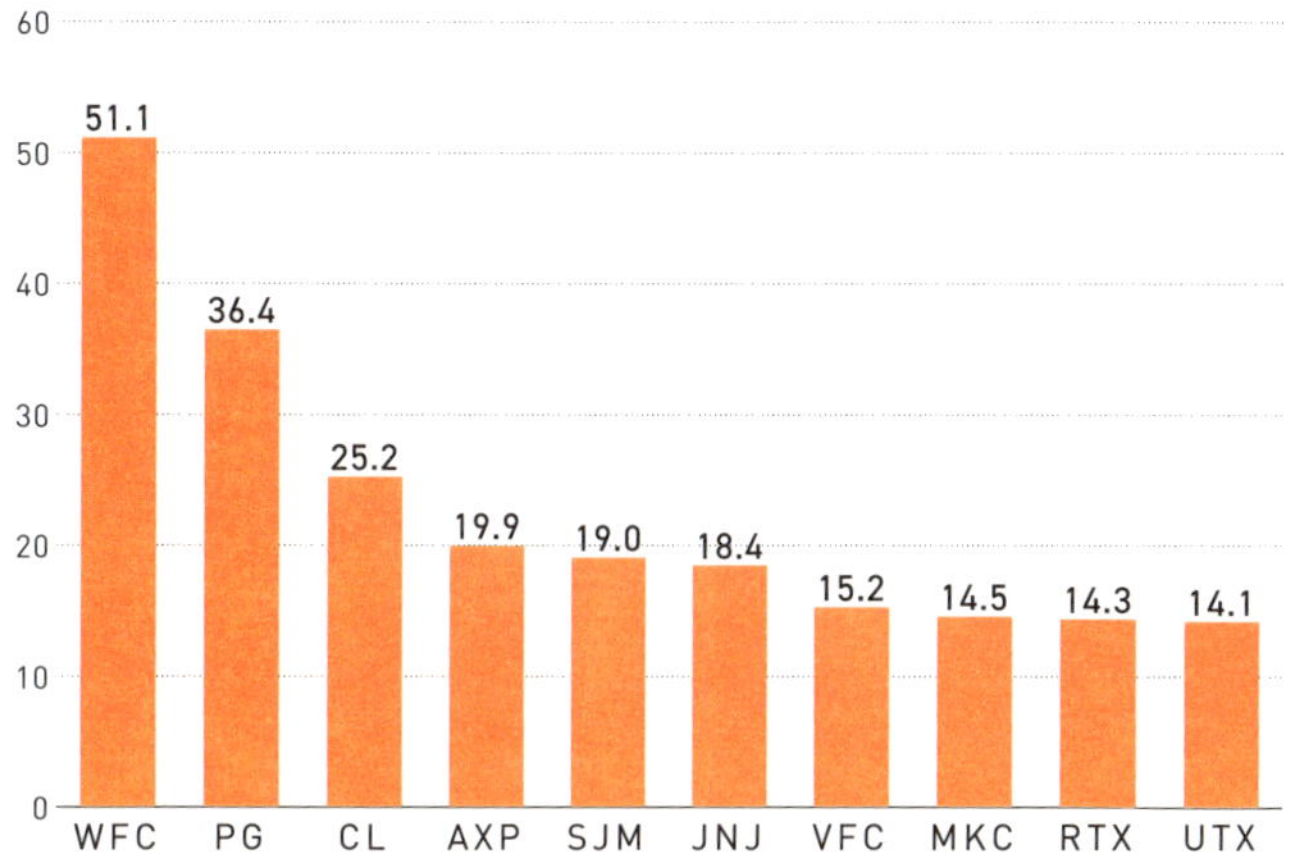

7：VF（VFC：一般消費財）
8：マコーミック（MKC：生活必需品）
9：RTX（RTX：資本財）
10：ユナイテッド・テクノロジーズ（旧UTX：資本財）

※2020年、ユナイテッド・テクノロジーズは、空調事業（キャリア）とエレベータ事業（オーチス）をスピンオフ（分離独立）し、航空宇宙事業はレイセオンと経営統合し、レイセオン・テクノロジーズとなり、23年7月にRTXに社名変更しました。

リード氏の保有銘柄は、どれも大きな値上がり益が見込めない地味で退屈な銘柄ばかりですが、消費者に馴染みのあるブランドを保有し、安定したキャッシュフローと配当が見込める銘柄が多いという特徴があります。

また、リード氏の保有銘柄数は95と、かなり幅広く分散されており、主力銘柄のウェルズ・ファーゴですら全体に占める割合は約6％でした。

ロナルド・リード流の投資スタイルは、若くしてお金持ちになることは難しいものの、優れた投資スキルや平均以上の年収がなくても、誰でもお金持ちになれることを証明しました。

そして、米国には彼ほど質素な生活をしていないまでも、共働きで平均並みの収入を稼ぎ、堅実な投資を長期にわたって続けて億万長者になり、株式の配当や利益で悠々自適の生活を送っている老夫婦がたくさんいます。

その一方で、投資をしてこなかった老夫婦もたくさんいるため、米国では残酷なほど格差が拡大しているのです。

相場にうろたえない
セクター分散投資

リード氏のような投資スタイルを個人投資家が実践する場合、必ず分散投資を心掛けるようにしてください。なぜなら、リード氏の投資スタイルは長期投資が前提となっているため、特定の銘柄に集中してしまうと、数年以上にわたって含み損を抱え続けることになるからです。

リード氏の場合95銘柄に分散投資していましたが、多くの個人投資家は10～20銘柄に分散投資するだけで十分で、それ以上分散投資をしても、そこから得られるリスクの低減効果はほとんどありません。また、分散投資する場合は必ずセクターも分散するようにしてください。

たとえば、セクターは主にハイテク、一般消費財、コミュニケーション、資本財、素材、エネルギー、生活必需品、ヘルスケア、公益、金融、不動産の11業種あるのですが、景気サイクル（マーケット・ボトム／ブル・マーケット／マーケット・トップ／ベア・マーケット）がどの位置にあるかで人気化するセクターが異なります。そのため、仮にハイテク株と一般消費財株をそれぞれ10銘柄ずつ分散投資しても、それは分散されているとは言えないのです。

■マーケット・ボトム

- **ハイテク**
- **一般消費財**
- **コミュニケーション**

弱気相場が終盤を迎えて株価が底打ちする局面では、ハイテクや一般消費財、コミュニケーションが人気化する傾向があります。これは、景気後退に伴ってFRBが政策金利を引き下げるため、マルチプル・エクスパンションが起こるからです。この時、高PERを多く含むセクターほど人気化しやすいのです。

■ブル・マーケット

- **資本財**
- **素材**

相場と景気のサイクルと人気化するセクター

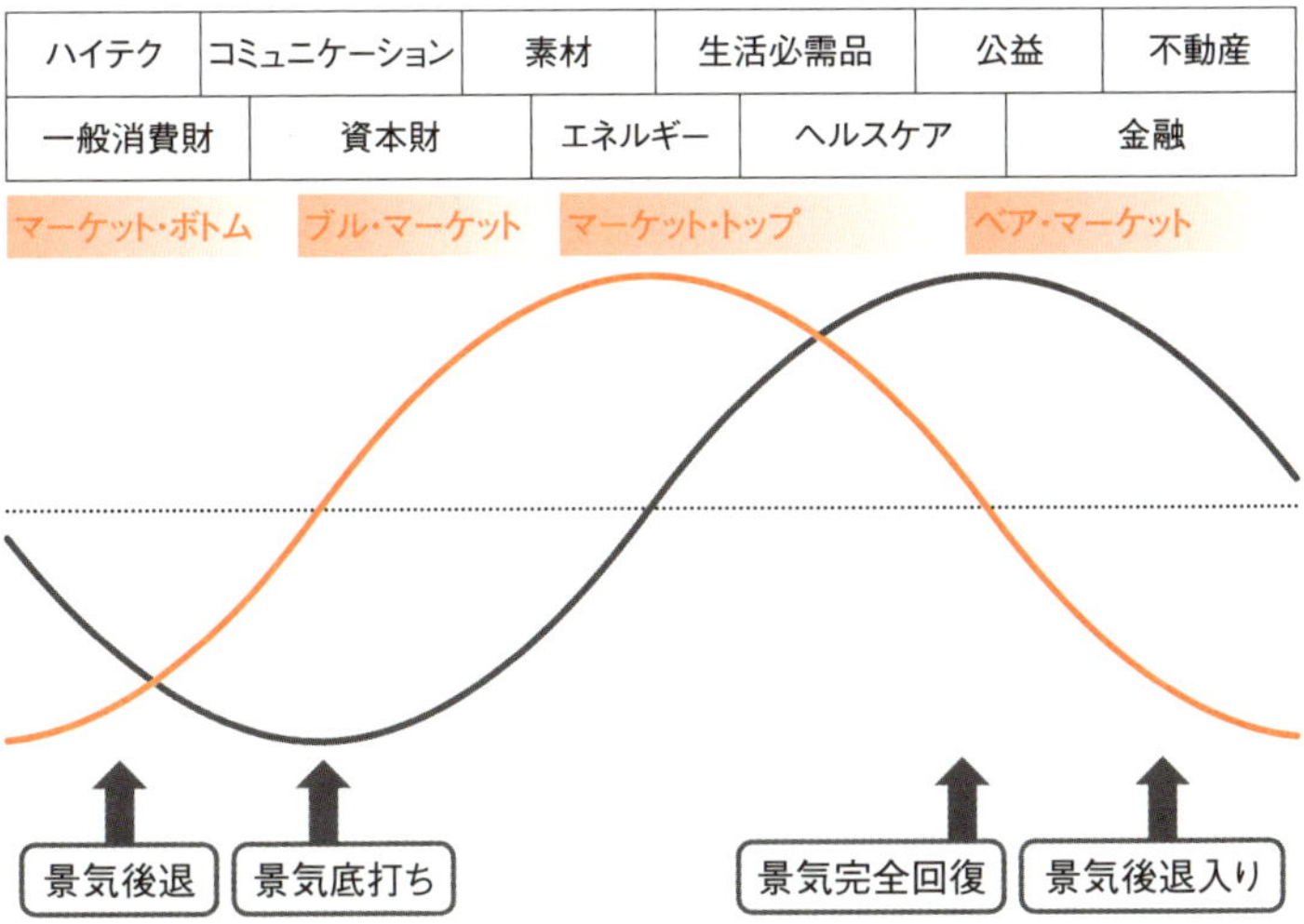

出所:StockChart.com

強気相場では資本財や素材が人気化する傾向があります。これは、景気拡大に伴って業績が急激に伸びる傾向があるからです。ただし、景気後退とともに、これらのセクターの株価は暴落する傾向もあるため注意が必要です。

■マーケット・トップ

- **エネルギー**
- **生活必需品**
- **ヘルスケア**

強気相場が終盤を迎えて株価が天井をつける局面では、エネルギーや生活必需品、ヘルスケアが人気化する傾向があります。これは、モノやサービスへの需要の高まりによってインフレ圧力が強まることで、エネルギー株の業績が拡大するためです。
しかし、株価が天井をつけて、いよいよ景気後退が訪れる局面では、エネルギー株は急落し、業績が景気に左右されにくい生活必需品やヘルスケアに人気が集まります。

■ベア・マーケット

- 公益
- 金融
- 不動産

弱気相場では公益や金融が人気化する傾向があります。これは、景気後退局面でも公益株の業績は大きく変わらないからです。また、景気後退局面ではＦＲＢが政策金利を引き下げる一方、長期金利は将来の景気拡大局面を織り込むようにして徐々に上昇し始めますから、長短金利差は拡大しやすいです。すると、利ザヤの拡大によって金融株が恩恵を受けます。

このように、景気サイクルがどの位置にあるかで人気化するセクターは異なりますから、マーケット・ボトムに人気化しやすいセクターに投資をしたら、その正反対にあるマーケット・トップに人気化しやすいセクターをポートフォリオに組み入れることで、大きな分散効果が得られます。

■バフェット太郎厳選　優良配当株50銘柄

ちなみに、一握りの優良配当株には204ページの表のような銘柄が挙げられます。

これらの銘柄の中から10銘柄でポートフォリオを組む場合、マーケット・サイクルやセクターを幅広く分散するようにしてください。

■ポートフォリオの具体例

たとえば、一例として205ページに挙げたポートフォリオは7セクターに分散しており、そのうちマーケット・ボトムに人気化しやすいセクターが4、ブル・マーケット1、マーケット・トップ4、ベア・マーケット1となっていて、あらゆる景気サイクルに対応できるようになっています。

このようにポートフォリオを組む際は、特定のサイクルに強いセクターばかりに投資をしていないかに注意してください。

バフェット太郎厳選　優良配当株50銘柄

ティッカー	社名	セクター	連続増配年数
AAPL	アップル	ハイテク	13
MSFT	マイクロソフト	ハイテク	22
IBM	IBM	ハイテク	29
ORCL	オラクル	ハイテク	15
V	ビザ	ハイテク	16
MA	マスターカード	ハイテク	12
NKE	ナイキ	一般消費財	21
MCD	マクドナルド	一般消費財	48
SBUX	スターバックス	一般消費財	14
YUM	ヤム・ブランズ	一般消費財	7
DPZ	ドミノ・ピザ	一般消費財	12
COST	コストコ・ホールセール	一般消費財	21
HD	ホームデポ	一般消費財	15
LOW	ロウズ・カンパニーズ	一般消費財	53
GOOG	アルファベット	コミュニケーション	0*
META	メタ・プラットフォームズ	コミュニケーション	0*
VZ	ベライゾン・コミュニケーションズ	コミュニケーション	19
RTX	RTX	資本財	4
LMT	ロッキード・マーチン	資本財	21
CAT	キャタピラー	資本財	30
EMR	エマソン・エレクトリック	資本財	67
WM	ウェイスト・マネジメント	資本財	21
UNP	ユニオン・パシフィック	資本財	18
RACE	フェラーリ	資本財	3
XOM	エクソンモービル	エネルギー	41
CVX	シェブロン	エネルギー	37
PEP	ペプシコ	生活必需品	53
KO	コカ・コーラ	生活必需品	63
PM	フィリップ・モリス・インターナショナル	生活必需品	16
MO	アルトリア・グループ	生活必需品	56
MDLZ	モンデリーズ・インターナショナル	生活必需品	13
HSY	ハーシー	生活必需品	15
SJM	JMスマッカー	生活必需品	27
MKC	マコーミック	生活必需品	37
PG	プロクター＆ギャンブル	生活必需品	69
CL	コルゲート・パルモリーブ	生活必需品	62
WMT	ウォルマート	生活必需品	52
ABT	アボット・ラボラトリーズ	ヘルスケア	53
UNH	ユナイテッドヘルス・グループ	ヘルスケア	15
JNJ	ジョンソン・エンド・ジョンソン	ヘルスケア	63
ABBV	アッヴィ	ヘルスケア	52
LLY	イーライリリー・アンド・カンパニー	ヘルスケア	10
AMGN	アムジェン	ヘルスケア	13
JPM	JPモルガン・チェース	金融	14
BAC	バンク・オブ・アメリカ	金融	11
AXP	アメリカン・エキスプレス	金融	3
TRV	トラベラーズ・カンパニーズ	金融	20
SPGI	S&Pグローバル	金融	52
MCO	ムーディーズ	金融	15
MSCI	MSCI	金融	10

*2024年から配当開始

セクターを分散したポートフォリオの例

マーケット・サイクル	セクター	ティッカー	社名
マーケット・ボトム	ハイテク	MSFT	マイクロソフト
		AAPL	アップル
	消費財	MCD	マクドナルド
		HD	ホームデポ
ブル・マーケット	資本財	UNP	ユニオン・パシフィック
マーケット・トップ	エネルギー	XOM	エクソン・モービル
	生活必需品	KO	コカ・コーラ
		PG	プロクター＆ギャンブル
	ヘルスケア	JNJ	ジョンソン＆ジョンソン
ベア・マーケット	金融	JPM	JPモルガン・チェース

5
限目

アノマリーと
指標で
未来を予測する

大統領サイクル「株は中間選挙の年に買え」

大統領選挙は株式市場に大きな影響を与える傾向があります。

これは、現職の大統領が再選を勝ち取るために、痛みを伴う取り組みを任期の前半に行う一方で、景気の追い風となる景気刺激策を任期の後半に行う傾向があるためです。

つまり、政治による景気のあからさまな操作によって、**株価は大統領選挙の翌年と中間選挙の年に低迷する一方で、選挙の前年と選挙の年は大きく上昇する傾向**があるのです。

そして、こうした一連のパターンを**「大統領サイクル」**と言って、株式市場の未来を予測する上で重要な判断材料になります。

実際、1833〜2023年までの191年間におけるダウ平均の年間平均騰落率を振り返ると、選挙の翌年は＋3・3％、中間選挙の年は＋3・8％、選挙の前年は＋10・5％、選挙の年は＋6・0％と、任期の前半よりも後半の方がパフォーマンスは高い傾向があることがわかります（209ページ図）。

大統領サイクル
（1833～2023年のダウ平均の年間平均騰落率）

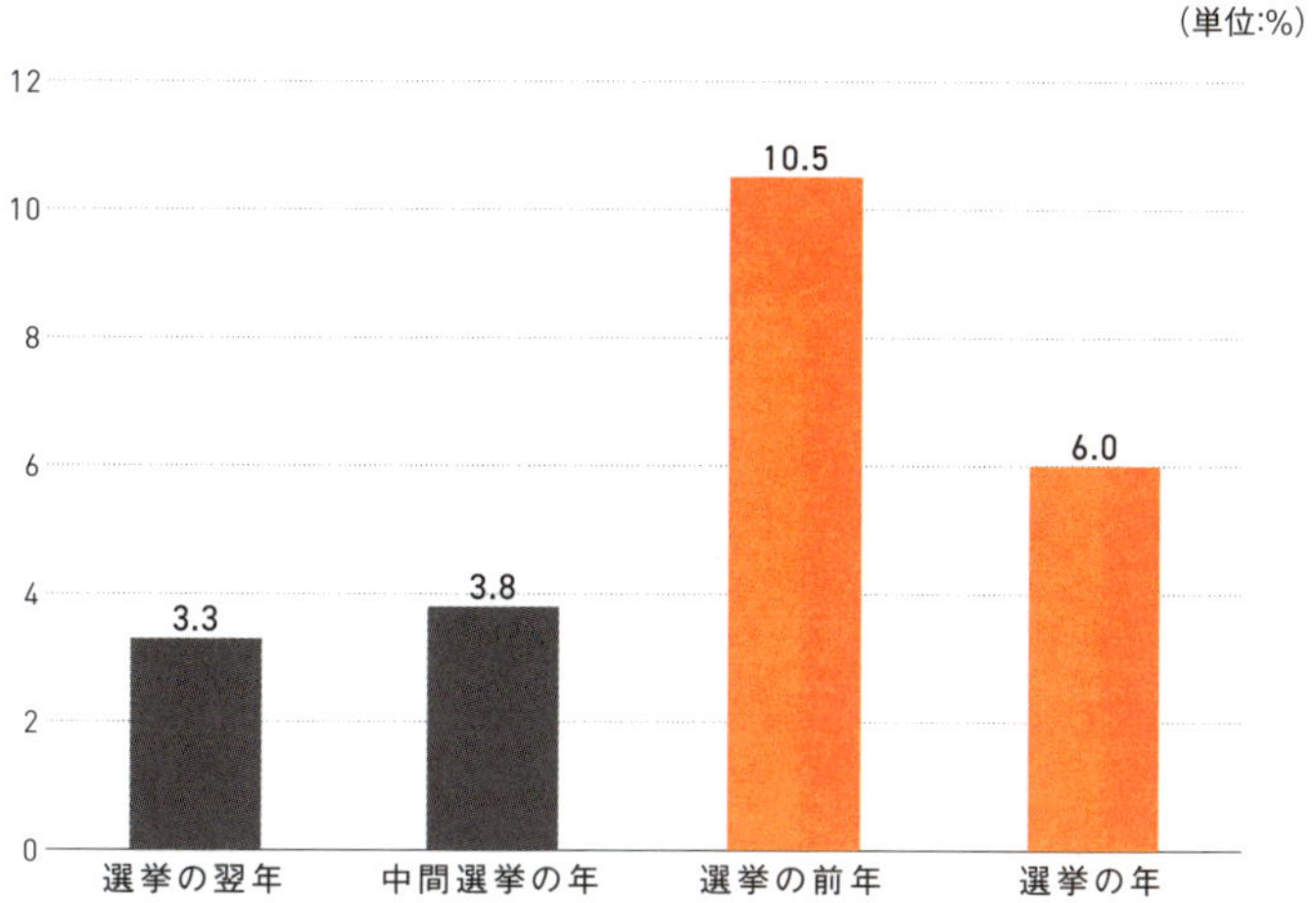

また、一年を通して株高になる確率も、選挙の翌年は49％、中間選挙の年は58％だった一方で、選挙の前年は75％、選挙の年は68％でした（２１０ページ図）。そのため、経験豊富な投資家ほど、大統領サイクルにおける前半の２年間は慎重になり、後半の２年間ほど積極的になる傾向があります。ただし、必ずしも大統領サイクルの通りになるわけではありません。

たとえば、選挙の翌年の株式市場は低迷する傾向がありますが、Ｓ＆Ｐ５００の年間騰落率を振り返ると、２００９年は＋23・５％、２０１３年は＋29・６％、２０１７年＋19・４％、２０２１年＋26・９％と、それぞれ高いパフォーマンスを記録しました。

4年の大統領任期の前半より後半が株高になりやすい
（1833～2023年のダウ平均が株高になる確率）

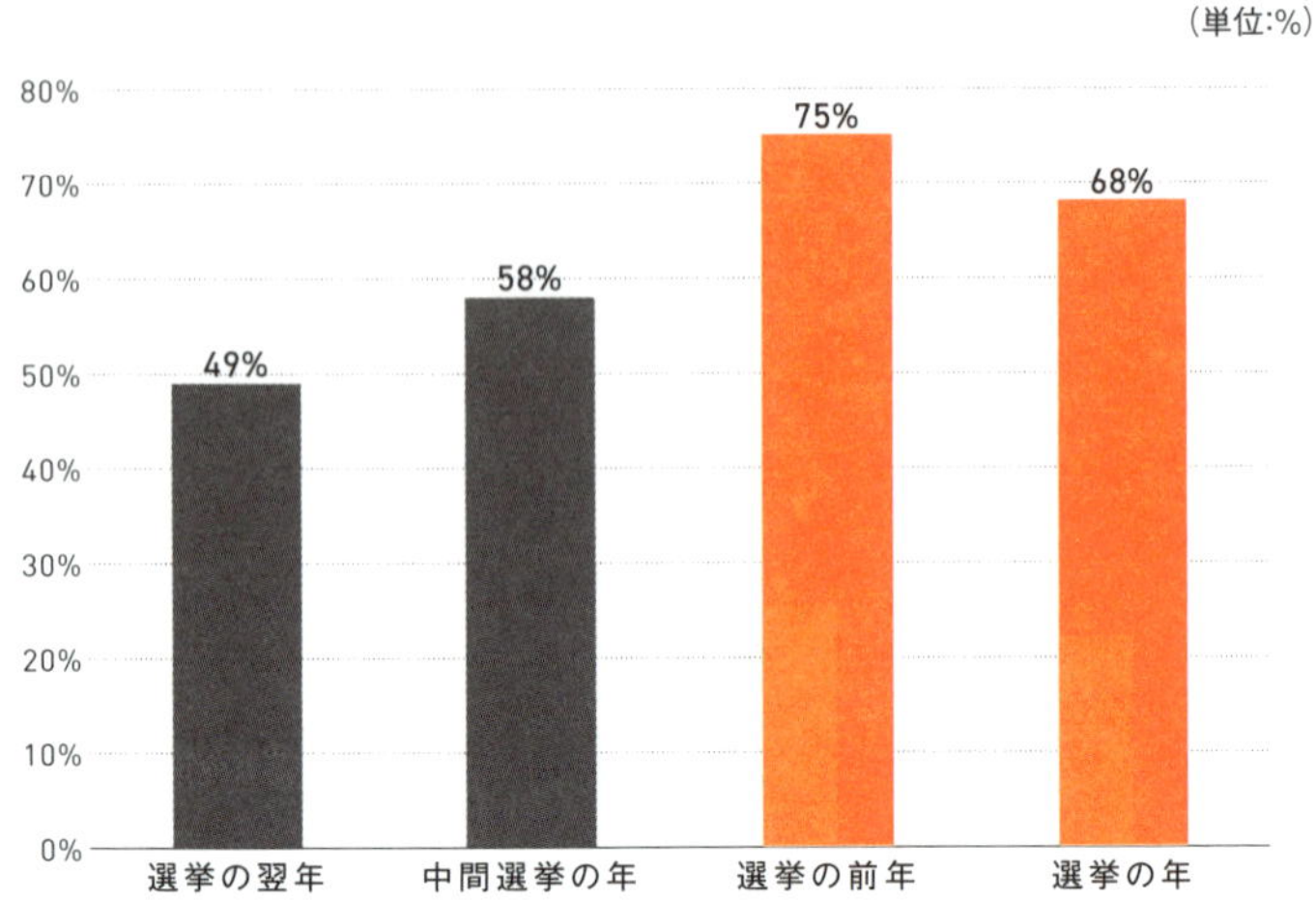

これは、２００９年が前年の金融危機の反動とＦＲＢによる金融緩和が追い風になったほか、２０１３年は前年の欧州債務危機を巡る懸念が後退したこと、そして２０１７年はトランプ政権によるセオリーを無視した減税策が好感され、２０２１年は前年のコロナ禍の反動とＦＲＢによる金融緩和が追い風になったことが背景に挙げられます（通常、減税策などの景気刺激策は、大統領選挙を意識して任期の後半に行います）。

また、選挙の年は株式市場が好調に推移する傾向がありますが、Ｓ＆Ｐ５００の年間騰落率を振り返ると、２０００年は▲10・1％、２００８年は▲38・5％でした。これは、２０００年がドットコムバブル崩壊の年であり、２００８年は金融危機の年だったからです。

このように、大統領サイクルは必ずしも未来を正確に予測してくれるわけではありませんが、バブル崩壊や金融危機など特別な事情を除けば、概ね大統領サイクル通りの結果になりやすいです。

そして通常のサイクルに従えば、好調なパフォーマンスが期待できる任期の後半の直前にあたる中間選挙の年が株を買う絶好のタイミングだと言えます。

相場サイクルを知る12か月アノマリー

ウォール街には「Sell in May（株は5月に売れ）」という相場の格言があります。これは、米国株式市場は毎年夏から秋にかけて軟調な展開を迎え、秋に急落する傾向があるからです。そして、**こうしたマーケットの規則性のことを「アノマリー」と言います。**

経験の浅い未熟な投資家ほど、「アノマリーは占いのようなもの」と決めつける傾向がありますが、人々が集団生活をしていて日々の生活サイクルが一年の行事を中心に動いてい

S&P500の月間平均騰落率
(1950～2023年)

(単位:%)

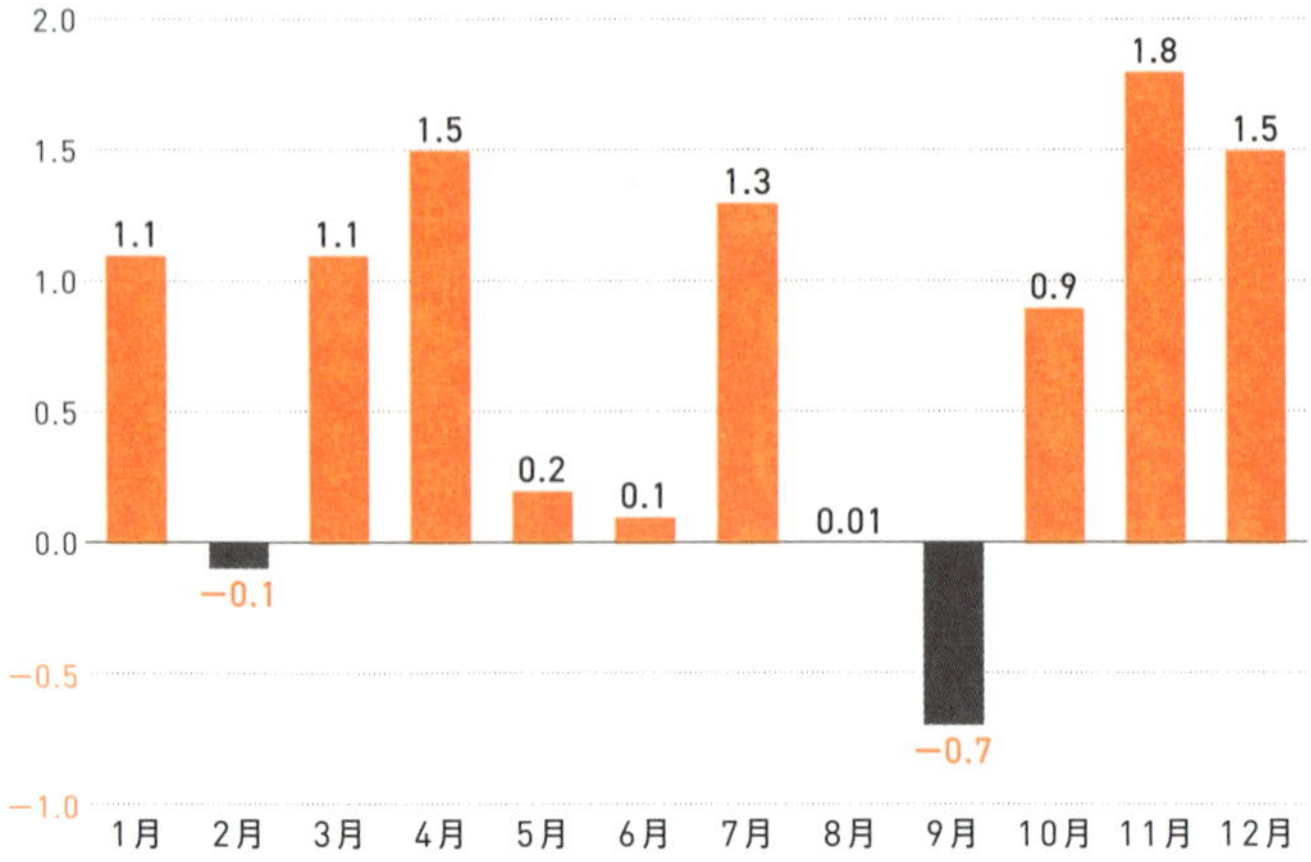

出所:STOCK TRADER'S ALMANAC 2024

S&P500の月別の株高になる確率
(1950～2023年)

(単位:%)

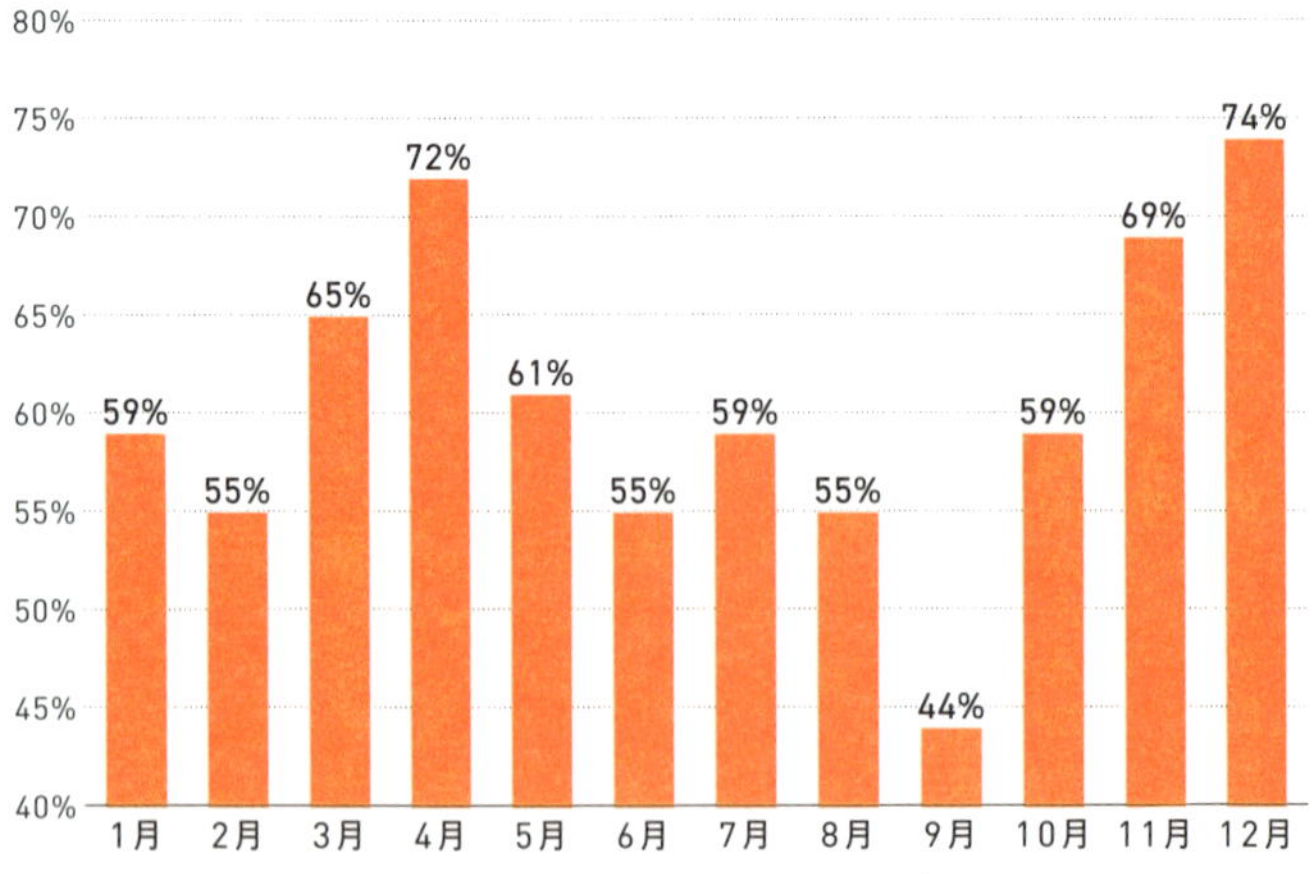

出所:STOCK TRADER'S ALMANAC 2024

ることを考えると、規則性が生まれるのはある意味必然だと言えます。

たとえば、米国では春に確定申告の期限を迎え、夏は家族とバカンスに出かけ、秋は新学期シーズンでフレッシュな気分になり、冬はボーナスを貰ってプレゼントを買い、クリスマスを祝います。

新学期シーズンの秋に家族とバカンスに行く人はほとんどいませんし、春にクリスマスプレゼントを買う人などいないことを考えると、一年のサイクルが毎年変わったりしないことがわかると思います。

そして、こうした規則性は株式市場にも存在します。しかし、ほとんどの投資家はアノマリーを無視するため、夏のバカンスに出かけるべきタイミングでクリスマスプレゼントを買うといったようなことを平然とやるわけです。

アノマリーを学ぶことで、株式市場のサイクルを知ることができます。

そして、アノマリーは普遍的なものですから、一生使えるノウハウとして学ぶ価値は大いにあると思います。

では、1月から12月までのアノマリーを見ていきましょう。

1月 その年を占う最初の5日間

■ 1月のアノマリー（1950〜2023年）

・ランク：5位
・騰落率：＋1.1％
・株高になる確率：59％

1月相場は一年のうち最も重要な月であり、「1月最初の5日間」と「1月バロメーター」という2つのアノマリーに注目してください。

■ 1月最初の5日間

「1月最初の5日間」とは、「最初の5日間にS&P500が上昇したら年間で見ても上昇する」というアノマリーのことです。

大統領サイクルと1月相場
（S&P500：1950〜2023年）

1月	騰落率	株高になる確率
選挙の翌年	0.7%	50%
中間選挙の年	▲0.9%	47%
選挙の前年	4.2%	89%
選挙の年	0.1%	50%

実際、1950年以降の73年間で、最初の5日間にS&P500が上昇した年は48回あり、そのうち39回は年間でも上昇しました。これを確率に直すと81％になります。

■1月バロメーター

「1月バロメーター」とは、「1月相場がその年の相場を占う」という相場の格言に従ったもので、「1月相場が株高なら、その年のS&P500も株高で終わる」というものです。

たとえば、1950年以降の73年間を振り返ると、1月相場が上昇した年は43回あり、そのうち38回は年間でも上昇しました。これを確率に直すと88％になりますから、かなり精度の高いアノマリーだと言えます。

■大統領サイクルと1月相場

「選挙の翌年」の平均騰落率は＋0・7％、その年が株高になる確率は50％でした。ただし、1月相場が株高だった場合の平均騰落率は＋17・4％、株高になる確率は89％で、1月相場が株安だった場合の平均騰落率は▲5・6%、株高になる確率はわずか25%です。そのため、「選挙の翌年」の1月相場が株高だった場合、一年を通しても株高が見込めます。

「中間選挙の年」の平均騰落率は▲0・9%、その年が株高になる確率は47%でした。ただし、1月相場が株高だった場合の平均騰落率は+15・4%、株高になる確率は67%で、1月相場が株安だった場合の平均騰落率は▲5・1%、株高になる確率は50%です。

「選挙の前年」の平均騰落率は+4・2%、その年が株高になる確率は89%と、かなりの上昇が期待できます。

加えて、1月相場が株高だった場合の平均騰落率は+17・7%、株高になる確率は94%で、1月相場が株安だった場合(2003年と2015年のみ)の平均騰落率は+12・9%、株高になる確率は50%です。そのため、「選挙の前年」の1月相場が株高だった場合、一年を通しても株高が見込めます。

「選挙の年」の平均騰落率は+0・1%、その年が株高になる確率は50%でした。ただし、1月相場が株高だった場合の平均騰落率は+15・6%、株高になる確率は100%で、1月相場が株安だった場合の平均騰落率は▲1・1%、株高になる確率は67%です。そのため、「選挙の年」の1月相場が株高だった場合、一年を通しても株高が見込めます。

2月

業績下方修正と税金対策で悪い

■2月のアノマリー
・ランク：11位
・騰落率：▲0・1％
・上昇確率：55％

2月相場は一年のうち二番目に悪い月ですが、これには主に3つの原因が挙げられます。

■原因1：相次ぐ業績の下方修正

米国株式市場では1月下旬から前年第4四半期の決算シーズンが本格化して2月にピークを迎えるのですが、ここでは業績見通しが相次いで下方修正される傾向があります。

これは毎年恒例行事のようなもので、企業は第3四半期の決算シーズンで翌年の業績見

大統領サイクルと2月相場
（S&P500：1950～2023年）

2月	騰落率	株高になる確率
選挙の翌年	▲1.3%	50%
中間選挙の年	0.3%	53%
選挙の前年	1.0%	63%
選挙の年	▲0.4%	50%

通しに対して強気の予想を示す一方で、第4四半期では一転して現実的な予想を示す傾向があるからです。そのため、2月は失望売りが出やすい月なのです。

■原因2：税金対策の売り

米国の投資家は4月15日の確定申告に備えて、まとまったお金を用意しなければなりません。とりわけ、前年のパフォーマンスが予想以上に良かった場合、税率が変わることで予想外の納税額になることがあります。そのため、前年の株式市場が好調だった場合、その年の2月相場は株安になりやすいですが、反対に前年の株式市場が低調だった場合、その年の2月相場は株高になりやすいです。

■原因3：最高の3か月の反動

米国株式市場は毎年11～1月にかけて大きく上昇する傾向があることから、「最高の3か月」として知られています。そのため、多くの投資家は含み益を抱えた状態で2月を迎えます。しかし、前述した通り、2月は業績見通しの下方修正が相次ぐことに加えて、税金対策の売りも出やすく需給が崩れやすいため株安になる傾向があります。

■大統領サイクルと2月相場

2月相場は選挙の前年だけ株高になる確率が60％台に上昇します。これは、大統領サイクルの4年間で最もパフォーマンスが悪くなりやすい中間選挙の翌年にあたるため、税金対策の売りが出にくいことが理由です。

3月 底打ち・相場の大転換が起こりやすい

■3月のアノマリー

・ランク：5位
・騰落率：＋1.1％
・上昇確率：65％

大統領サイクルと3月相場
（S&P500：1950～2023年）

3月	騰落率	株高になる確率
選挙の翌年	0.8%	50%
中間選挙の年	1.2%	68%
選挙の前年	1.9%	79%
選挙の年	0.4%	61%

3月相場は一年のうちまずまずの月ですが、歴史的な相場の大転換が起こりやすい月として知られています。

実際、2020年のコロナ危機は3月に底打ちしたほか、2008年の金融危機も2009年3月に底打ちしました。さらに、2000年のドットコムバブルは同年3月に天井を付け、2003年3月に底打ちしました。

これは、第4四半期（前年10－12月期）の決算シーズンが終盤戦を迎えるほか、新年度のガイダンスが発表される関係で機関投資家のポートフォリオの調整が活発化し、相場の風向きが変わりやすいからだと言われています。

■大統領サイクルと3月相場

通常、中間選挙の年は株安になりやすいものの、その年の3月相場が株高になる確率は68％と比較的高いほか、選挙の前年に至っては79％とおよそ8割の確率で株高になります。そのため、この2年間の3月相場は普段よりも強気にならなければなりません。

4月 まだ相場から降りるな

4月のアノマリー

- ランク：2位
- 騰落率：+1・5％
- 上昇確率：72％

4月相場は米国株にとって、11月から始まる「最高の6か月」の最終月にあたるため、4月に相場から降りるべきではありません。1950年から2023年までの月間平均騰落率は+1・5％、株高になる確率は72％と、いずれも一年のうち二番目に高い月になります。

たとえば、米国株の季節性やアノマリーの統計の詳細を記載したカレンダーの『ストック・トレーダーズ・アルマナック（2024）』によれば、1950～2022年末までの

大統領サイクルと4月相場
(S&P500:1950〜2023年)

4月	騰落率	株高になる確率
選挙の翌年	1.7%	67%
中間選挙の年	▲0.3%	63%
選挙の前年	3.4%	95%
選挙の年	1.3%	61%

73年間にわたって、「1万ドルを元手にダウ平均を毎年11月1日に買って4月30日に売る」というトレードを繰り返した場合、当初の1万ドルは119万0836ドルと、118万0836ドルもの利益を上げられたそうです。

■大統領サイクルと4月相場

4月相場が株高になりやすいのは、大統領選挙の前年に株高になる確率が95%と極めて高いことが理由です。その一方で選挙の年は61%と、4年間で最も低いです。これは、中間選挙の年が株安になりやすいこと、そして選挙の前年は株高になりやすいことと関係しています。

たとえば、米国は4月15日に確定申告の期限を迎えるわけですが、前年の相場が予想以上に良かった場合、その年の納税額が予想以上に高くなるケースも珍しくありません(とりわけ、期日の直前まで納税額がわからないといったケースも少なくないため、個人投資家は予想以上の納税額に備えてまとまったお金をとっておかなければならないのです)。

そして、選挙の前年が株高になりやすい関係で、選挙の年の納税額は予想以上に高くなりやすく、個人投資家は選挙の年の4月に積極的に株を買い向かうことができないのです。

その一方で中間選挙の年は株安になりやすい関係で、選挙の前年は納税額を心配する必要がありません。そのため、個人投資家は選挙の前年の4月に積極的に株を買い向かうことができるのです。

5月

「Sell in May（5月に売れ）」

■5月のアノマリー

・ランク：8位

・騰落率：+0.2%

・上昇確率：61%

5月になると「最高の6か月」が終わり、「最悪の6か月」が始まります。

大統領サイクルと5月相場
（S&P500：1950～2023年）

5月	騰落率	株高になる確率
選挙の翌年	1.6%	67%
中間選挙の年	▲0.7%	53%
選挙の前年	▲0.1%	53%
選挙の年	0.1%	72%

たとえば、『ストック・トレーダーズ・アルマナック（2024）』によれば、1950～2022年末までの73年間にわたって「1万ドルを元手にダウ平均を毎年5月1日に買って10月31日に売る」というトレードを繰り返した場合、当初の1万ドルは1万3323ドルと、わずか3323ドルの利益しか上げられなかったそうです。

これは、株式市場の歴史を振り返ると、ほとんどの大きな下落が5月～10月末に集中して起きたためです。そのため、ウォール街では「Sell in May（5月に売れ）」という相場の格言が広く知られているのです。

ちなみに、この言葉の続きには「…and go away! Don't come back until St. Leger day」とあります。

つまり、「5月に売ってどこかへ行け！　そしてセントレジャー・デーまで帰って来るな」というわけです（※セントレジャー・デーというのは、英国競馬のクラシック3冠目「英セントレジャー・ステークス」の開催日のことで、毎年9月中旬に開催されています）。

■大統領サイクルと5月相場

選挙の翌年は大きく上昇する傾向があるほか、株高になる確率も67%と比較的高いです。また、選挙の年に至っては72%とさらに高いですが、月間平均騰落率は+0・1%に留まります。これは、下がる時は大きく下がる一方で、上がる時は小さく上がる傾向があるためです。

6月 閑散相場で出来高先細り

■6月のアノマリー
・ランク：9位
・平均騰落率：+0・1%
・上昇確率：55%

6月相場は「最悪の6か月」の二か月目で、月間平均騰落率は+0・1%と一年のうち四番目に悪い月で、株高になる確率は二番目に悪い月です。

大統領サイクルと6月相場
（S&P500：1950〜2023年）

6月	騰落率	株高になる確率
選挙の翌年	−0.5%	39%
中間選挙の年	−2.1%	37%
選挙の前年	1.7%	63%
選挙の年	1.3%	83%

大統領サイクルと7月相場
（S&P500：1950〜2023年）

7月	騰落率	株高になる確率
選挙の翌年	2.2%	67%
中間選挙の年	1.3%	58%
選挙の前年	1.0%	63%
選挙の年	0.7%	50%

米国では夏の到来によってドライブシーズンが本格化する関係で、ガソリン需給が逼迫して、原油価格が上がりやすいです。その一方で、株式市場は閑散となり、出来高が細りやすいことから株価は上がりにくいです。

■大統領サイクルと6月相場

大統領サイクルの前半（選挙の翌年と中間選挙の年）ほどパフォーマンスが悪く、株高になる確率は4割を下回っている一方で、大統領サイクルの後半ほどパフォーマンスが良い傾向があります。

とりわけ、選挙の年に至っては、株高になる確率が83%と非常に高く、投資家は強気にならなければなりません。

7月

短期上昇のサマーラリー

■7月のアノマリー

・ランク：4位
・騰落率：＋1.3％
・上昇確率：59％

7月相場は「最悪の6か月」の中で最高の月で、サマーラリー（夏の短期的な上昇相場）が訪れる傾向があります。実際、月間平均騰落率は＋1・3％と、一年のうち四番目に高いパフォーマンスです。

これは、下半期の最初の月は、年金基金から新たな資金が入ってくるためです。とりわけ、機関投資家が長期夏季休暇に入っている関係で、出来高が小さくなっていることも株高になりやすい要因だと言えます。

大統領サイクルと7月相場

また、大統領選挙の翌年が最もパフォーマンスが良い一方で、選挙の年は最も悪くなる傾向があります。

ただし、米国株は例年、夏は軟調な展開を迎え、秋に急落する傾向があることを考えると、サマーラリーで株高になったとしても、強気の姿勢に転じるべきではありません。

8月 「夏枯れ」の下げ相場

8月のアノマリー

- ランク：10位
- 騰落率：+0・01%
- 上昇確率：55%

大統領サイクルと8月相場
(S&P500:1950～2023年)

8月	騰落率	株高になる確率
選挙の翌年	▲1.2%	44%
中間選挙の年	▲0.4%	63%
選挙の前年	0.3%	47%
選挙の年	1.3%	61%

8月相場の月間平均騰落率は+0・01%と、一年のうち三番目に悪い月で、株高になる確率も55%と、一年のうち二番目に悪い月です。これは、7月の上げ相場を指す「サマーラリー」とは対照的に、8月は「夏枯れ相場」という下げ相場が待っているからです。

とりわけ、この時期の取引所は閑散としているため、株の売り材料が出ると、株安局面が長引く傾向があります。

■大統領サイクルと8月相場

選挙の翌年のパフォーマンスが最も悪い一方で、選挙の年のパフォーマンスは最も良い傾向があります。

これは、選挙の年のこの時期は、大統領選挙の選挙公約にあたる政策綱領が正式に決定する関係で、経済政策への期待感から株が買われやすいからです。

ただし、9月が一年のうち「最悪の月」として知られていることを考えると、7月同様、8月も強気になるべきではありません。もっと言えば、この時期に株式に対して強気になっているのは初心者だけです。

9月 一年で最も騰落率が悪い

■9月のアノマリー
・ランク：12位
・騰落率：▲0・7％
・上昇確率：44％

9月相場の月間平均騰落率は▲0・7％と一年のうち最も悪く、株高になる確率も44％と、一年で唯一50％を下回ります。

米国は9月に新学期シーズンを迎える関係で、機関投資家が長期夏季休暇から続々と職場に戻ってきます。

彼らは心機一転フレッシュな気持ちで仕事に取り組むわけですが、IPO（新規株式公開）や公募増資など、たくさんのディールが一斉に動き始める関係で、需給が崩れやすくなっ

大統領サイクルと9月相場
（S&P500：1950～2023年）

9月	騰落率	株高になる確率
選挙の翌年	▲0.7%	44%
中間選挙の年	▲0.8%	47%
選挙の前年	▲1.0%	37%
選挙の年	▲0.4%	50%

てしまうのです。

たとえば、ある大型半導体株がＩＰＯするとなると、機関投資家は手持ちの半導体株を一部売却せざるを得なくなるため、投資マネーが分散されることで相場が崩れるというわけです。

また、９月は第３四半期の最後の月であることから、機関投資家は含み損を抱えている株の処分売りに走りやすいです。これは、そのまま年末まで買い持ちしてしまうと、年間の運用成績が悪く見えるため、自身の評価が下がるリスクがあるからです。機関投資家もサラリーマンであることに変わりませんから、保身のための売買が活発化しやすいというわけです。

そのため、投資家は機関投資家のリバランスが終わるまでは買い向かうべきではありません。

大統領サイクルと９月相場

大統領サイクルの四年間のすべておいて、月間平均騰落率がマイナスを記録しているのは９月だけです。とりわけ、選挙の前年のパフォーマンスが悪く、株高になる確率も4割を切っており、9月に強気になる投資家はほとんどいません。

10月

暴落を恐れず、買い向かえ

■10月のアノマリー

・ランク：7位
・騰落率：＋0・9％
・上昇確率：59％

10月は「最悪の6か月」の最終月で、ウォール街には「10月の恐怖症」という言葉があります。

これは、1929年の世界恐慌や1987年のブラックマンデー、2008年の金融危機など、歴史的な暴落がいつも10月に訪れたことで、投資家は毎年この季節になると、過

大統領サイクルと10月相場
（S&P500：1950～2023年）

10月	騰落率	株高になる確率
選挙の翌年	1.3%	61%
中間選挙の年	3.0%	74%
選挙の前年	0.1%	53%
選挙の年	▲0.9%	50%

去の嫌な記憶を思い出してしまうからです。

そして、行動経済学には「予言の自己成就」と言って、「株式市場が暴落する」と信じている人が多ければ多いほど、予言通りになる傾向があります。

しかし、10月は「ベアキラー（弱気の撤退）」になることも多く、相場のトレンドが転換する月になりやすいことでも知られています。

実際、1987年のブラックマンデーや1990年の湾岸戦争、1998年のLTCM危機はいずれも10月に底打ちしました。また、2000年のドットコムバブル崩壊と2001年の9・11を伴う弱気相場も2002年10月に底打ちしたほか、2011年の米国債ショックや2022年の弱気相場も10月に底打ちしました。

そのため、経験豊富な投資家ほど、多くの投資家が弱気になっている10月に、株を積極的に買い向かいます。とりわけ、11月から「最高の6か月」が始まるため、10月の株安は投資家にとって絶好のチャンスだと言えるのです。

■大統領サイクルと10月相場

大統領サイクルの前半ほどパフォーマンスが良い一方で、後半ほど悪くなる傾向がありまます。とりわけ、一年を通して最悪のパフォーマンスになりやすい中間選挙の年の月間平均騰落率が＋3・0％、株高になる確率も74％と比較的高いことを考えると、誰もが悲観的になっている時こそ、強気にならなければならないことがわかります。

ちなみに、選挙の年のパフォーマンスが最も悪いのは、11月の大統領選挙の結果を見極めたいとの見方から、機関投資家は慎重にならざるを得ないからです。

11月

「最高の6か月」が始まる

■11月のアノマリー

・ランク：1位
・騰落率：＋1・8％
・上昇確率：69％

大統領サイクルと11月相場
（S&P500：1950～2023年）

11月	騰落率	株高になる確率
選挙の翌年	1.7%	72%
中間選挙の年	2.7%	79%
選挙の前年	0.9%	63%
選挙の年	2.0%	61%

11月相場は「最高の6か月」の最初の月であると同時に、一年のうち最も高いパフォーマンスが期待できる月でもあります。また、株高になる確率も69％とおよそ7割に達し、一年のうち三番目に高い確率になります。

11月相場が強い理由は、秋の株安が終わりを迎え、その反動による株高が見込めるためです。

■大統領サイクルと11月相場

大統領サイクルの前半ほどパフォーマンスが良く、選挙の翌年に株高になる確率は72％、中間選挙の年に至っては79％とおよそ8割に達しています。その一方で、大統領サイクルの後半である選挙の前年に株高になる確率は63％、選挙の年に至っては61％に留まります。

とはいえ、それでも6割を超えているほか月間平均騰落率も比較的高いことを考えると、11月相場に弱気になる理由はなく、投資家は強気にならなければなりません。

12月

株高のサンタクロースラリー

12月のアノマリー

- ランク：2位
- 騰落率：＋1.5％
- 上昇確率：74％

12月相場は「サンタクロースラリー」がやって来る関係で、月間平均騰落率は＋1.5％と、一年のうち二番目に高く、株高になる確率に至っては74％と最も高い確率です。

そもそもサンタクロースラリーとは、その年の最後の5日間と新年の2日間の計7日間に起こる、短期的な上昇相場のことです。

これは12月がボーナスシーズンに当たる関係で、個人投資家はクリスマスが終わった後に、残ったお金で株式を買い向かう傾向があるからです。

大統領サイクルと12月相場
（S&P500：1950～2023年）

12月	騰落率	株高になる確率
選挙の翌年	0.8%	78%
中間選挙の年	0.8%	63%
選挙の前年	3.0%	74%
選挙の年	1.3%	83%

ただし、12月になると「タックスロス・セリング（節税目的の損出し）」が発生することから、前半は崩れやすい傾向があります。とりわけ、その年の相場が弱かった時ほど、タックスロス・セリングによる売りが活発化しやすいのです。

このように、これらのイベントの時期がこの先永遠に変わらないことを考えると、年末の上昇相場は毎年期待できるのです。

■大統領サイクルと12月相場

大統領サイクルの前半ほどパフォーマンスが悪い傾向があるものの、選挙の翌年に株高になる確率は78％と、およそ8割に達します。

また、大統領サイクルの後半ほどパフォーマンスが良くなる傾向があり、とりわけ選挙の前年の月間平均騰落率は＋3・0％と最も良いです。

さらに、中間選挙の年を除いて株高になる確率が7割を超えていることを考えると、12月も弱気になる理由はありません。

■12か月アノマリーのまとめ

このように人々が集団生活をしている以上、日々の生活にサイクルが生まれ、株式市場もその影響を多分に受ける傾向があることがわかります。

たとえば、会計期間や確定申告の期限、長期休暇の時期、新学期シーズン、ボーナスやクリスマスの時期がこの先永遠に変わることなどないことを考えると、マーケットの規則性も変わらないと言えるのです。

そのため、月末に翌月のアノマリーを確認するだけで、夏にクリスマスプレゼントを買ったり、秋にバカンスに出掛けるような非常識なことをしなくて済むのです。

なぜ、景気指標で未来を予測できるのか

大統領サイクルやアノマリーの他にも、景気指標を観察することで、株価や景気の未来を予測することができます。

そのため、景気指標を正しく解釈することができれば、投資すべき局面で積極的になることでリターンの最大化が狙える一方、投資すべきでない局面では慎重になることでリスクを最小化することができます。

たとえば、**景気指標には先行指標と一致指標、遅行指標の三つの指標があります。**

先行指標とは、景気動向に先行する指標のことで、景気の転換点を早期に察知するための重要な指標です。先行指標を観察することで、景気サイクルのフェーズが変わることを予測できるため、投資判断を下すうえで非常に役立ちます。

一致指標とは、景気動向と同時に動く指標のことで、現在の景気サイクルの位置や経済状況を把握するのに役立ちます。

遅行指標とは、景気動向に遅れて動く指標のことで、景気の転換点を早期に察知することはできません。しかし、遅行指標を観察することで、次に何が起こるかが予測できるほか、ＦＲＢの金融政策が遅行指標に左右される傾向があるため非常に重要な指標だと言えます。

そこで、ぼくが株価や景気の未来を予測する上で特に重要だと考える先行指標と遅行指標を厳選して紹介します。ただし、一致指標には特段重要な指標がありませんから、今回は割愛します。

▼先行指標

景気の先行指標として特に重要なのは、株価指数と長短金利差の二つです。

■株価指数

株価には先見性があると言われていて、景気指標や企業業績が悪化するよりも先に株価が下がり始めます。そのため、多くの投資家は景気後退を伴う株安を回避することができないのです。

2008年金融危機時の株価指数と景気後退期
（S&P500：2006～2009年）

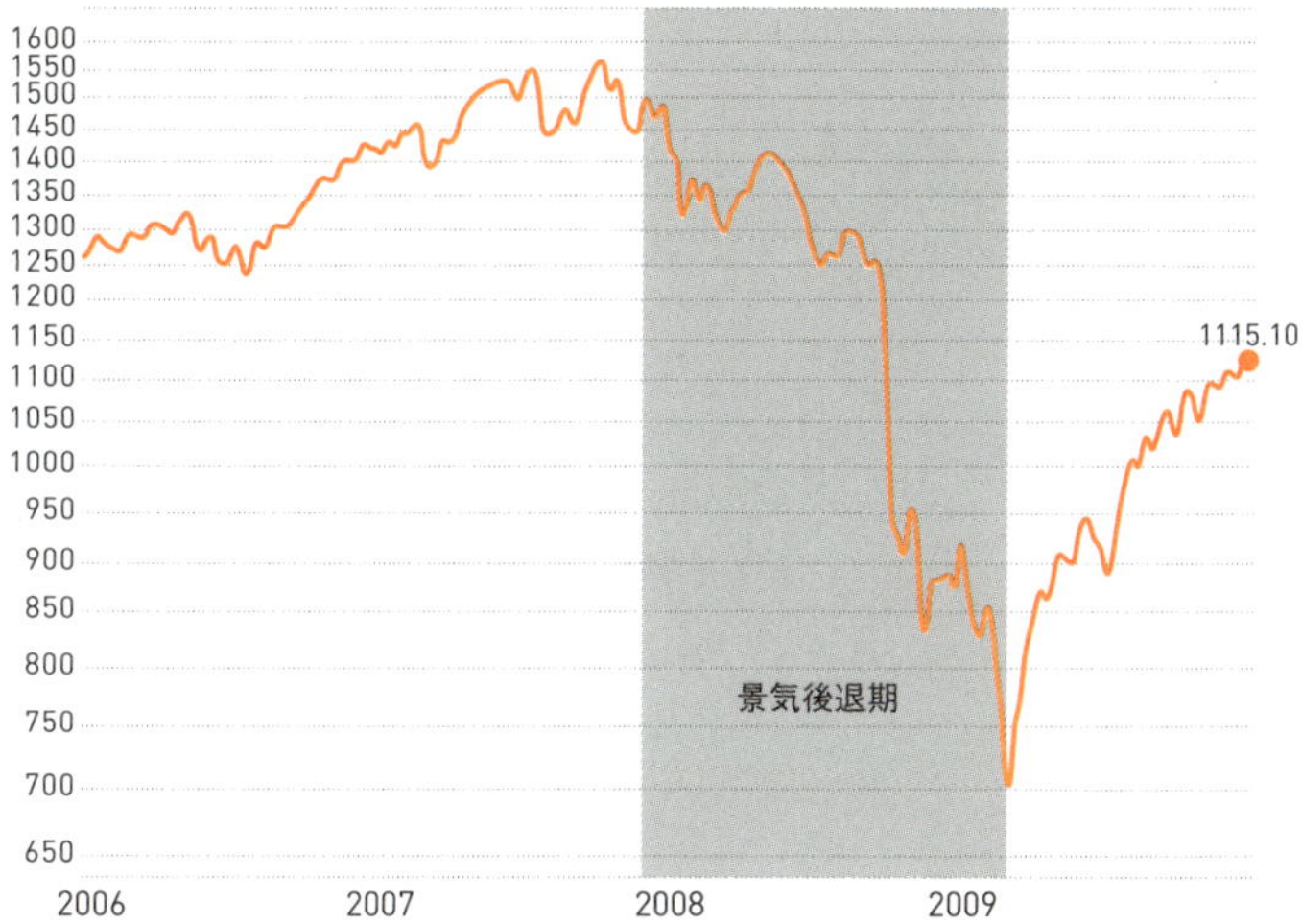

出所：Stockchart.com

実際、過去の景気後退局面を振り返ると、景気後退入りするよりも先に株価は下がり始めています。好景気の中である日突然株式市場が急落し始めたら、それは景気後退の前触れかもしれないので、すぐに相場から降りなければなりません。

たとえば、２００８年の金融危機の際は、２００７年12月から景気後退入りし、２００９年３月まで続きましたが、株価が高値を付けたのは２００７年10月と、景気後退入りする２か月前でした（上図）。ＮＢＥＲ（全米経済研究所）が景気後退入りしたと発表したのは２００８年12月と、株価がすでに半値になった後だったことを考えると、景気後退入りしたのを確認してから株を売っていては遅すぎることがわかります。

ドットコムバブル崩壊時の株価指数と景気後退期
(S&P500:1999～2002年)

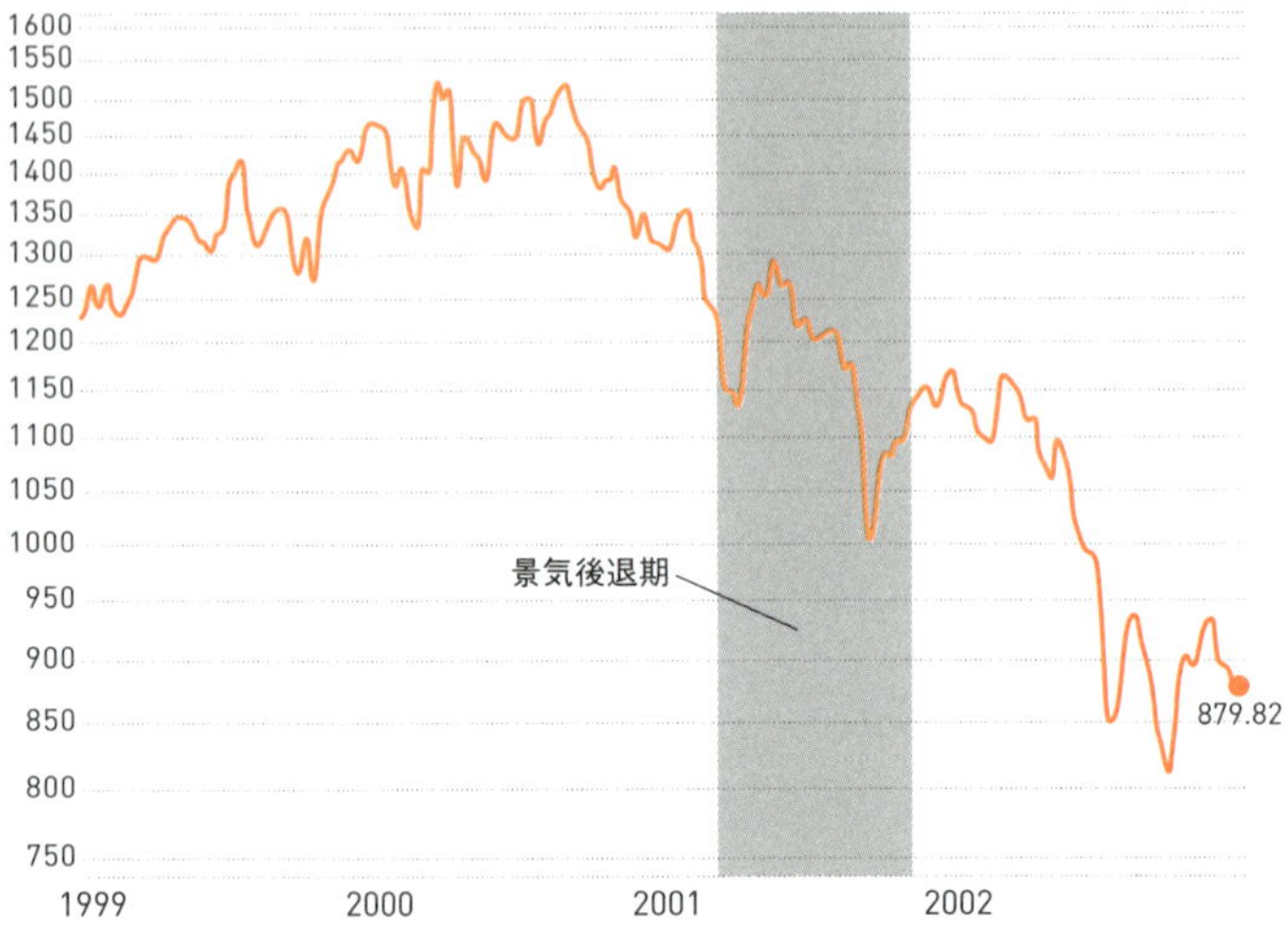

出所:Stockchart.com

また、2000年のドットコムバブル崩壊の際は、2001年3月から同年11月にかけて景気後退入りしましたが、株価が高値を付けたのは2000年3月と、景気後退入りする一年前でした(上図)。また、NBERが景気後退入りしたと発表したのは2001年11月と、株価が暴落した後でした。

つまり、ニュースサイトのヘッドラインに「米経済、景気後退入り」の文字が躍る時というのは、すでに株価が暴落した後なのです。

そのため、好景気の中である日突然株価が急落し始めたら、それは通常の調整局面とは異なり、景気後退を伴う株安の起点にいるのかもしれません。

■長短金利差

将来の景気後退を占う指標として、米10年債利回りから米2年債利回りを引いた長短金利差があります。

通常、償還までの年限が長い債券ほどリスクプレミアムが上乗せされる関係で、短期債よりも長期債の方が金利が大きくなります。そのため長短金利差はプラス圏で推移する傾向があります。

しかし、長短金利差がマイナス圏に沈む場合があります。これは、市場参加者が将来の景気後退への懸念から長期債を買い向かうことで長期金利が低下（価格は上昇）する一方で、FRBの金融引き締め（利上げ）によって短期金利が上昇（価格は下落）し、長短金利が逆転してしまうからです（244ページ上図）。

ところが、景気というのは緩やかに拡大する一方で、急速に縮小する傾向があります。そのため、景気が一度暗転すると、FRBは急激なペースでの金融緩和（利下げ）を余儀なくされるため、長短金利差がマイナス圏からプラス圏に急浮上する傾向があるのです。

実際、ウォール街では「政策金利は階段を上り、エレベーターで降りて来る」と揶揄されているように、政策金利は景気の暗転とともに急降下していることがわかります（244ページ下図）。

長短金利差
（市場が景気後退を懸念するとマイナスに沈む）

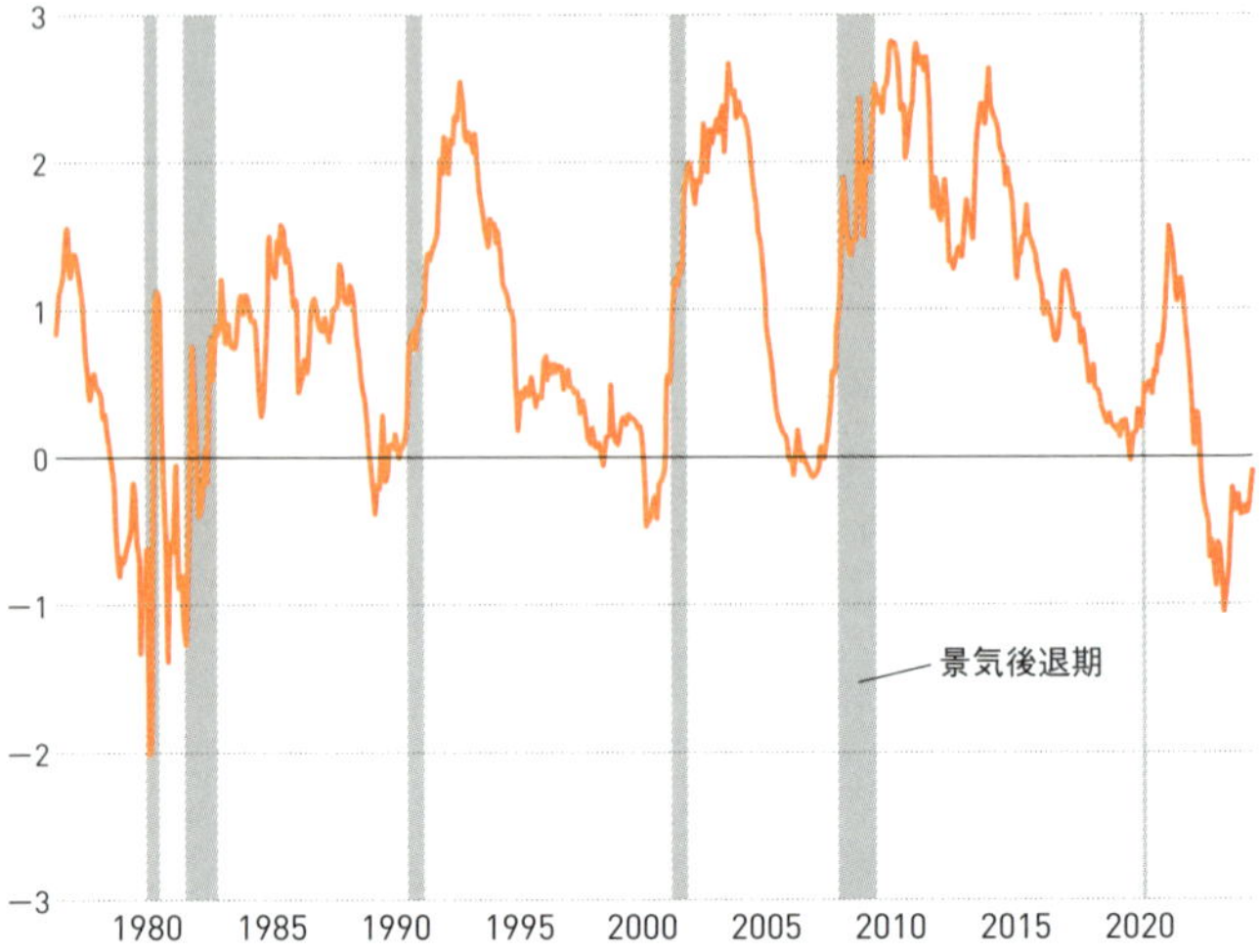

出所:FRB

政策金利
（景気の暗転とともに急降下する）

（単位:%）

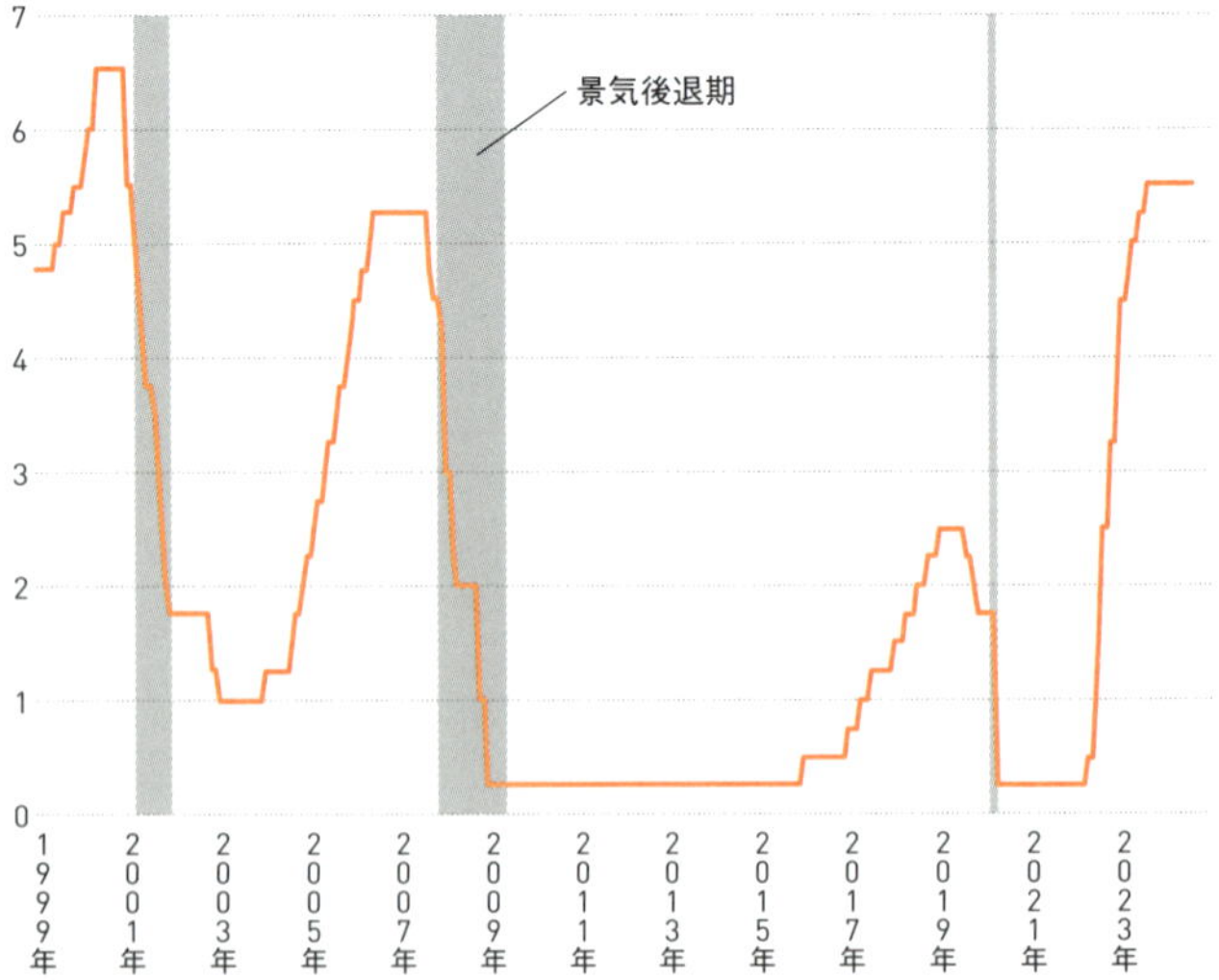

出所:FRED

そのため、2024年8月時点で長短金利差は▲0・08%とマイナス圏で推移していますが、景気が急速に縮小する傾向があることを考えると、FRBの急速なペースでの利下げによって長短金利差はプラス圏に急浮上し、米経済は景気後退入りしてしまうかもしれません。

▼遅行指標

景気の遅行指標として特に重要な指標は失業率とCPI（消費者物価指数）です。

■失業率

そもそも失業率とは、労働力人口全体に占める失業者の割合を示しています。労働力人口とは15歳～64歳までの働く意思のある人たちのことで、学生や専業主婦、セミリタイアした人たちは働く意思がないため含まれません。

そのため、失業率が上昇しているなら、職探しをしている人たちが増えていることを意味し、反対に失業率が下落しているなら、職探しをしている人たちが少なくなっていることを意味します。

失業率
（上昇し始めると景気後退のシグナル）

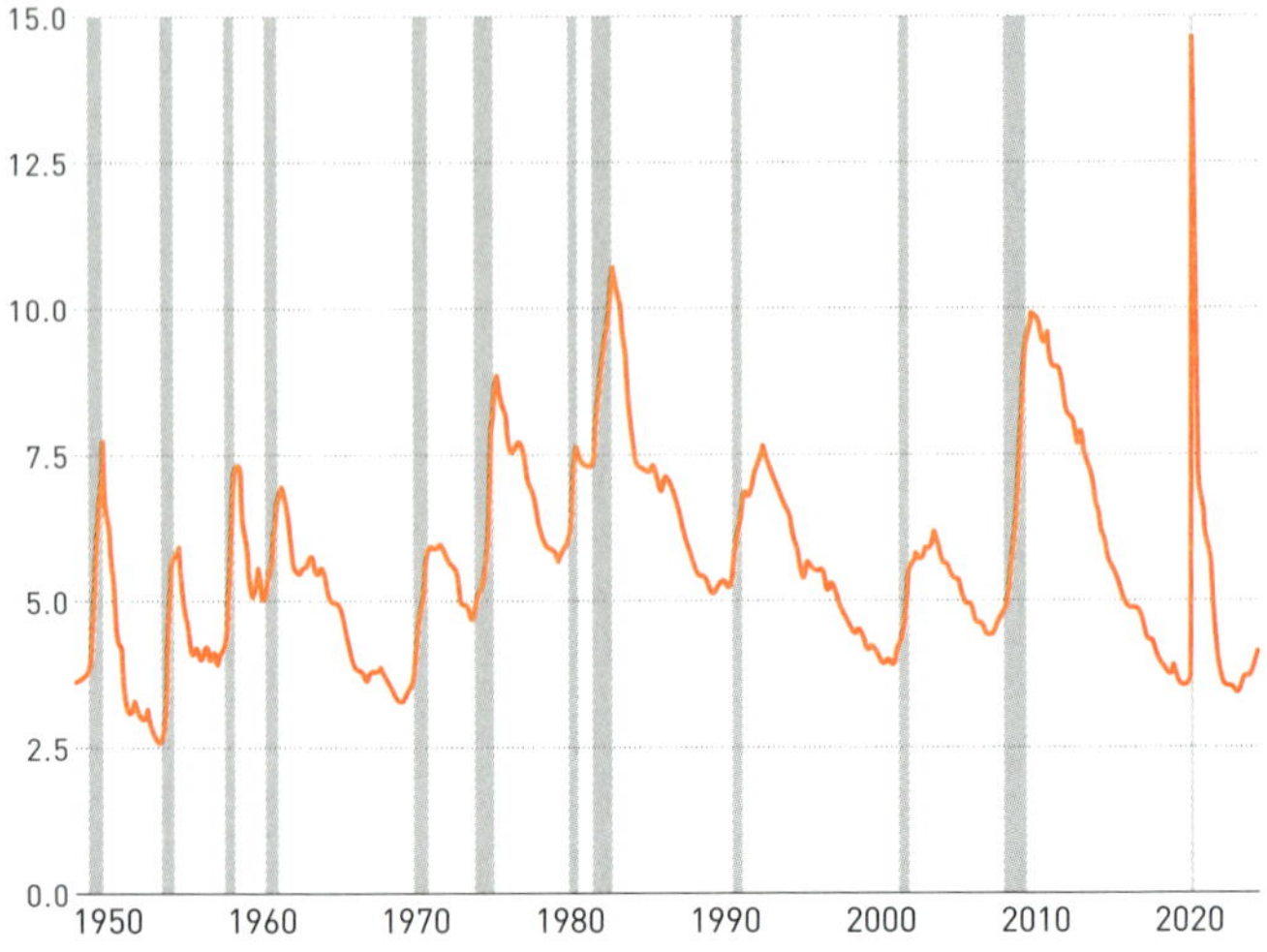

出所：米国労働統計局

また、失業率は４％台前半までなら、職探しをしている人たちがほぼ全員働くことができる「完全雇用」の状態だと言えます。ただし、失業率が４％台前半なら景気後退入りしないというわけではありません。

実際、１９４８年11月の失業率は３・８％、１９５３年７月は２・６％、１９５７年８月は４・１％、１９６９年12月は３・５％、２００１年３月は４・３％と、それぞれ完全雇用を示唆していたものの、そこを起点に景気後退入りしました（上図）。

また、景気が緩やかに拡大する一方で、急速に縮小する傾向があるように、失業率は緩やかに低下する一方で、急速に上昇する傾向があります。そのため、失業率が徐々に上昇し始めたら、それは景気後退の

2008年金融危機時の失業率

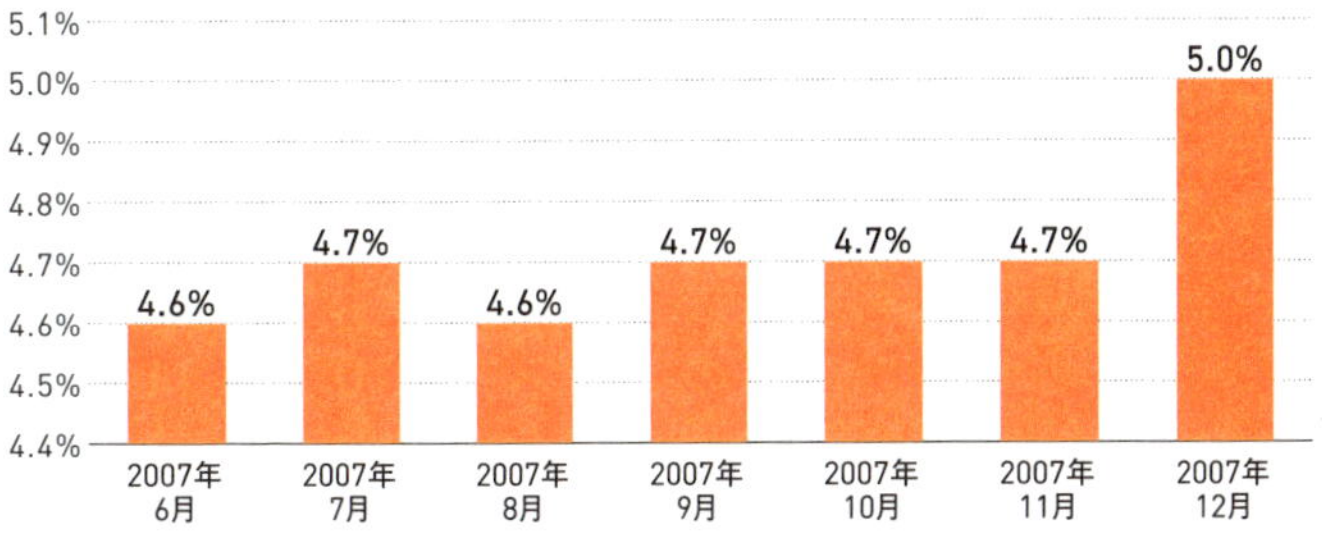

2000年ドットコムバブル崩壊時の失業率

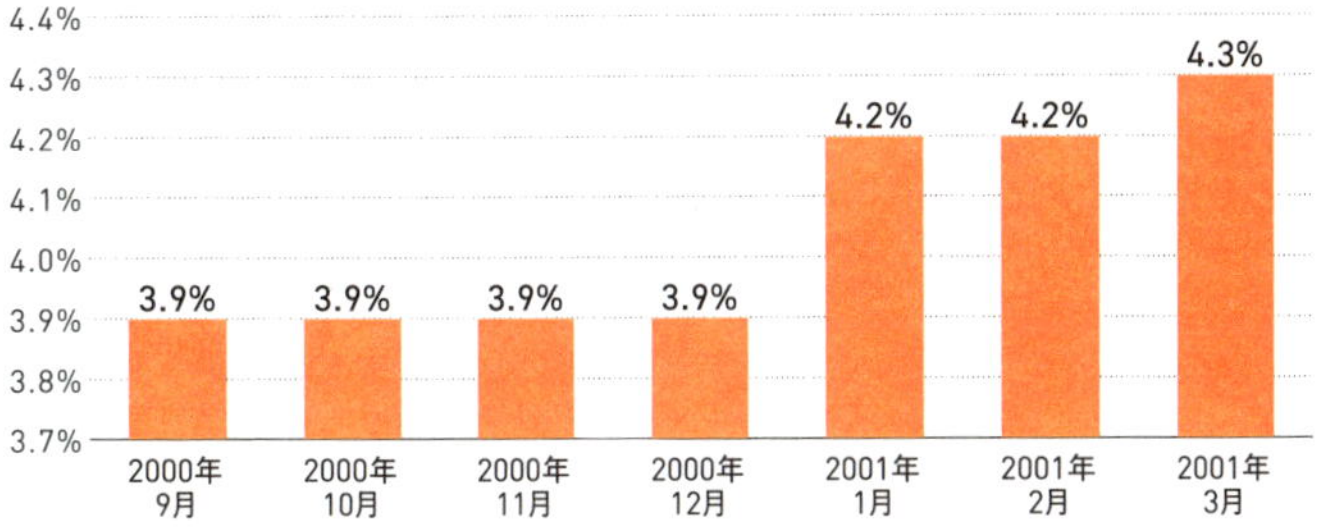

2024年7月までの失業率

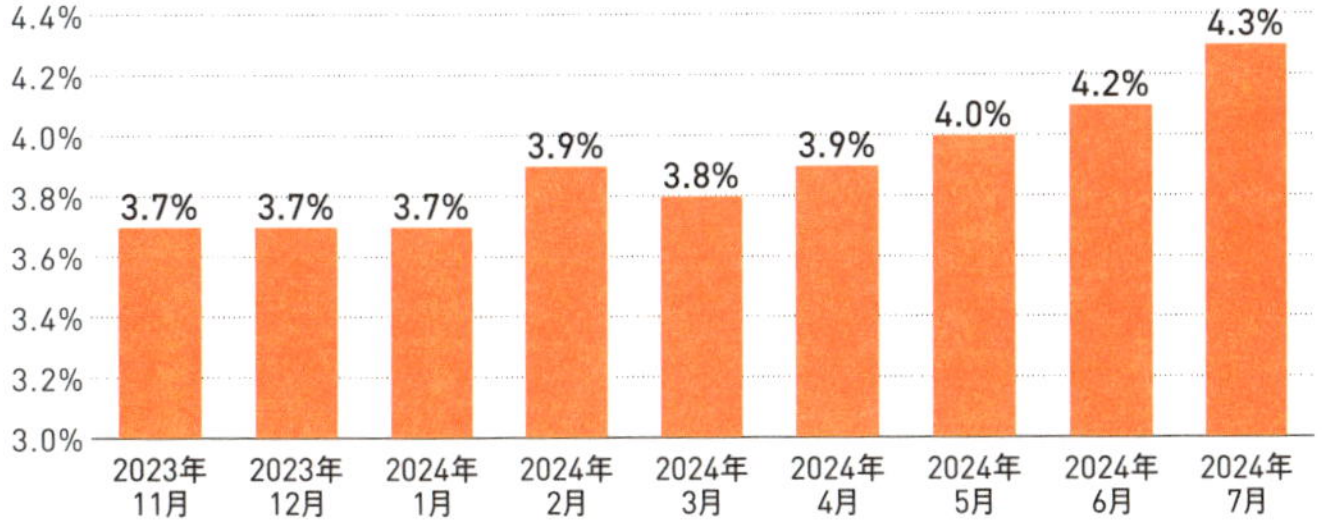

出所:米国労働統計局

シグナルかもしれません。

たとえば、２００８年の金融危機は２００７年12月から景気後退入りしたわけですが、２００７年６〜11月にかけて４・６〜４・７％で推移していた一方、12月になると突然５・０％に跳ね上がりました（２４７ページ上図）。

また、２０００年のドットコムバブル崩壊は２００１年１月から景気後退入りしたわけですが、２０００年12月まで３・９％で推移していた一方、１月になると突然４・２％に跳ね上がりました（２４７ページ中図）。

翻って、２０２４年７月までの失業率を眺めると、徐々に上昇し始めているため、景気後退入りが近いのかもしれません（２４７ページ下図）。

■ＣＰＩ（消費者物価指数）

ＣＰＩとは、物価の動向を示す代表的な経済指標のことで、消費者が購入する商品やサービスの価格変動を表しています。主要項目には食品やエネルギー、消費財、住居費、医療、輸送などが含まれていて、住居費は全体のおよそ３割を、消費財はおよそ２割を占めています。

ＦＲＢは２％の物価目標を掲げているわけですが、これはＣＰＩの前年同月比を２％に

CPI:消費者物価指数
(消費者が購入する商品やサービスの価格変動)

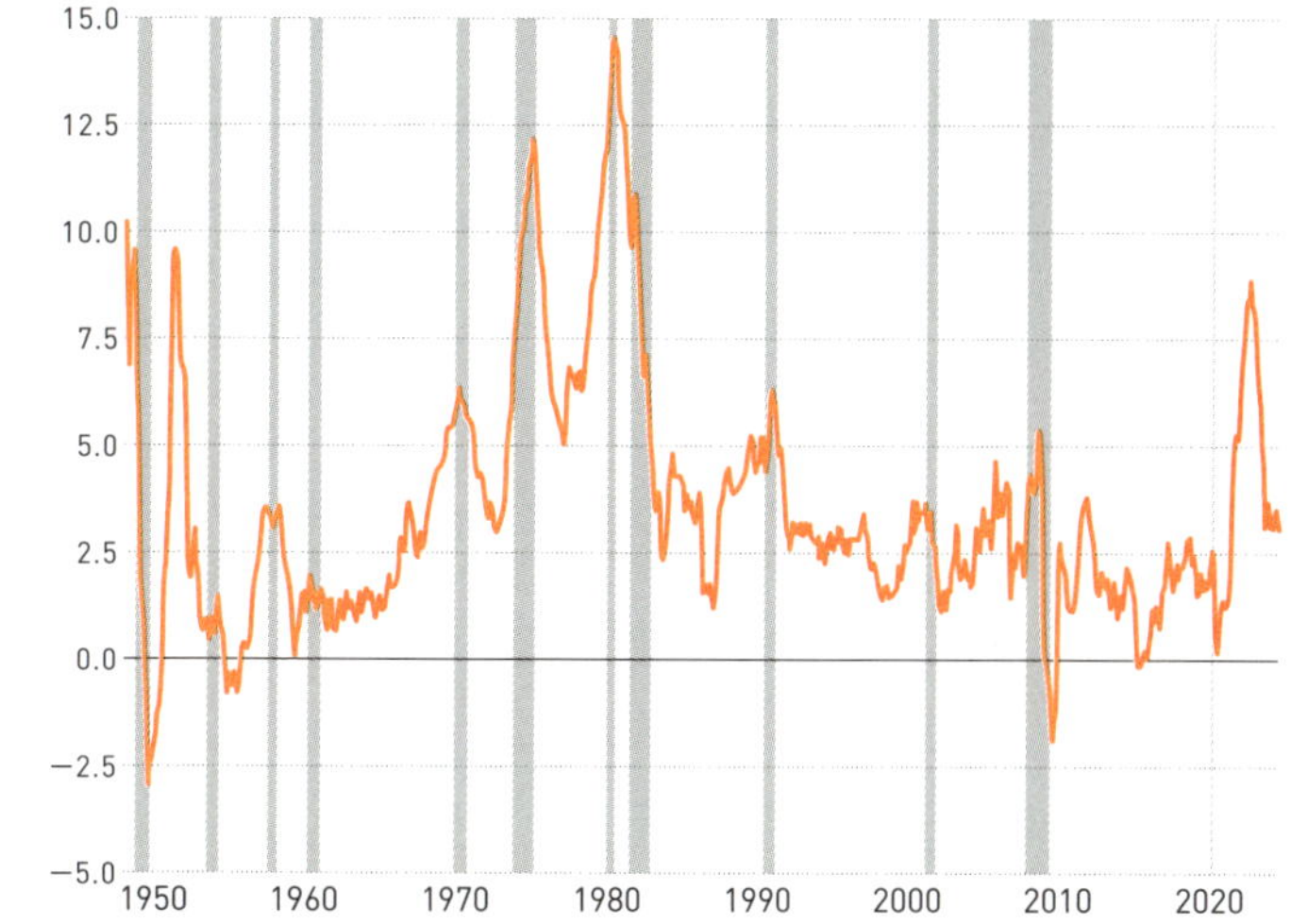

出所:米国労働統計局

することを指しています。また、0%割れはデフレを意味するため、経済にとって最悪の状況であることを指します。

　そのため、CPIが2%を大幅に上回っている局面では、FRBは政策金利を引き上げるなど景気抑制的な金融政策を続ける一方で、2%を大幅に下回る局面では反対に政策金利を引き下げるなど景気刺激的な金融政策を続けます。

　1948年以降のCPIの前年同月比の推移(上図)を眺めると、景気拡大局面でCPIが徐々に上昇し、景気後退とともに下落していることがわかります。これは、FRBがインフレを懸念して政策金利を引き上げた結果、景気後退を招いてしまったためです。

別の言い方をすれば、景気後退を招くことなくインフレを沈静化させるソフトランディングを達成させるのは非常に難しいということです。そのため、インフレが加速してFRBが利上げを始めたら、投資家は将来の景気後退と株安を覚悟しなければなりません。

6 限目

米国株の「終焉」に備える投資術

投資ブームには必ず〝終わり〟がある

ぼくはこれまで、長期的な資産形成を成功させたいだけなら、米国株への積立投資が良いと主張してきましたが、それはあくまで長期的に見ればの話であり、常に最高の投資成果が約束されているわけではありません。

とりわけ、投資ブームというのは景気後退局面を乗り越えて続くことは稀で、ほとんどの場合、米経済の景気後退とともに終わりを迎える傾向がありますから、**2009年6月から始まった米国株の時代は、これから訪れる景気後退とともに終わりを迎え、次の景気拡大局面では全く別の投資対象がブームになる可能性が高いです。**

このチャートは米国の政策金利の推移で、グレーの網掛け部分は景気後退局面を表しているほか、矢印はその時代にブームになった投資対象を表記しています。

1970年代：金の時代

米国政策金利の推移とブームになった投資対象

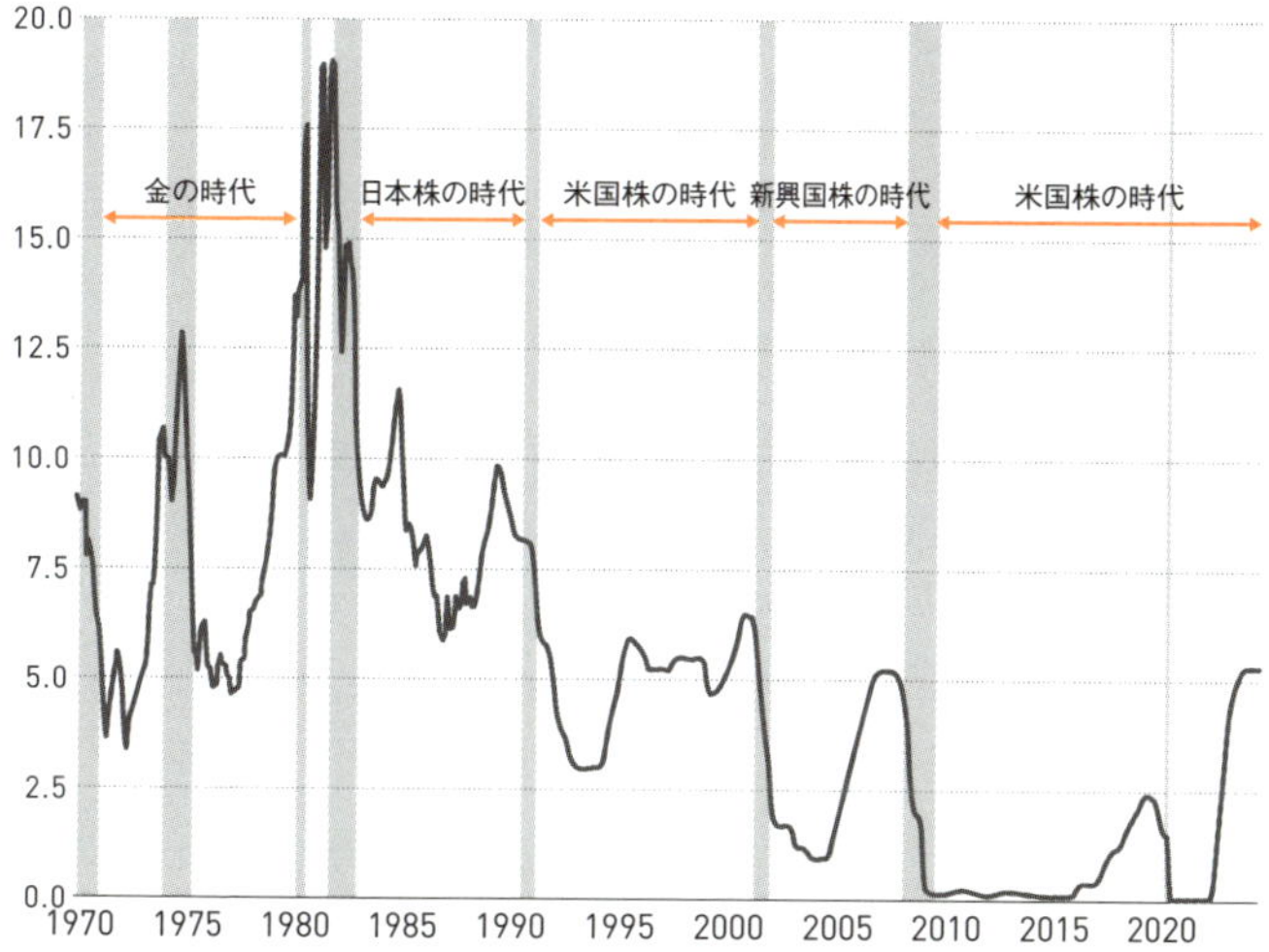

出所：FRB

たとえば、歴史を振り返ると１９７０年代は金がブームになりました。１９７１年８月、当時のニクソン大統領がドルと金の交換を停止すると発表したことで、ブレトンウッズ体制が崩壊しました。ブレトンウッズ体制とは、国際通貨制度のことで、各国の通貨を米ドルに対して一定の交換比率で固定し、米ドルは金１オンス35ドルで固定するというものでした。

ブレトンウッズ体制の崩壊により、ドルは金の裏付けがない不換通貨となり、米国は保有する金の量に関係なく、「好きな時に好きなだけ」ドルを発行できるようになりました。しかしその結果、高インフレによって金が高騰し、35ドルだった金価格は１９８０年に８７５ドルと25倍になったのです。
その一方で、1970年代のS&P500はわずか17%の上昇に留まりました。

1980年代：日本株の時代

1982年11月から始まった景気拡大局面では日本株がブームになりました。これは高度経済成長期が続く中で、日銀が金融緩和策を実施したことから景気が過熱したためです。また、85年のプラザ合意により円が急騰し、内需が拡大したことも日本経済の追い風になりました。

1980年1月、6569円だった日経平均株価は1989年12月末にかけて3万8915円とおよそ6倍に、ドル建てではおよそ10倍にもなりました。その一方で、S&P500はおよそ3倍の上昇に留まり、前回の景気拡大局面でブームだった金はピークから半値になりました。

1990年代：米国株の時代

1991年3月、米経済は湾岸戦争に伴う景気後退局面が終わりを迎え、その後、120か月にわたる長期景気拡大局面と、ハイテク株を中心とした米国株の時代が始まりました。

当時、FRBの高金利政策を背景に、1994年のメキシコ通貨危機、1997年のアジア通貨危機、1998年のロシア危機と、新興諸国が相次いで通貨危機に陥りました。こうした中、世界の投資マネーは相対的に金利の高い米国に一極集中し、ドットコムブームが加速しました。

1990年1月、454・82だったナスダック総合指数は、2000年3月に一時5132・52と、およそ10年で11倍超値上がりしました。また、S&P500も1553・11と、1990年1月の353・4からおよそ4倍値上がりしました。その一方で、前回の景気拡大局面でブームになった日本株は同じ期間に48%下落し、ドル建てでは27%下落しました。

2000年代：新興国株の時代

2000年にドットコムブームが崩壊し、2001年11月から始まった景気拡大局面では、BRICs（ブラジル、ロシア、インド、中国のそれぞれの頭文字を取った造語）をはじめとした新興国株がブームになりました。

投資家はドットコムブーム崩壊のトラウマから米ハイテク株を避け、「長期投資をするなら成熟した先進国株よりも、成長余地の大きい新興国株の方が大きなリターンが期待できる」と考えるようになりました。

その結果、新興国株にまとめて分散投資をすることができるiシェアーズ・MSCI・エマージング・マーケットETF（EEM）は、2001年11月から2007年10月までのわずか6年間で5倍超値上がりしました。その一方で、前回の景気拡大局面でブームだったナスダック総合指数は、同じ期間に約7割の上昇に留まったほか、2000年のピークからは4割超値下がりしたままでした。

2010年代：米国株の時代

そして、2009年6月から始まった景気拡大局面では、AppleやAmazon、Googleをはじめとした米国株がブームになり、その後、投資家はGAFAを永久保有するだけでお金持ちになれると信じるようになりました。

2020年のコロナ危機にわずか2か月の景気後退局面があったものの、それを除けば、2009年6月から2024年6月末にかけて、S&P500はおよそ6倍に、ナスダック総合指数に至ってはおよそ10倍にもなりました。

その一方で、2000年代の景気拡大局面でブームになったiシェアーズ・MSCI・エマージング・マーケットETF（EEM）は2024年6月末時点で42・59ドルと、2007年10月に付けたピークからわずか9％の上昇に留まりました。

このように、投資ブームというのは景気後退局面を乗り越えて続くことは稀で、ほとんどの場合、米経済の景気後退とともに終わりを迎える傾向があります。

そのため、米経済が景気後退入りすれば、マグニフィセント・セブンを中心に米国株は停滞局面を迎え、次の景気拡大局面では、全く別の国や地域、投資対象がブームになる公算が大きいです。

そのため、個人投資家が次の景気拡大局面で資産を大きく増やしたいなら、米国株だけではなく、全く別の国や地域、投資対象にも注目しなければなりません。

新興国グローバルサウス逆襲の可能性

次の景気拡大局面では、**グローバルサウス**への投資がブームになるかもしれません。

そもそも、グローバルサウスとは、明確に定義されているわけではありませんが、一般的には**欧米先進諸国よりも南に位置する発展途上国**のことを指します。また、敢えてリストにすると259ページの表のような国々になります。

なぜ、これらの国々が注目されているのかというと、それは若い労働力人口や豊富な天然資源、中間所得者層の拡大や構造変化、急速な都市化、潜在的なポテンシャルの高さなどといった理由のほかに、米中覇権争いの激化やウクライナ戦争の勃発など、西側諸国と中露の対立によって世界の分断が深まっていることなどが挙げられます。

たとえば、米国のインフレ率は22年に9・1%まで上昇する場面がありましたが、これはコロナ禍を背景に中国での半導体生産が停止し、世界中が半導体不足に陥ってしまったからです。半導体はスマートフォンやパソコンだけではなく、自動車や家電など様々な製品

グローバルサウス
（南に位置するポテンシャルの高い発展途上国）

アジア	中東	アフリカ	中南米
インド	サウジアラビア	ナイジェリア	ブラジル
インドネシア	イスラエル	エジプト	メキシコ
タイ	UAE	南アフリカ	アルゼンチン
バングラデシュ	イラン	アルジェリア	コロンビア
フィリピン	イラク	モロッコ	チリ
ベトナム	カタール	アンゴラ	ペルー
マレーシア	クウェート	ケニア	
パキスタン	オマーン	エチオピア	
	ヨルダン		

に使用されているため、ここにきて中国依存のツケが回って来たというわけです。

別の言い方をすれば、地政学リスクによって中国での半導体生産が再び停止した場合、インフレが再燃することを意味しますから、それを回避するためには生産拠点を分散させる必要があります。実際、世界の製造業はすでにニア・ショアリングを進めています。

ニア・ショアリングというのは、生産拠点を最終消費地に近い所に移転させるというもので、たとえば米国の場合は生産拠点を中国からメキシコに移転するケースが相次いでいます。また、欧州もトルコやポーランド、ルーマニアなどに生産拠点を移転させ始めています。

実際、アップルは安価で大量な労働力人口を抱えるインドやベトナムに製造拠点を移すなど、脱チャイナの動きを加速させています。

今後、西側諸国が再び製造拠点を中国に一極集中させるシナリオは考えにくく、脱チャイナの流れがこの先何十年と続く公算が大きいことを考えると、世界の投資資金はグローバルサウスに流入し続けることが予想されるのです。

また、西側諸国と中露の対立が激化する中において、そのどちらにも属さない第三世界「グローバルサウス」の重要性は、今後一層増すと考えられます。

そもそも世界は、食料やエネルギー、経済危機、環境問題、インフレ、格差拡大、人種差別など様々な問題を抱えていますが、これらの問題の大半を西側諸国が生み出したにもかかわらず、発展途上国ほどその悪影響を受け、日々の生活が脅かされています。

こうした中、2022年4月、西側諸国はウクライナ戦争が勃発した際、国連総会の決議を通じて発展途上国に「どちらの側につくのか?」と迫る場面がありました。この決議案は、ロシアを国連人権理事会の理事国から事実上追放するというものでした。

しかし、発展途上国にとってロシアは必ずしも敵対国ではありません。経済や軍事面でそれぞれ協力関係を築いているため、簡単に西側諸国に付くことなどできないのです。

実際、決議案は賛成93、反対24の賛成多数で採択され、ロシアは理事会から追放されたものの、この決議案を棄権した国は58、欠席した国は18と、反対と棄権、欠席を含めた合計は100となり、賛成の93を上回っています。

つまり、世界は西側が正義であり、ロシアは悪という単純な対立構造にはなっていない

国別経済規模ランキングと今後の予測

経済規模ランキング			
順位	2022年	2050年（予測）	2075年（予測）
1	米国	中国	中国
2	中国	米国	インド
3	日本	インド	米国
4	ドイツ	インドネシア	インドネシア
5	インド	ドイツ	ナイジェリア
6	英国	日本	パキスタン
7	フランス	英国	エジプト
8	カナダ	ブラジル	ブラジル
9	ロシア	フランス	ドイツ
10	イタリア	ロシア	英国

出所:ゴールドマン・サックス・グローバル投資調査部

のです。

発展途上国にとって重要なことは、「どちらの側につくか」ということではなく、個々の問題ごとに「誰と協力すれば、最も利が得られるか」ということですから、有利な条件を提示してくれる方になびく傾向があります。とりわけ、グローバルサウスの経済規模は今後さらに成長し、世界に対する影響力も大きくなると予測されていますから、西側諸国がグローバルサウスを軽視することはできません。

たとえば、ゴールドマン・サックスが２０２２年に発表したリポート「２０７５年への道筋」（上表）によると、２０２２年に世界ＧＤＰトップ10に入ったグローバルサウスはインドの１か国だけでしたが、２０５０年にはインドネシアとブラジルが加わり、２０７５年にはナイジェリアやパキスタン、エジプトも加わることで、10か国中６か国がグローバルサウスになると予

新興国株は米国株に対して売られ過ぎている
（新興国株とS&P500の相対パフォーマンス）

出所:https://www.msci.com/から一部筆者推計

測されています。

そのため、これから西側諸国と中露の双方が、自分たちに有利な国際世論に導くために、グローバルサウスをはじめとした発展途上国に対して積極的に投資・支援をすることが予想されるため、これらの地域が投資ブームに沸く可能性が高いのです。

ちなみに、2008年の金融危機によってBRICsブームが終焉して以降、新興国株式は不人気な投資対象となり、S&P500と比べてパフォーマンスで大きく見劣りします。

たとえば、上のチャートは新興国株指数（EM）をS&P500で割って求めた相対指数になります。このチャートの見方は、指数が上昇していれば新興国株がS&

グローバルサウスに投資できる主要なETF

ティッカー	商品名
EPI	ウィズダムツリー・インド収益ファンド
EWZ	iシェアーズ・MSCI・ブラジルETF
EWW	iシェアーズ・MSCI・メキシコETF
EIDO	iシェアーズ・MSCI・インドネシアETF
TUR	iシェアーズ・MSCI・トルコETF
THD	iシェアーズ・MSCI・タイETF
EWM	iシェアーズ・MSCI・マレーシアETF
EPHE	iシェアーズ・MSCI・フィリピンETF

P500のパフォーマンスを上回っている一方で、指数が下落していれば新興国株がS&P500のパフォーマンスを下回っていることを意味します。

90年代前半に指数が大きく上昇しているのは、米国でメキシコ株がブームになったためです。その後は新興諸国が相次いで通貨危機に見舞われたため、指数は大きく落ち込みましたが、2000年代後半からはBRICsブームを追い風に大きく上昇しました。しかし、2010年以降は一貫して下落し続けるなど、新興国株がS&P500のパフォーマンスを10数年間下回り続けました。

このチャートからわかる重要なポイントは、**歴史的に見ても新興国株は米国株に対して売られ過ぎていること、そして一度トレンドが始まると、それが何年にもわたって続くこと、さらにそのトレンドは永遠には続かないということです。**そのため、2010年から始まった下降トレンドが永遠に続くことはなく、一度反転すれば、上昇トレンドが何年にもわたって続く可能性が高いと言えます。

■グローバルサウスへの投資

グローバルサウスに投資をする場合、ＥＴＦや投資信託、個別株に投資をする方法があります。たとえば、主要なＥＴＦには263ページの表のようなものが挙げられます。

また、個別株に投資をする場合、ＡＤＲ（米国預託証券）といって、米国に上場している新興国株を買うという方法もあります。ただし、新興国株は地政学リスクのほかに、汚職や不正会計、流動性のリスクなど様々な問題を抱えていますから、初心者はＥＴＦや投資信託の方がおすすめです。

注意点として、**グローバルサウスをはじめ新興国株がポートフォリオ全体に占める割合は、10～20％までが適切だと思います。**たとえば、オルカンの場合、新興国株がポートフォリオ全体に占める割合は10％程度しかありません。そのため、ポートフォリオの30％以上を新興国株が占めた場合、それはかなりリスクの高いポートフォリオになっていることを意味します。

金と金鉱株を見逃せない5つの理由

2024年5月、金は1トロイオンス2454・20ドルと、過去最高値を更新しました。2004年5月末の金価格が394・90ドルだったことを考えると、過去20年で6・2倍にもなった計算で、これはS&P500の4・8倍を上回るパフォーマンスです。いま、世界が金に注目しているのには主に5つの理由があります。

理由1：米国政府債務残高

米国政府の債務残高は2024年第1四半期時点で34・6兆ドルと、1994年第1四半期の4・6兆ドルから、わずか30年で7・5倍にもなり、年率平均7％で増え続けています（266ページ図）。

債務残高が増えると、利払い費用も増加してしまうため、政府の予算に占める大部分が

米国政府の債務残高は30年で7.5倍に

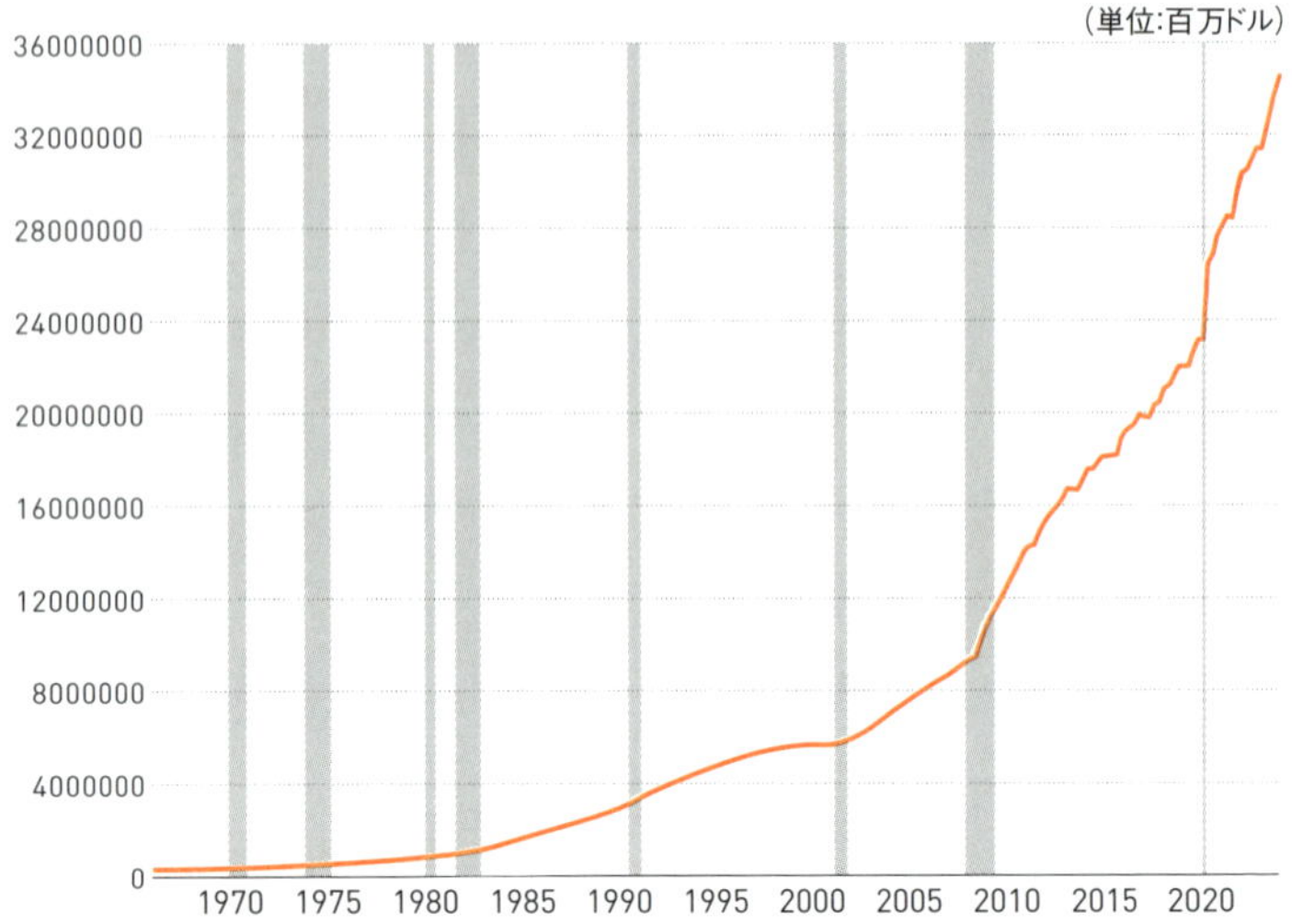

出所:セントルイス連邦準備銀行

利払いに充てられてしまい、社会保障やメディケア、国防関連、教育、インフラ投資などへの支出が制約される可能性が高まります。

こうした中、ＣＢＯ（米議会予算局）は２０２４年４月の最新予測で、米連邦政府の債務が対ＧＤＰ比で昨年の97％から、２０３４年には１１６％へと上昇すると発表しました。

通常、債務残高が対ＧＤＰ比で１００％を超えると、政府が借金を返済する能力が疑われ、国債の信用格付けが低下するリスクが高まります。信用格付けが低下すると、政府が新たな借金をする際の金利が上昇し、さらに利払い負担が増加するという悪循環に陥るリスクが高まります。

もちろん、米国が債務危機に陥るリスクは低いです。しかし、米国に限らず西側諸国がコロナ禍で莫大な財政出動に走ったほか、これからも債務残高を増やし続けることを考えると、法定通貨の価値は次第に漸減し、インフレが再燃するリスクは常にあります。

その一方で、金の生産量は毎年3600トン程度と安定しており、突然増えたりすることはありません。そのため、無尽蔵に増え続けるドルやユーロ、円などの法定通貨と比べて、金は希少性があることから投資家が注目しているというわけです。

▼理由2：ウクライナ戦争と金融危機と中央銀行

2022年にウクライナ戦争が勃発した際、西側諸国がロシアに対して金融版核兵器とも呼ばれる「SWIFT（国際銀行間通信協会）からの排除」を決定しました。これにより、ロシアは石油や天然ガスなど一部の取引を除いて、ドルやユーロを貿易決済として利用できなくなりました。つまり、西側諸国はドルやユーロを経済戦争の武器として使用したわけです。

この瞬間から、中国をはじめとした新興諸国にとってドルやユーロはもはや安全資産ではなくなりました。なぜなら、いくら外貨準備として米国債を保有していても、経済制裁

中国人民銀行の金保有量とドル価格
（2020年1月～2024年4月）

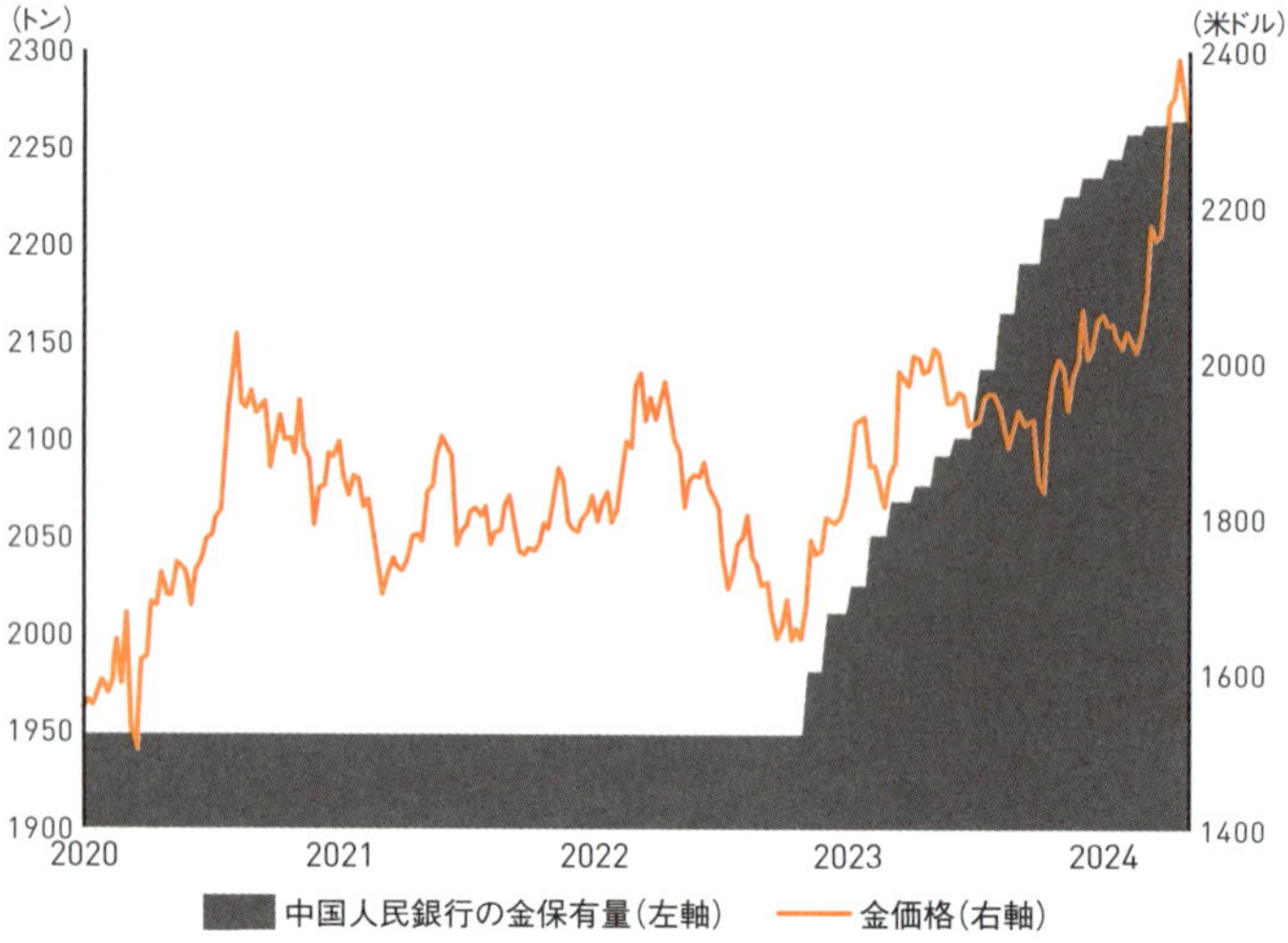

出所：World Gold Council

によって凍結されるなら、安全資産とは言えないからです。

そして、これは中国に限らず新興諸国にとっても問題です。なぜなら、新興諸国の多くは対中依存度が高く、中国との貿易が成り立たなければ自国経済が打撃を受けてしまうからです。

そのため、中国は地政学リスクを回避するために、ドルやユーロに代わる決済通貨として人民元の国際化を進めており、その一環として金を大量に保有することで人民元の信頼性を高めようとしています。

実際、中国人民銀行が保有する金保有量は、24年5月末時点で２２６４トンと、２０２２年10月の１９４８トンから大きく積み増していることがわかります。

世界の中央銀行による金の購入量
（2010年Q1〜2024年1Q）

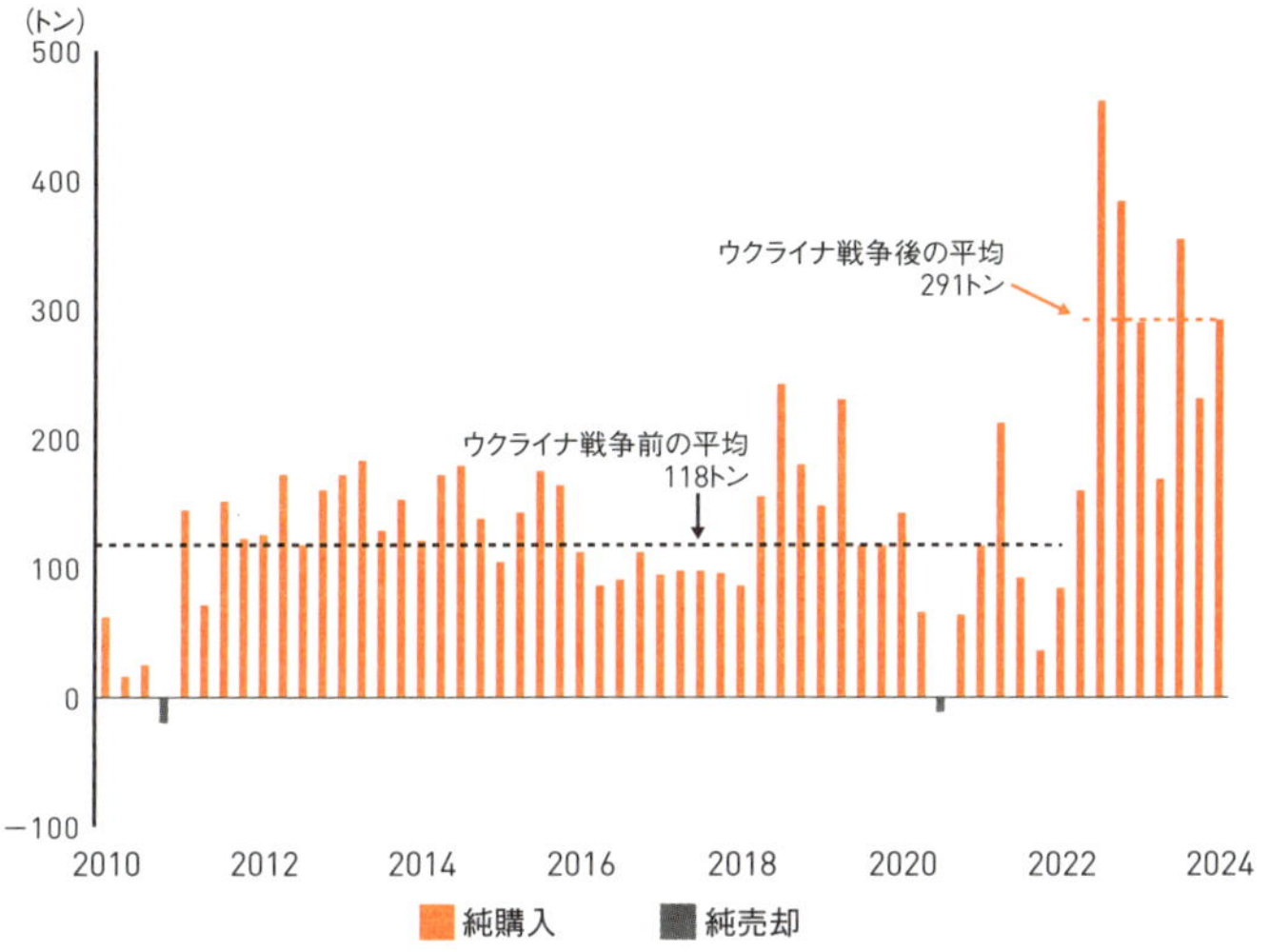

出所：World Gold Council,Incrementum AG

また、四半期毎の世界の中央銀行による金の購入量はウクライナ戦争前が平均118トンだった一方で、ウクライナ戦争後は平均291トンと、およそ2・5倍も増えています。

ちなみに、中央銀行による金買いはウクライナ戦争がきっかけになったわけではなくて、金融危機がきっかけです。

たとえば、270ページのグラフは1950年以降の中央銀行による金の購入量の推移ですが、90〜00年代は売り越していた一方で、10年代以降買い越しに転じ、2022年には1136トンと過去最高を更新しました。

なぜ、10年代以降、中央銀行が金を積極的に買い向かっているのかというと、それ

1950年以降の中央銀行による金の購入量の推移

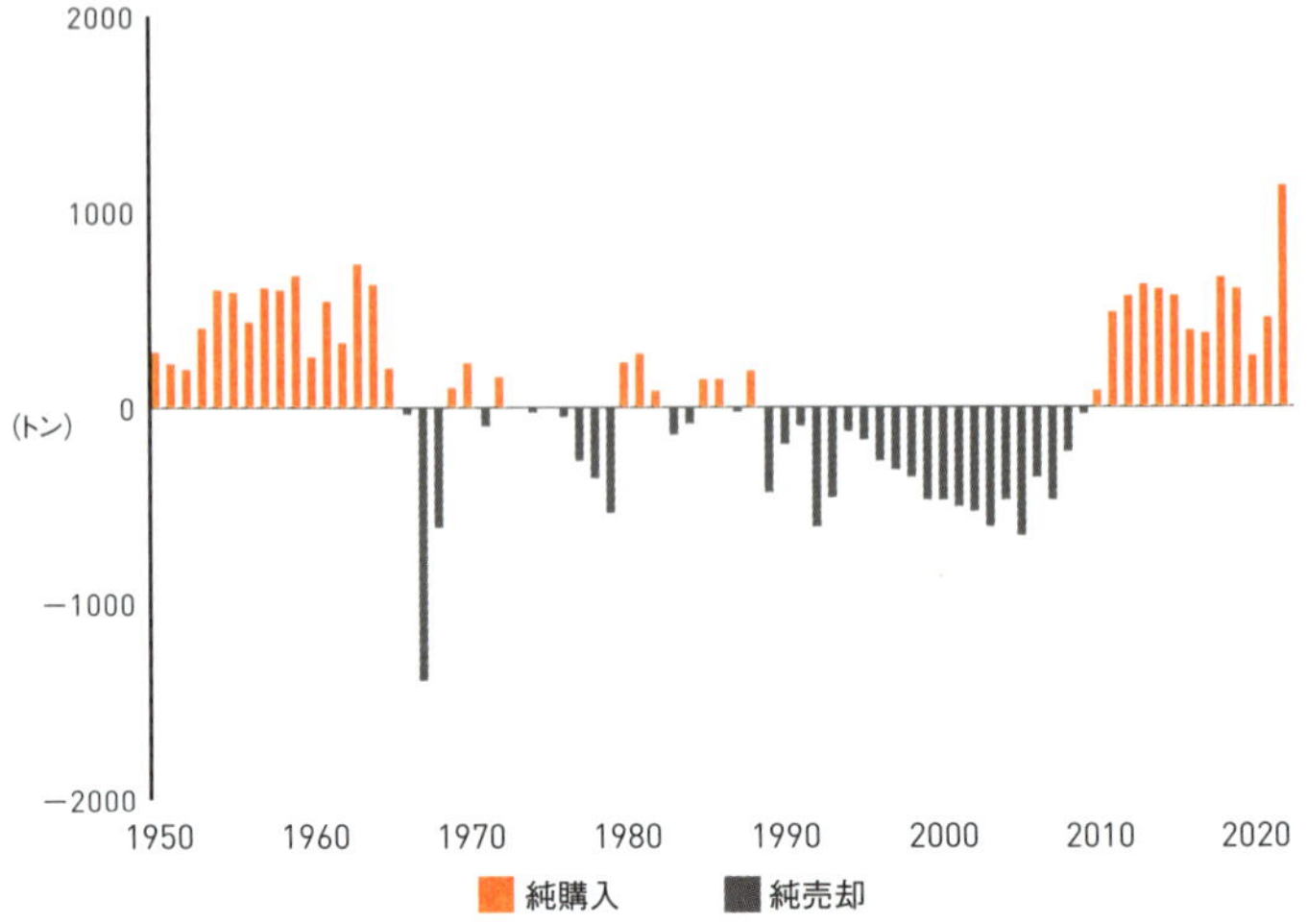

出所:World Gold Council

は金融危機をきっかけに西側諸国が量的緩和に踏み切ったことで、ドルやユーロ、円に対する信頼が失われたためです。

■投資のヒント

量的緩和とは金融緩和策の一つで、中央銀行が市中銀行から大量の国債を買い取り、市場に資金を供給する政策のことです（※中央銀行は自国通貨を事実上無制限に発行することができるので、インフレの心配がなければ無制限に資金を供給することができます）。

このように、世界の中央銀行が外貨準備として金を積み増すのは、一過性のことではなく持続的なものですから、金にはこの先も安定した買いが入り続けることが予想されます。

▼理由3：中国人とインド人

ワールド・ゴールド・カウンシルによると、2023年の金需要は4468トンあり、そのうち宝飾品が2192トン、中央銀行1037トン、投資941トン、テクノロジー298トンでした。つまり、金需要のおよそ半分は宝飾品需要というわけです。そして、宝飾品需要2192トンのうち、中国が630トン、インド562トンと、二か国だけで1192トンと全体の半分以上を占めていることから、中国人とインド人の宝飾品需要が金価格に与える影響は大きいです。

そもそも、中国やインドでは花嫁に親が金の宝飾品を持たせる習慣があります。これは、将来、生活に困った時のためにとお金（人民元やルピー）を持たせても、インフレによってお金の価値が低下してしまえば役に立ちませんが、金ならインフレ分の値上がりが見込めるからです。そのため、中国やインドでは引き続き宝飾品需要としての金買いが期待できます。

こうした中、2022年頃から中国の若者の間で「金豆豆（じんどうどう）」と呼ばれる金の粒を毎月1粒貯める資産運用がブームになっています。中国経済は不動産バブルの崩壊によってかつてのような勢いはなく、若者の失業率が高いことが社会問題となり、将来に対する不安も高まっているため、資産防衛としての金が注目されているのです。

また、インドは経済成長を背景に、上位中間層（世帯年収1・5万～3・5万ドル）が全体に占める割合が、2010年の3％から2022年に13％へと拡大し、30年には28％、40年には43％まで拡大する見通しです。中間層が増えるということは、それだけ金需要が高まることを意味するため、中国人とインド人の金買いが引き続き金価格を押し上げる材料になります。

▼理由4：金利と機関投資家

金価格と米10年物インフレ連動国債利回り（273ページ上図）の推移を眺めると、2022年まで概ね相関関係にあったことがわかります。これは、金は利息が付かない関係で、金利上昇局面では売られ、金利下落局面では買われる傾向があるからです。

しかし、2022年以降、金利が上昇しているのにもかかわらず金価格は上昇しました。これは前述した通り、ウクライナ戦争をきっかけに中国をはじめとした新興諸国の中央銀行が金を大量に買い向かったためです。実際、金利を手掛かりに投資をしている欧米の機

金価格と米10年物インフレ連動国債利回り
（2006年1月〜2024年4月）

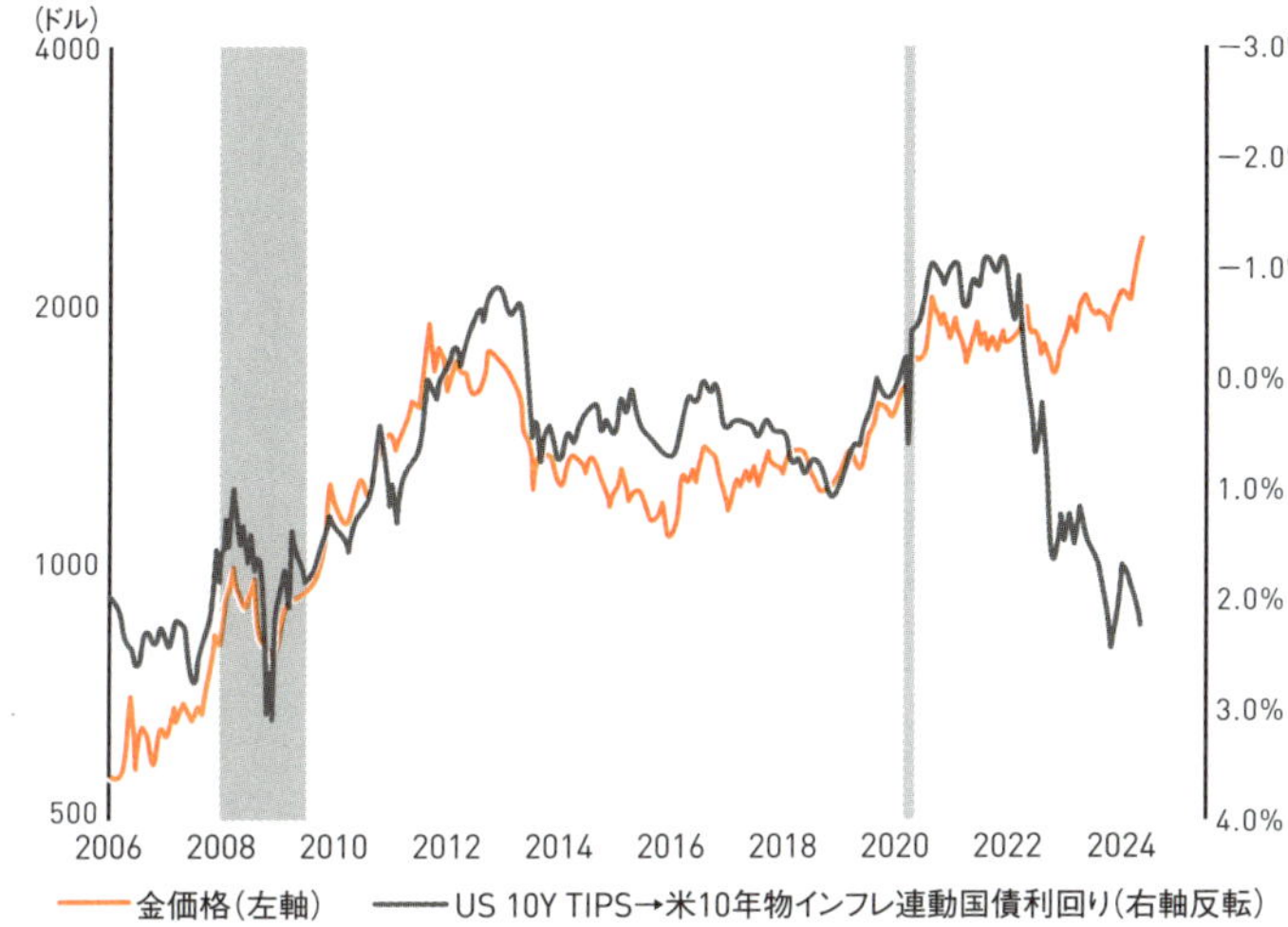

出所:Reuters Eikon,Incrementum AG

金ETFの運用残高

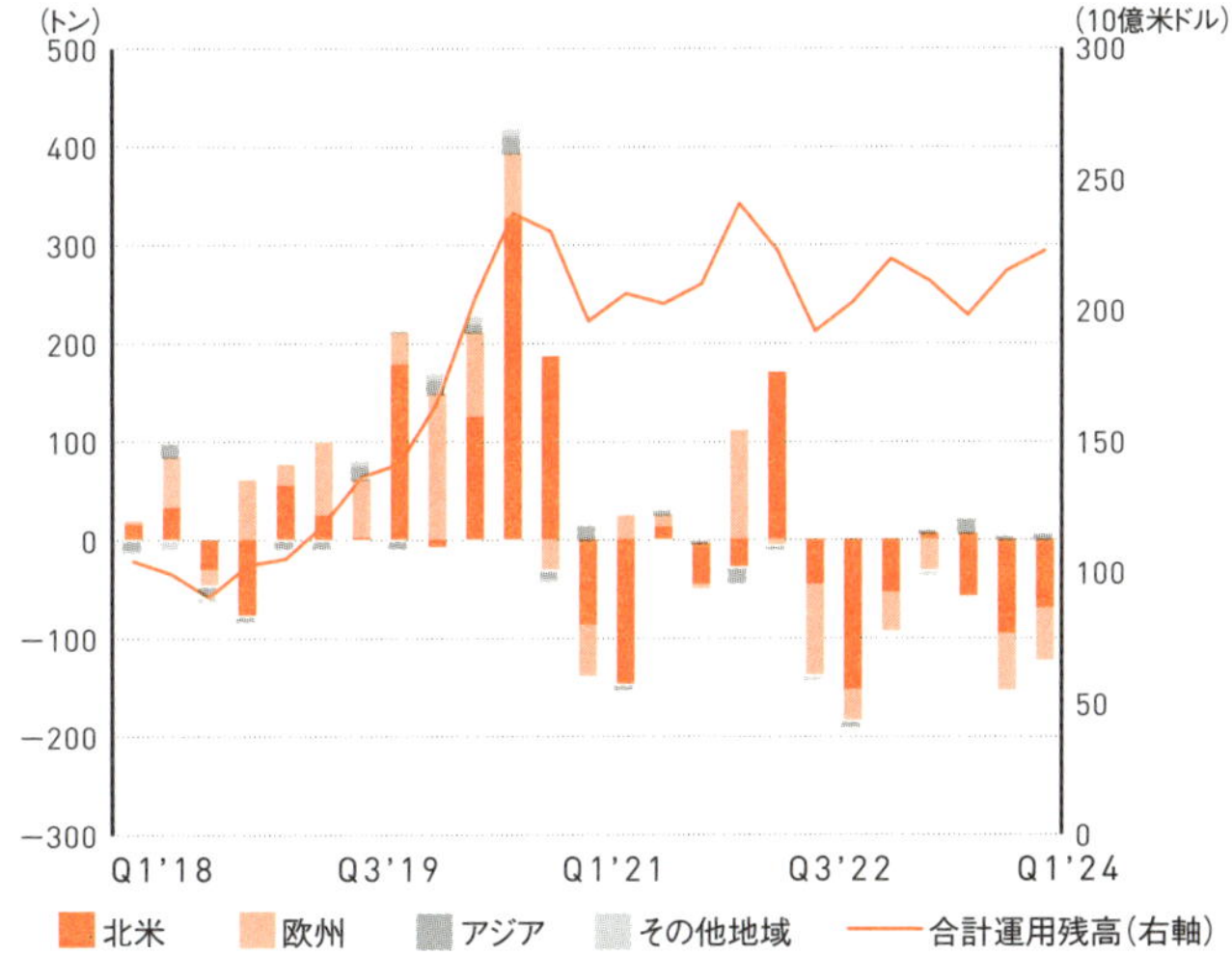

出所:World Gold Council

関投資家は、２０２２年以降金を売り越しています。

実際、ワールド・ゴールド・カウンシルによれば、金ＥＴＦの運用残高は７四半期連続で流出し、２０２４年第１四半期は北米から68トン、欧州から40トン流出したほか、２０２３年は一年間で北米から１２８トン、欧州からは１８０トンの計３０８トン流出しました（２７３ページ下図）。

これは、欧米の機関投資家が金ＥＴＦを売り向かう中で、金価格が上昇していたことを意味しますから、それだけ中央銀行と個人の買い圧力が強かったことがわかります。別の言い方をすれば、ＦＲＢの利下げを受けて欧米の機関投資家が金ＥＴＦを買い向かい始めた場合、金価格は一段と上昇する可能性があるということです。

▼理由５：スタグフレーションのリスク

スタグフレーションとは、不況と高インフレが同時に訪れる経済状況のことで、停滞を意味するスタグネーション、物価上昇を意味するインフレーションを組み合わせた造語です。通常、不況では需要が弱まるため、インフレ率が低下する傾向がありますが、70年代はオイルショックによってスタグフレーションに陥りました。

1970年代の金価格とCPIの推移

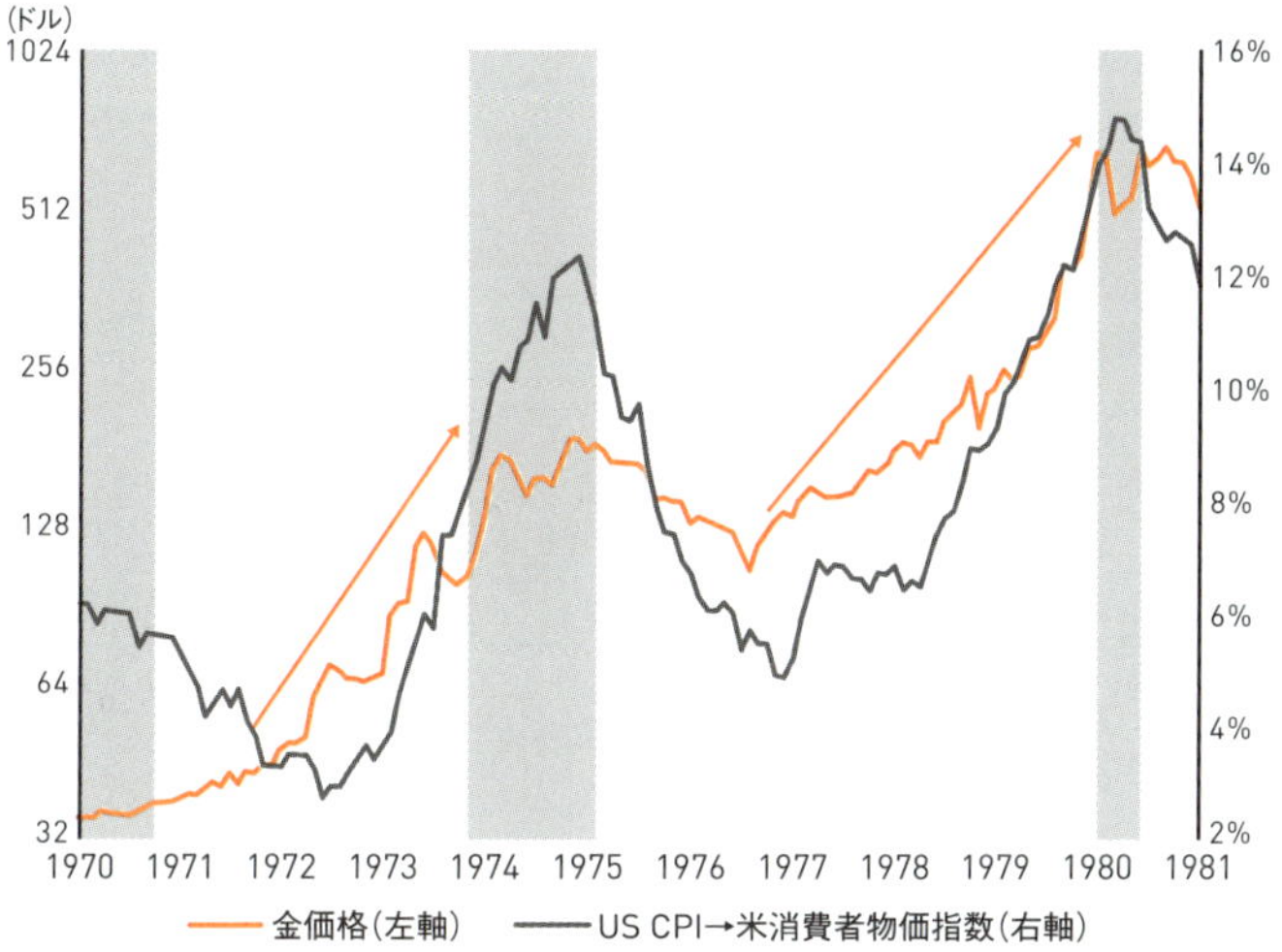

出所:Reuters Eikon,Incrementum AG

オイルショックは1973年と1979年の二度にわたって起こりました。1973年の第一次オイルショックは第四次中東戦争において、OAPEC(アラブ石油輸出国機構)がイスラエルを支持する西側諸国への石油輸出を停止したことで原油価格が急騰しました。

また、1979年の第二次オイルショックはイラン革命によって、イランからの石油供給が大幅に減少し、これによって原油価格が高騰しました。

米中覇権争いによって世界の分断が深まる中、サプライチェーン(供給網)の混乱によって原油や半導体などが供給不足に陥り、高インフレが再燃するリスクは以前よりも高まっています。そして、高インフレが再

CPI前年同月比推移の比較
（1966～83年／2013～2031年）

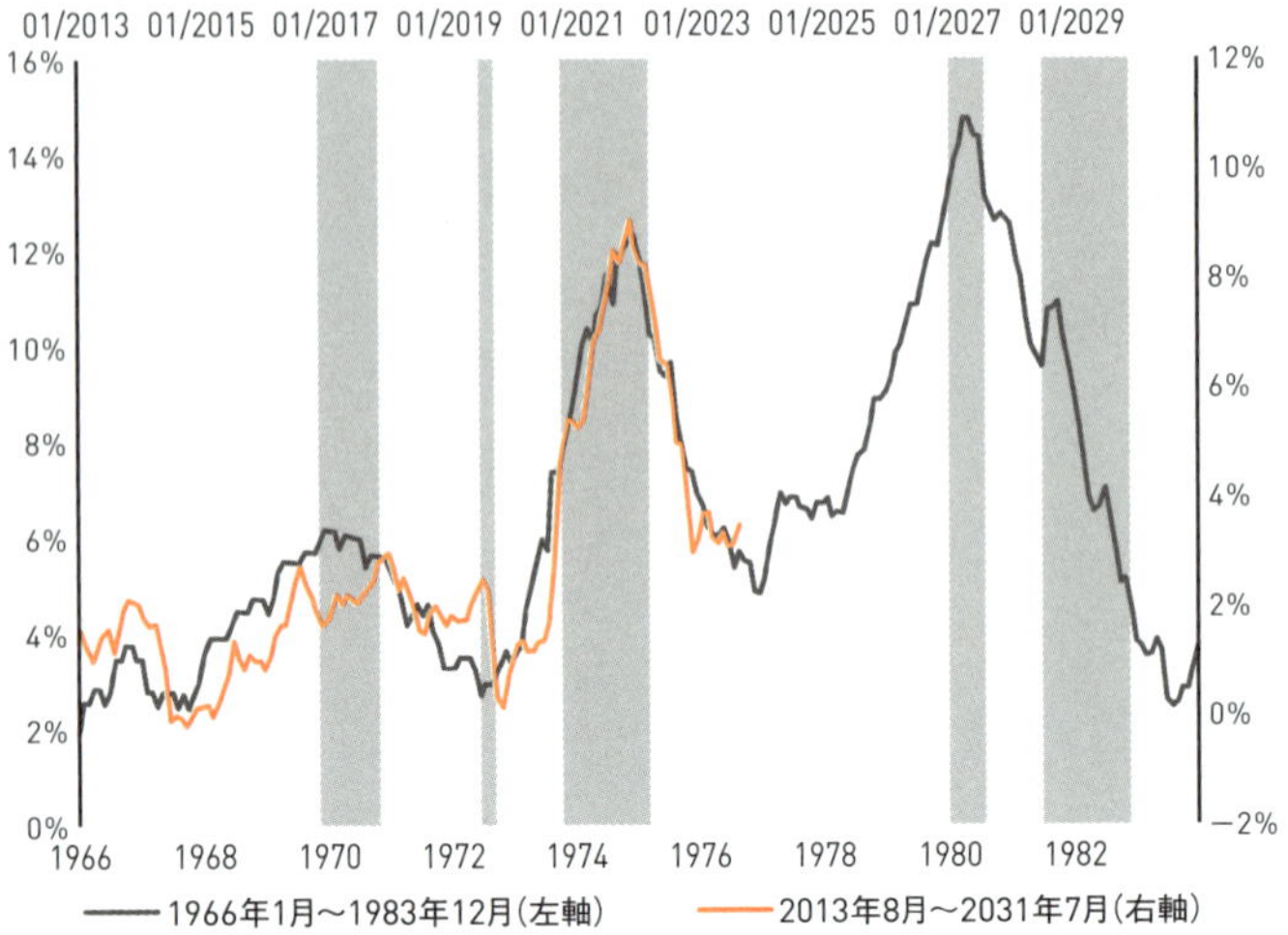

出所：Andreas Steno,Reuters Eikon,Incrementum AG

燃するなら金価格も値上がりする可能性が高まります。

実際、70年代の金価格とCPIの推移を眺めると、概ね相関関係にあったことがわかります（275ページチャート）。つまり当時、インフレに連動するようにして金価格が値上がりしたというわけです。

そして、上のチャートは60年代後半から80年代前半のCPIの前年同月比の推移に、現在のCPIの前年同月比の推移を重ね合わせたものになります。

仮に70年代後半のような推移を辿るなら、2025年秋以降、高インフレが再燃し、それに連動するようなかたちで2027年夏にかけて金価格が急騰する可能性があります。

金価格の長期チャート
(2011年〜)

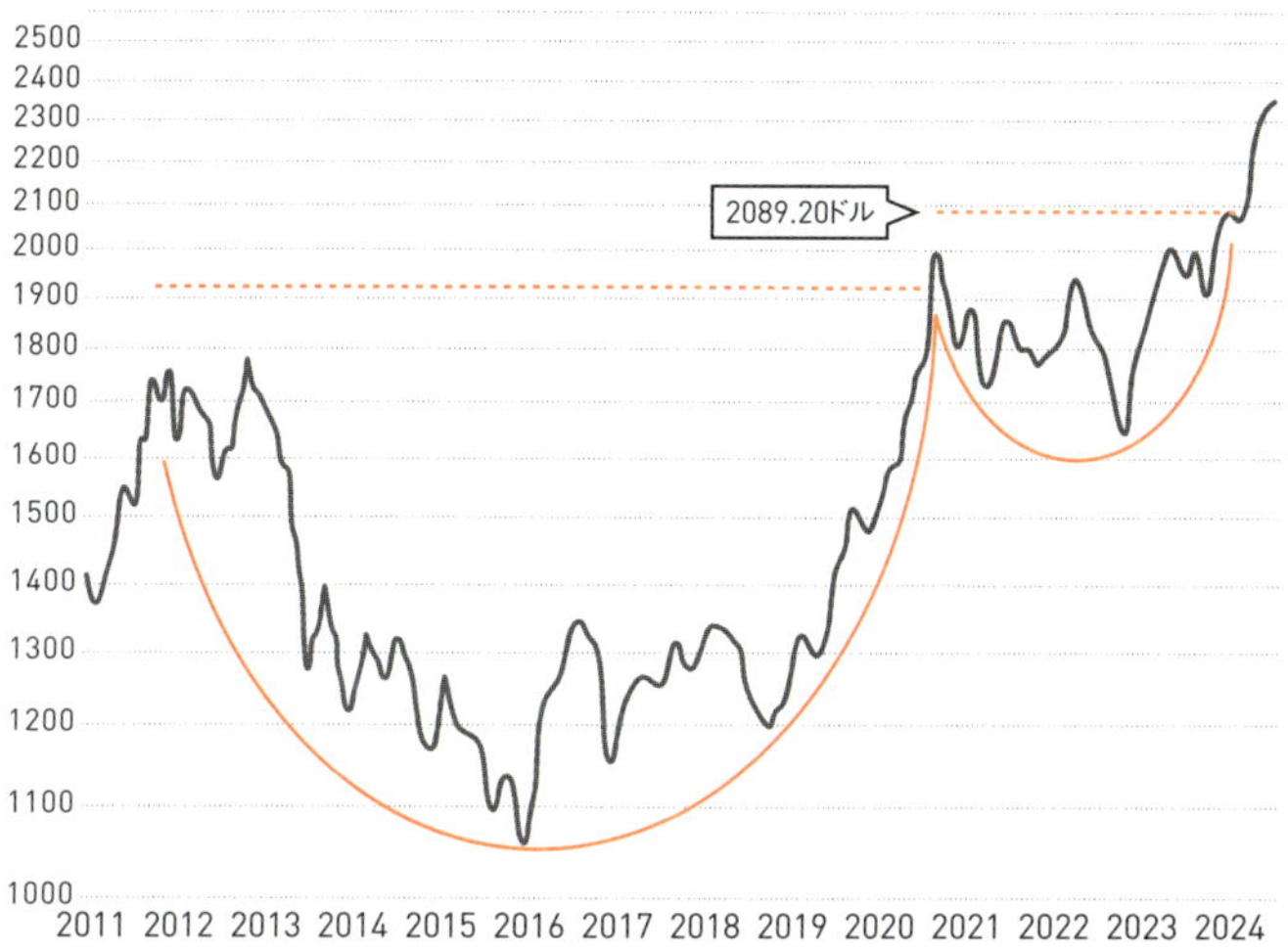

出所:Stockchart.com

▼金の目標価格

2011年以降の金の長期チャートを眺めると、カップ・ウィズ・ハンドルに似たチャートパターンを形成していることが確認できます(上図)。

取っ手部分の上値がカップの上値を超えていることから、正式なカップ・ウィズ・ハンドルとは言えません(正式には取っ手部分の上値はカップの上値よりも下に位置します)。

しかし、取っ手部分の上値2089・20ドルを上にブレイクアウトして以降、大きく上昇していることを考えると、カップの深さの分だけ値上がりすることが期待されます。たとえば、カップの深さは84%あることを考えると、２０８９・20ドルを起点にした場合、金の目標価格は３８４４ドルになります。

そのため、２０２７年8月頃にかけて金価格は３８４４ドルを目指して高騰するかもしれません。また、金価格が上昇する局面では金鉱株も大きく上昇することが予想されます。

▼金鉱株への投資

金鉱株とは金を採掘・生産する企業の株式のことです。具体的には、世界最大の米産金会社ニューモント（ＮＥＭ）やカナダ産金最大手のバリック・ゴールド（ＧＯＬＤ）、南アフリカ産金最大手のゴールドフィールズ（ＧＦＩ）などが挙げられます。

金鉱株への投資はオペレーティング・レバレッジの効果により、金そのものに投資する場合と比べて価格変動のリスクが高く、極めて投機的だと言えます。オペレーティング・レバレッジとは、固定費をテコにした利益の増大効果のことです（２７９ページ上図）。

たとえば、金1トロイオンス２０００ドルの際、総産金コストが１５００ドルなら、利益は５００ドルになります。そこで金が２５００ドルに値上がりした場合、総産金コストが同じ１５００ドルなら、利益は１０００ドルになります。つまり、金価格が25％しか値

金鉱株の オペレーティング・レバレッジの効果 （単位:ドル）

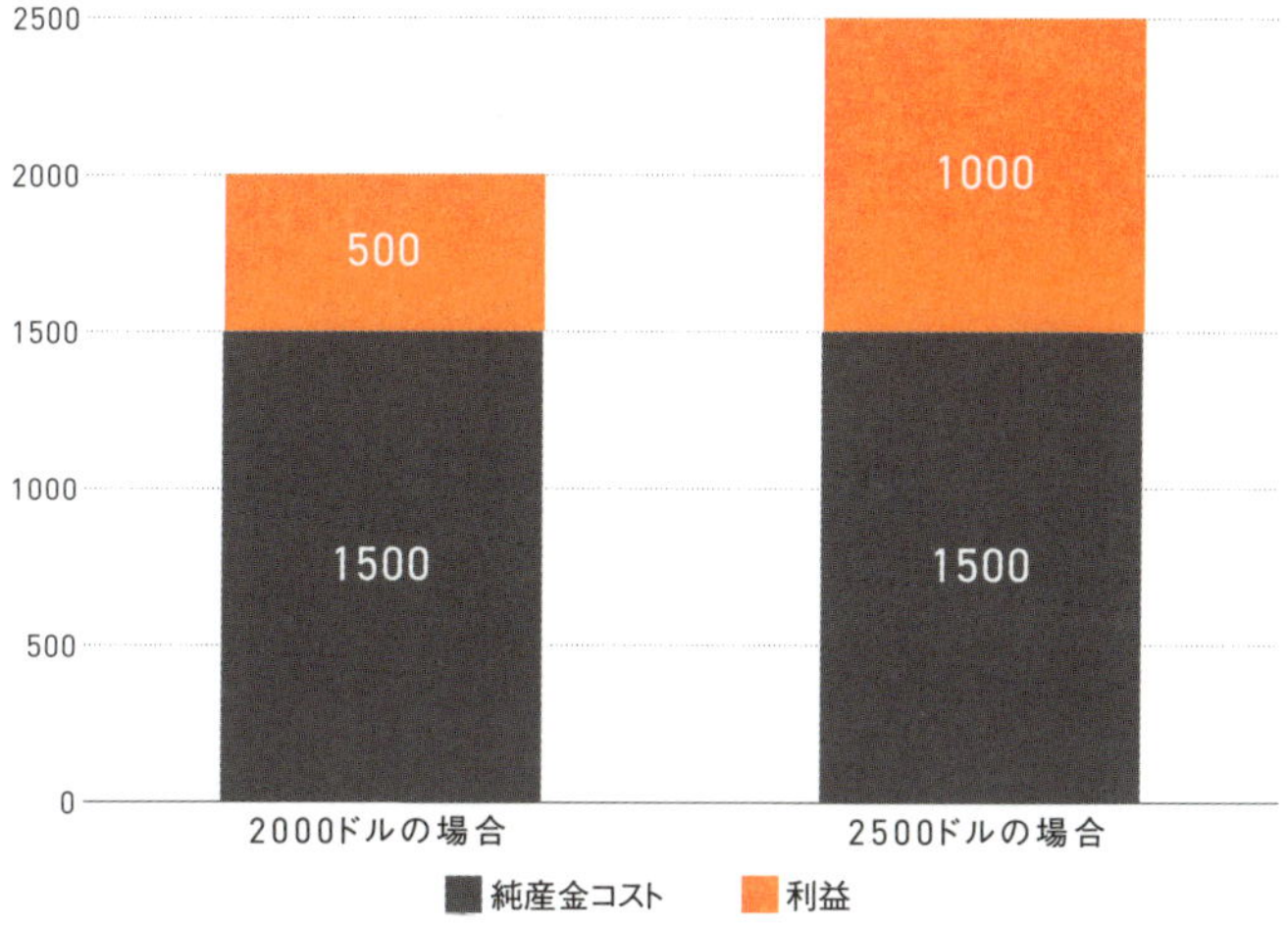

金鉱株のETFと個別株

ティッカー	社名	国
GDX	ヴァンエック・ベクトル・金鉱株ETF	
GDXJ	ヴァンエック・ベクトル・中小型・金鉱株ETF	
NEM	ニューモント・コーポレーション	米国
WPM	ウィートン・プレシャス・メタルズ	カナダ
FNV	フランコ・ネバダ	カナダ
AEM	アグニコ・イーグル・マインズ	カナダ
GOLD	バリック・ゴールド	カナダ
KGC	キンロス・ゴールド	カナダ
AGI	アラモス・ゴールド	カナダ
AU	アングロ・ゴールド・アシャンティ	英国
GFI	ゴールドフィールズ	南アフリカ
HMY	ハーモニー・ゴールド・マイニング	南アフリカ

上がりしていないのにもかかわらず、利益は4倍の100%も値上がりするのです。

金鉱株投資はこのようなレバレッジ効果が期待できるため、金価格が上昇する局面では、金価格以上に値上がりが期待できます。しかし、反対に金価格が下落する局面では、金価格以上に値下がりすることが予想されるため注意が必要です。

金鉱株に投資する場合、主に279ページ下表のようなETFと個別株に投資する方法があります。

金鉱株にまとめて分散投資したい場合、ヴァンエック・ベクトル・金鉱株ETF（GDX）のようなETFを活用すると便利です。個別株はハイリスク・ハイリターンなので初心者にはおすすめしません。

また注意点として、金鉱株がポートフォリオ全体に占める割合は10%程度で十分です。これはボラティリティ（価格変動率）が大きすぎて、多くの個人投資家はそのリスクに耐えられないことが理由です。

バフェット太郎流ビットコイン投資

ぼくは「ビットコイン信者」ではないけれど、ポートフォリオの1~5%の範囲内でビットコインに投資することを推奨していて、実際にその範囲内で投資をしています。

ビットコインとは

そもそもビットコインとは、2009年に「サトシ・ナカモト」という匿名の人物（またはグループ）によって創設された、世界初のブロックチェーンを基盤としたデジタル通貨のことです。ビットコインにはドルや円など法定通貨の発行権を有する中央銀行といった管理者が存在しません。

ブロックチェーンとは、ビットコイン取引の記録をまとめた台帳のような役割を果たしていて、取引データを「ブロック」で管理し、それらを一つのチェーン状にして分散管理していることからブロックチェーンと呼びます。

ビットコインに中央銀行といった管理者が存在しないということは、その価値を保証してくれる組織が存在しないことを意味します。また、ビットコインは誕生した当初から、発行枚数が2100万BTCと決まっていて、それ以上発行されることはありません。これは、世界中の中央銀行が毎年莫大なお金を発行しているのとは対照的です。

そして、2022年までに1900万BTCがマイニングによって新規発行され、2140年頃にも2100万BTCすべてが発行されると予想されています。ちなみに、マイニングとは、ビットコインを新規発行するための作業のことで、複雑な計算問題を解くことで、マイナー(採掘者)は報酬として新しいビットコインを手に入れることができます。

▼ビットコインのメリット

ビットコインの最大のメリットは、送金や決済としての機能ではなく、価値保存の手段として利用できることだと思います。たとえば、法定通貨は政府や中央銀行の政策判断によってその価値が大きく失われる場合があります。実際、トルコリラやアルゼンチンペソが暴落しているのは、政府の放漫財政や中央銀行の采配に原因があります。

そのため、トルコやアルゼンチンで暮らす人々は、その国のお金を稼いで一所懸命貯金をしても資産形成ができないのです。しかし、稼いだお金をビットコインに交換しておけば、短期的に見れば価格変動によって含み損を抱える可能性があるものの、長期的に見れば値上がり益が期待できたり、自国通貨を保有するよりもマシである可能性が高いです。

なぜなら、前述した通り、ビットコインは2100万BTC以上増えることはありませんが、法定通貨は未来永劫にわたって増え続けるため、理論上、1法定通貨あたりのビットコインの価値は上がると考えられるからです。

▼ビットコインのデメリット

その一方でビットコインにはデメリットもあります。それは、価格変動のリスクが高く、短期的には含み損を抱えるリスクがあることです。たとえば、2017年12月に当時の過去最高値となる1万9870ドルを付けた後、18年12月に一時3169ドルと84%も下落しました。そして、再び高値を更新したのは2020年12月と、前回の高値を付けた日から3年かかりました。

今後、高値から90％以上値下がりしたり、あるいは数年～十数年にわたって高値を更新できない局面が待っているかもしれません。

また、ビットコインを巡っては各国によって規制が異なり、取引そのものが禁止・制限されている国もあるほか、禁止・制限されていない国が規制強化される可能性もあります。さらに、ハッキングや盗難、不正アクセスなどによって盗まれる可能性もあります。

こうしたデメリットを考えれば、全財産をビットコインに投じることがいかにバカげた投資戦略かがわかると思いますが、ぼくはビットコインに全く投資をしないという考えにも否定的です。

▼ビットコインは資産か電子ゴミか

たとえば、ビットコインは単なる電子ゴミだと考える人がいる一方で、資産だと信じている人も大勢います。事実として、ビットコインの時価総額は2024年7月時点で1兆3400億ドル（約210兆円）にも上ることを考えると、高価なゴミだと言えます。

投資の世界において、ビットコインが電子ゴミなのか、それとも資産なのかという議論はそれほど意味がありません。なぜなら、誰かにとっての資産は誰かにとってのゴミであり、誰かにとってのゴミは誰かにとっての資産だからです。

たとえば、街の路上やゴミ箱に捨ててある空き缶は正真正銘のゴミですが、ホームレスはそのゴミを回収し、それをリサイクル業者に転売することで、わずかながらの収入を得ています。

また、Xでは妻が夫の収集している古びた玩具を大量に捨てて炎上していました。それを転売すれば何百万円となるけれど、妻から見ればそれはただのゴミなのだから仕方ありません。

ビットコインもこれと同じで、誰かにとっては電子ゴミに見えても1BTCあたり1000万円（2024年7月時点）もの値段が付いていることを考えれば、もし、そのゴミが落ちているならぼくは喜んで拾いたい。そして、長期的に見れば値上がりすることが予想されているなら、そのゴミを大切に保管したい。

▼2029年、ビットコイン価格は1億円を超える

286ページのチャートは、S2Fモデルで計算したビットコインの理論価格に、実際

ビットコインの理論価格と
実際価格の長期チャートの推移

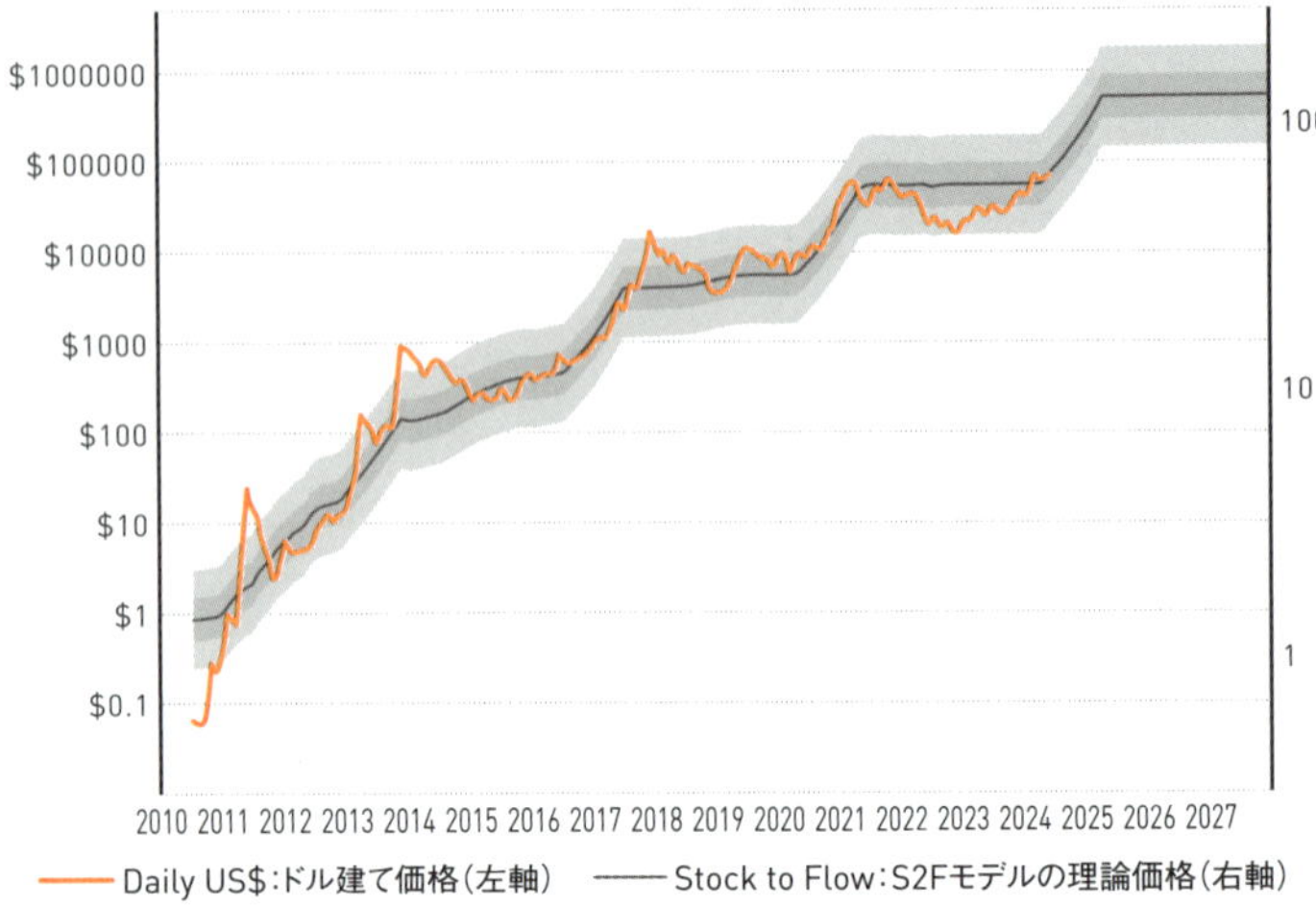

出所：PlanB（X@100trillionUSD）、Rob Wolfram（X@hamal03）

のビットコイン価格を重ね合わせた長期チャートの推移です。S2Fモデルとは、市場に存在する量（ストック）÷年間生産量（フロー）で計算することで金や銀などの希少性と市場規模を測るモデルとして利用されている計算式のことです。

チャートを眺めると、半減期が訪れた2012年、2016年、2020年、2024年を起点に、それぞれ理論価格が急上昇し、それに合わせてビットコイン価格が急騰していることがわかります。

半減期とは、およそ4年毎に発生し、マイニング報酬が半分になるイベントのことで、インフレ（ビットコイン価値の下落）を防ぐための仕組みとして設計されています。

ビットコインが最初に導入された時、マ

イナーは1ブロックあたり50ＢＴＣの報酬を得ることができましたが、最初の半減期（２０１２年）で報酬は25ＢＴＣに減少し、二回目の半減期（２０１６年）で12・５ＢＴＣに、三回目の半減期（２０２０年）で６・25ＢＴＣに、そして四回目の半減期（２０２４年）で３・１２５ＢＴＣに減少しました。

このように、ビットコインの年間生産量は四年毎に半減するため、Ｓ２Ｆモデルで計算したビットコインの理論価格は四年毎に急上昇する傾向があるのです。

そして、このＳ２Ｆモデルに従えば、２０２５年頃にもビットコイン価格は50万ドルに達し、次の半減期の年（２０２８年）の翌年にあたる２０２９年にも１００万ドル（１・５億円）を突破することが予想されます。

▼ビットコインへの投資法

ビットコインが２０２９年に１００万ドルを突破するという予想は、あくまでＳ２Ｆモデルに従ったものに過ぎず、約束された未来ではありません。投資家がわかっていることは、世界各国の中央銀行が莫大な貨幣を発行し続ける中で、ビットコインの生産量は４年毎に半減し続けることと、ボラティリティ（価格変動率）が非常に大きく、主力の投資対象にはなりにくいことです。

そのため、ビットコインに投資をする場合はリスク許容度の範囲内で投資をする必要があります。たとえば、ビットコイン価格が10倍になったら嬉しいけれど、半値になっても生活は変わらない金額がちょうど良いと思います。具体的な数字を挙げると、**ポートフォリオ全体の1〜5%くらいです。**

たとえば、ポートフォリオの5%をビットコインに投資した場合、10倍に値上がりすれば、ポートフォリオ全体のおよそ3分の1を占める主力の投資先になります。

その一方で、仮に買値から半値になったとしても、資産全体に与える影響は2・5%に過ぎません。これは、残りの97・5%の資産を年率3%で運用するだけで元の資産額に戻せる計算になります。

もちろん、ビットコインに投資をしないという選択肢もあると思います。しかし、その場合はビットコイン価格が10倍、あるいは何十倍と大暴騰する中で、自分だけがその恩恵に与ることが出来ず、時代から取り残される可能性があるため、ポートフォリオ全体の1%だけでも保有しておくといいと思います。

S&P500を上回った日本株の未来

2024年7月、日経平均株価は一時4万2426・77円と過去最高値を更新し、過去12年でおよそ5倍も値上がりしました。これは同じ期間のS&P500がおよそ4倍の上昇率に留まったことを考えると、それを上回るパフォーマンスを記録したことになります。

しかし、日本株の上昇は日本企業の中からマグニフィセント・セブンのような企業が続出したからでも、国際競争力が高まったわけでも、労働者の生産性が向上したわけでもなく、単に円安によるものです。

実際、日本株にドル建てで投資をすることができるiシェアーズ・MSCI・ジャパン・ETF（EWJ）は2012年7月末から2024年7月のピークにかけておよそ2倍しか上昇していません。これは、同期間のiシェアーズ・コア・S&P500・ETF（IVV）のおよそ4倍を大きく下回るだけでなく、全世界の株式に分散投資するiシェアーズ・MSCI・ACWI・ETF（ACWI）の2・6倍も下回ります。

つまり、2012年以降、日本株に投資するよりも、米国株や全世界株に投資をしていた方がずっとパフォーマンスが良かったわけです。

そして、これまでの日本株の上昇要因が為替によるものなら、**この先も国際競争力や労働生産性に関係なく、円安に振れれば日本株は上昇し、反対に円高に振れれば下落することが予想されます。**

▼ドル円相場の見通し

そもそも、ドル円相場は二国間の金利差によって左右されます。これは、世界の投資マネーは相対的に金利の低い所から高い所へと流れる傾向があるからです。

こうした中、両国の政策金利は2024年7月末時点で米国は5・50%、日本0・25%となっていて、秋以降は米国が利下げに踏み切る可能性が高いと予想されています。つまり、米国の金利が下がってくるわけですから、短期的に見れば為替はドル安円高に振れやすくなることで、日本株は売られる可能性が高いです。

しかし、長期的に見れば、その国の通貨の価値はファンダメンタルズ（経済の基礎的条件）に基づいて決定します。ファンダメンタルズとは、その国の経済成長率やインフレ率、財政収支、貿易収支、失業率などのことです。

もし、ファンダメンタルズの悪化を受けて円安が加速すれば、日経平均株価は大きく上昇する可能性が高いですが、それは日本のトルコ化（あるいはアルゼンチン化）現象に他ならないため悪い株高だと言えます。

反対にファンダメンタルズが改善して円高になれば、一時的に見れば株安要因になるものの、強い経済を背景に良い株高が期待できます。

とはいえ、日本企業の国際競争力や労働者の生産性が上がっていないことを考えれば、長期的に見れば円安を伴う悪い株高が待っている可能性が高いと思います。

▼日本株が米国株をアウトパフォームする可能性

それでも、日本株が米国株のパフォーマンスを上回る時期はあると思います。

たとえば、iシェアーズ・MSCI・ジャパンETF（EWJ）をiシェアーズ・コア・S&P500ETF（IVV）で割って求めた相対指数を眺めると、金融危機直後の2009年以降、15年にもわたって一貫して下落し続けるなど、日本株が米国株のパフォーマンスを下回り続けて来たことがわかります（292ページ図）。

日本株インデックスとS&P500の相対比較

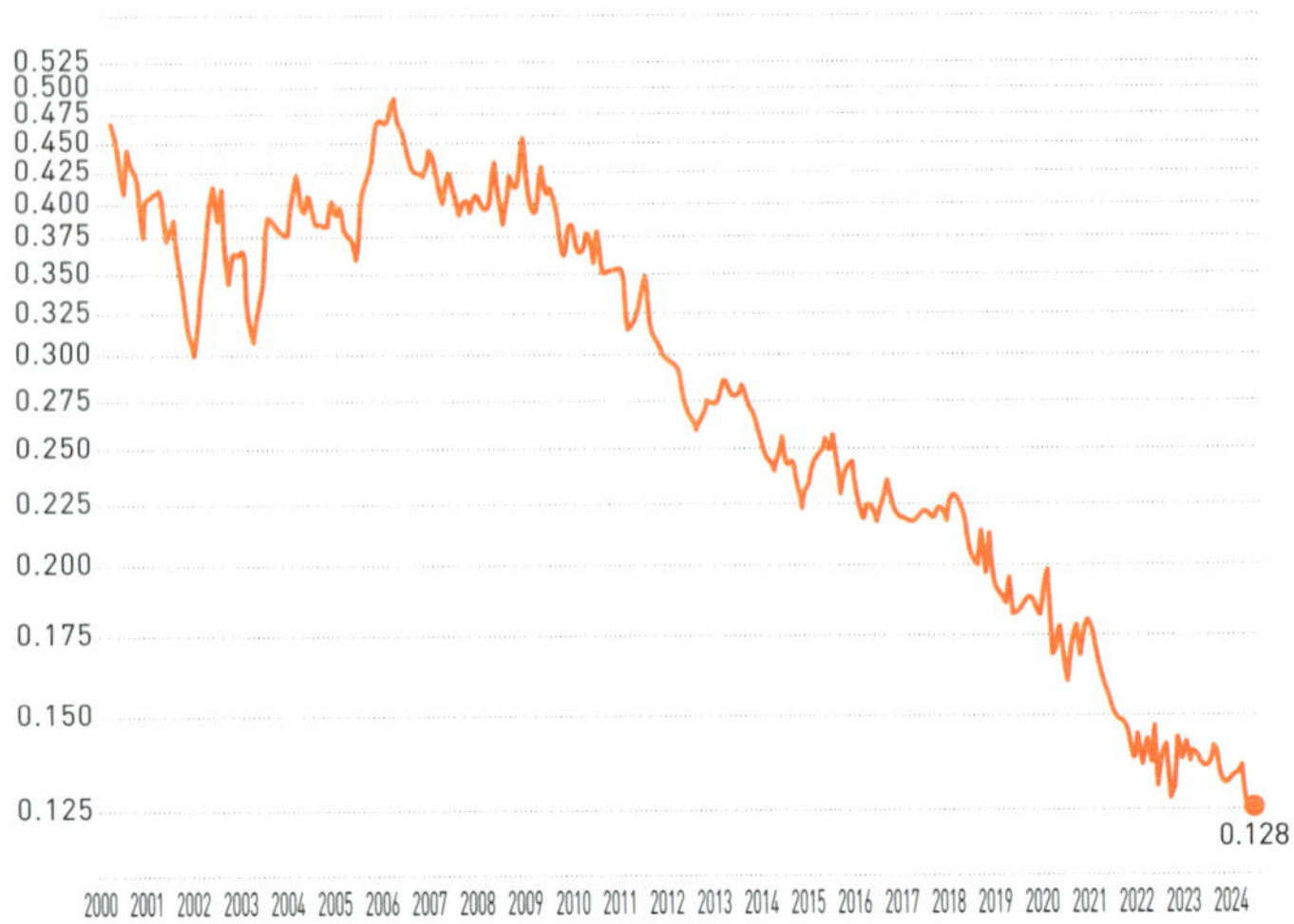

出所:Stockchart.com

しかし、２００３年から２００６年までのわずかな期間ではあるものの、日本株が米国株のパフォーマンスを上回る時期がありました。

当時、米国はドットコムブームの崩壊により長期停滞局面を迎える中で、ＢＲＩＣｓなどの新興国をはじめとした国外株に注目していた時期でした。

そのため、米国株がこの先長期停滞局面を迎える局面が訪れれば、その時は日本株が米国株のパフォーマンスを上回ることが予想されます。

いずれにせよ、日本企業の国際競争力や労働生産性が高まらないことには、真の意味で日本株が見直されることはないと思います。

7
限目

バフェット太郎への24の質問

7限目では、noteやYouTubeのフォロワーの方からよくいただく24の質問について回答します。みなさんが疑問に思っていることやわからないこともきっとこの中にあると思います。

Q1 新NISAは暴落を待ってから始めた方がいいですか？

A1 今すぐ始めてください。なぜならNISAを始める前から投資理念を否定することになるからです。

そもそも、新NISAは将来の資産形成のためにやるものであり、基本的な理念は「長期」「積立」「分散」投資です。そして「積立」とは、暴落を待つなどタイミングを見計らって売買をしないということです。

なぜ、積立投資をするのか？　ということについては、3限目で書いたように、投資タイミングを正確に計ることなど（ぼくを含めて）誰にもできないからです。そして、毎月一定額の積立投資をすれば、結果的に割高な局面では株数（口数）を少なく、割安な局面では多く買うことができるのです。

しかし、暴落を待てば、いつまで経っても資産形成を始められず、結果的に割安な局面で買い向かうことができない可能性もあるのです。

また、仮に暴落を待ち、運良く安値で買えてしまった投資家は、その後もタイミングを見計らって買い増すようになります。つまり、**誰にもできないことをやり続けるわけですから、長期的な資産形成がうまくいくはずがありません。**

そのため、タイミングを見計らうなどスキルを必要とする投資がしたい場合は、将来のための資産形成ではなく、趣味の投資として余裕資金でやるべきだと思います。

Q2

新NISAでS&P500インデックスファンドに積立投資していますが、将来の調整局面に備えて売った方がいいですか？　また、売らずに積立投資を一時休止した方がいいですか？

A2

積立投資を続けてください。

数年の投資経験を積むと、誰しも投資タイミングを計りたくなるものです。なぜなら、「あの時に売ってあの時に買い戻していたら、資産はもっと増えていたのに」と後悔することも少なくないからです。

しかし、**ＮＩＳＡの投資理念で最も大切なことは、高値で売ることでも安値で買うことでもなく、規律を重んじることにあります。**

そもそも、ＮＩＳＡでの資産形成で最もやってはいけないことはタイミングを計ることです。なぜなら一度でもタイミングを計り始めると、最初は数か月のタイミングを計るつもりだったのに、次第に2～3年のサイクルでタイミングを計るようになるなど、気づいた頃には積立投資が疎かになっているからです。

また、規律を破った個人投資家の中には、強気相場の中で全降りするといった極端な投資行動に走る人も少なくありません。この時、予想に反して株高が加速した場合、高値で買い戻すのは精神的にハードルが高いため、ほとんどの個人投資家はそこで積立投資を諦め、10年に一度の大暴落を待つようになりかねません。

そのため、ＮＩＳＡでインデックスファンドに積立投資をすると決めたら、大きく儲けることは諦めて、愚直に積立投資するようにしてください。

Q3 50代から新NISAを始めても遅いですか？

A3 遅くないと思います。

そもそも、新NISAでインデックスファンドに積立投資をすれば、必ず資産が増えるわけではありません。しかし、長い時間をかけて積立投資し続けることで、資産が増える確率は高まります。そのため積立投資期間は少なくとも20年以上あることが望ましく、始めるなら早ければ早いほど有利です。

とはいえ、50代から新NISAを始めても決して遅くはありません。なぜなら、**退職年齢となる65歳になったタイミングですべて現金化するわけではなく、必要な分だけを取り崩して、残りの部分に関してはそのまま運用を続けられるからです。**

また、65歳以降も働き続けることができれば、取り崩す金額はより小さくなり、運用期間もそれだけ長期化させられます。そのため、50代から始めても遅くなく、新NISAの恩恵を享受することができると思います。

Q4 60代の両親にも新ＮＩＳＡを勧めているのですがやってくれません。どうしたらいいでしょうか？

A4 無理強いせずに好きにさせればいいと思います。

人は年を重ねれば重ねるほど頑固になりますし、新しいことに挑戦する意欲も失うものです。

しかし、第二次世界大戦以降、米国株式市場はおよそ5年に一度のペースで弱気相場入りしてきたため、子どもたちに無理強いされた投資で大損したとなれば、親子関係まで悪くなってしまうかもしれません（弱気相場入りの目安は高値から▲20％です）。

なにより、60代にもなれば毎朝鏡の前で顔のシワが増えていることを気にし、同時に自分の死が近づいていること、そして残された時間が少ないことを実感します。

そのとき両親にとって本当に大切なことは、どれだけ多くの資産を築けるか？ということではなく、**あとどれだけの時間を家族と一緒に楽しく過ごせるのか？ということだと思います。**

そうであれば、両親の行動をコントロールしようとはせずに、好きなようにさせて、一緒に食事をする機会を増やすだけで十分だと思います。

Q5 新NISAは年初に一括投資するのと、積立投資するのとではどちらがいい？

A5 投資成績の面で言えば一括投資の方が有利です。

そもそも、世界の株式市場は長期的に見れば右肩上がりで上昇してきました。そのため、1月に投資した場合と、12月に投資した場合とでは、運用期間におよそ1年もの差が生まれます。長期的に見ればその差が投資成績の差となって表れるため、年初に一括投資をした方が、毎月積立投資するよりも有利です。

ただし、一括投資の場合、あらかじめまとまったお金を用意しておかなければならず、お金に余裕がなければなりません。また、年初から年末にかけて株価が値下がり続けた場合、大きな含み損を抱えることになるため、投資家に大きなストレスがかかる可能性があります。そして、本来買い増さなければならない急落局面で、狼狽売りに走ってしまう可能性まで高まりかねません。

そのため、投資成績の面では一括投資の方が有利ですが、それはお金に余裕があり、リスク許容度の高い経験豊富な一部の個人投資家だけができる投資戦略です。別の言い方をすれば、**ほとんどの個人投資家は精神衛生上、積立投資の方が良いと言えるのです。**

Q6

多くの日本人が新ＮＩＳＡで米国株やオルカンに投資をするために円をドルに替えると、それによって円安が加速して、高インフレが高止まりする気がします。日本は大丈夫なのでしょうか？

A6

心配する必要はありません。

そもそも、２０２４年の新ＮＩＳＡによる円売り圧力は年間約６・５兆円と言われていますが、これから口座がさらに増えた場合、２倍の13兆円まで膨らむ可能性があります。

しかし、**１日のドル円の取引額が約１４５兆円もあることを考えると、新ＮＩＳＡによる円売り圧力の影響は軽微だと言えます。**

また、ドル円相場は日米金利差の影響を大きく受けるため、円安を背景に高インフレが高止まりした場合、日銀は政策金利を引き上げることによって対応しなければなりません。ただし、利上げは日本経済の逆風になるため、日銀による利上げはインフレ沈静化と引き換えに、景気後退を招く可能性があります。

ちなみに、日銀が利上げをしなくても、FRBが利下げに踏み切れば日米金利差は縮小し、為替は自ずと円高に振れると思います。そのため、為替を心配するなら金利差に注目しなければなりません。

Q7

老後が心配ですが、友人や会社の同僚はみんな「何とかなる」と言ってほとんど貯金をしていません。「何とかなる」ものなのでしょうか？

A7

貯金や資産形成は何とかならないかもしれない未来の備えとしてやるものです。

そもそも、何とかなるかならないかはその人の人生次第です。全く貯金や資産形成をしていなくても、その後転職や起業で成功したり、数千万円以上の遺産を相続する人も決して少なくありません。

実際、終活サービスの鎌倉新書が2024年に実施したアンケート調査によると、全国の相続財産の平均額は約2500万円で、全体のおよそ2割は4000万円以上だったそうです。そのため、結果的に何の備えもしていないのに、何とかなってしまったという人は案外少なくないのです。

また、「何とかなる」の定義も人によって異なります。たとえば、独身で将来は生活保護でも良いと考えている人は、何の備えもしなくても何とかなる人生が待っていますが、それは嫌だと言う人は将来の備えをしなければなりません。

ほぼ確実に言えることは、**何とかならなかった場合、友人や会社の同僚があなたの生活の面倒を見てくれるわけではないということです。**

Q8 強気相場ではSPXL、弱気相場ではSPXSに投資するなどレバレッジETFを活用することで、将来の資産形成を目指すというアイディアはどうでしょうか?

A8 絶対に止めてください。

そもそもＳＰＸＬとＳＰＸＳは、前者がディレクション・デイリーＳ＆Ｐ５００ブル３倍ＥＴＦの、後者がディレクション・デイリーＳ＆Ｐベア３倍ＥＴＦのティッカーシンボルです。

ＳＰＸＬとは、Ｓ＆Ｐ５００の日々の値動きに対して３倍の投資成果を目指すというものであるのに対して、ＳＰＸＳはＳ＆Ｐ５００の値動きの逆方向に対して３倍になる投資成果を目指すというものです。

たとえば、Ｓ＆Ｐ５００が１％値上がりした場合、ＳＰＸＬは３％値上がりし、ＳＰＸＳは３％値下がりします。反対にＳ＆Ｐ５００が１％値下がりした場合、ＳＰＸＬは３％値下がりし、ＳＰＸＳは３％値上がりします。

そのため、多くの個人投資家は米国株が右肩上がりで上昇し続けるなら、Ｓ＆Ｐ５００ＥＴＦに投資をするよりも、３倍のレバレッジが掛かったＳＰＸＬに投資した方がリターンを最大化できると信じているのです。

また、ＳＰＸＬに似たＥＴＦには、ディレクション・デイリー・半導体・ブル３倍ＥＴＦ（ＳＯＸＬ）やプロシェアーズ・ウルトラ・プロ（ＴＱＱＱ）が、ＳＰＸＳに似たＥＴＦにはディレクション・デイリー・半導体株ベア３倍ＥＴＦ（ＳＯＸＳ）、プロシェアーズ・ウ

指数とレバレッジ3倍ETFの推移

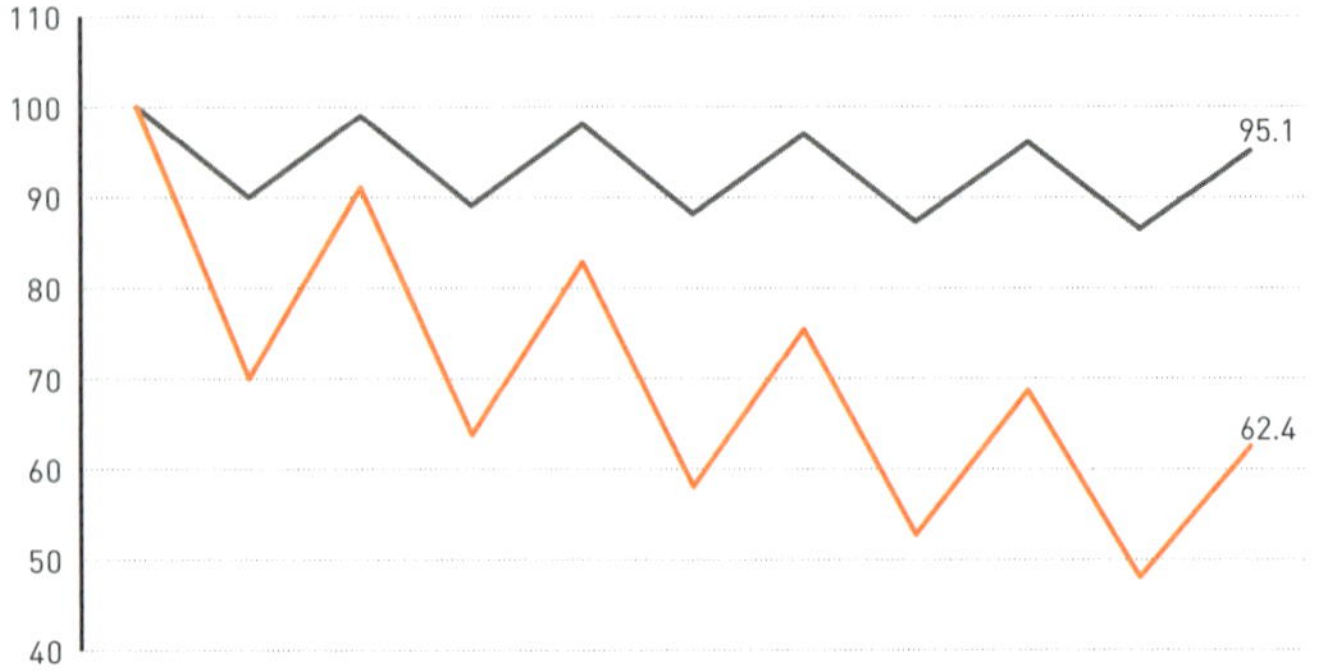

	基準日	1日目	2日目	3日目	4日目	5日目	6日目	7日目	8日目	9日目	10日目
指数	100.0	90.0	99.0	89.1	98.1	88.2	97.0	87.3	96.1	86.5	95.1
ETF3X	100.0	70.0	91.0	63.7	82.8	58.0	75.4	52.7	68.6	48.0	62.4

—— 指数　—— ETF3X

ルトラプロ・ショート（ＳＱＱＱ）などがあり、いずれも個人投資家から絶大な人気を得ています。

　しかし、注意しなければならないことは、これらのレバレッジＥＴＦはいずれもその日の値動きに対して3倍のパフォーマンスが期待されるというだけであって、将来のリターンが3倍になることが期待されているわけではないのです。

　たとえば、Ｓ＆Ｐ５００が10年後に１００％値上がりしたとしても、ＳＰＸＬに投資すれば３００％のパフォーマンスが得られるわけではなくて、１５０％のパフォーマンスに留まる可能性があるのです。これはリスクリワード的に不利な投資だと言えます。

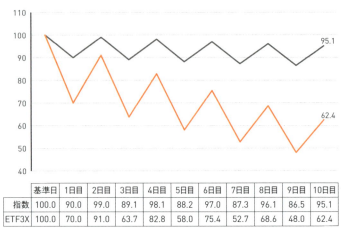

とりわけ、**レバレッジETFとは、ベンチマークにしている指数が長期停滞局面を迎えてしまうと、価格は次第に漸減してゆくため取り返しのつかないことになりかねないのです。**

たとえば、指数とレバレッジ3倍ETFをそれぞれ100として、毎日10％の上昇と下落を交互に繰り返した場合、10日目には指数が95・1と約5％値下がりしているのに対して、レバレッジ3倍ETFは62・4と約38％も値下がりしてしまうのです。

なぜ、このようなことが起こるのかというと、それは10％値下がりした場合、11・2％値上がりしなければ元の水準に戻らないからです。

たとえば、100を起点に10％値下がりすると90になりますが、そこから10％値上がりしても99にしかなりません。そして、3倍のレバレッジが掛かっている場合、30％値下がりすると70になるため、そこから30％値上がりしても91にしかならないのです。

このように、指数が長期停滞局面を迎えてしまうと、負の複利効果が働いてしまうことから、資産形成などできないことがわかります。とりわけ、退職年齢が迫っている中で、指数が暴落したり長期停滞局面を迎えてしまった場合、十分な資産形成ができないまま老後生活を迎えることになりかねません。

そのため、レバレッジETFはあくまで短期投資を前提に、趣味の投資として行うようにしてください。

Q9 個別株はどのタイミングで買うといいですか？

A9 主に二つのタイミングがあります。一つ目は正しく形成されたチャートパターンをブレイクアウトし、新高値を更新したタイミングです。二つ目は「良い決算」を出した銘柄を、株価が上昇した後から買い向かう方法です。

XなどのSNSでは、チャートパターンをブレイクアウトする直前に買い向かったり、決算に先回りして株を買い向かう人も少なくありません。

たしかにブレイクアウトする直前で買い向かえば、ブレイクアウトする際の大きな上昇とその後の値上がり益が期待できますし、決算発表の直前に仕込めば、仮に良い決算だった場合、決算発表日に一日で20％以上の値上がり益が見込めることも珍しくありません。

しかし、ブレイクアウトするかどうか、そして良い決算が出るかどうかは誰にもわからないため、これらのシグナルが出る前から買い向かうのはただのギャンブルでしかないのです。

とはいえ、そのギャンブルに勝てば儲けも大きいため、ＳＮＳでそれを自慢する個人投資家も少なくありません。そしてそれを見た経験の浅い個人投資家たちが「ブレイクアウト（あるいは決算）の直前に仕込めば、効率良く大きく儲けられる」と勘違いして、ギャンブルに走る傾向があるのです。

すると、個人投資家の中には大きなリターンが見込めないなら意味がないと思う人も少なくありませんが、決してそんなことはありません。

なぜなら、**正しく形成されたチャートパターンをブレイクアウトした銘柄というのは、その銘柄で損をしている投資家が一人もいないことを意味するため、売り圧力が小さく、そこから大きく上昇することが期待できるからです。**

また、良い決算を出した銘柄というのは、そこから機関投資家が買い始めるため、巨額の投資マネーの流入が見込めるほか、彼らの買いが一日で終わることもないため、持続的な株高が見込めるのです。

反対に、新安値を更新した銘柄は、すべての投資家が損をしているため、売り圧力が大きく、そこからさらに売られる可能性が高いです。また、悪い決算を出した銘柄も、そこから機関投資家が売り始めるほか、売りが一日で終わることもないため、持続的な株安が予想されます。

そのため、チャートを手掛かりに投資をしている投資家は、「買値から5～8％値下がりしたら売り」と判断したり、決算を手掛かりに投資をしている投資家は、「悪い決算が出たら売り」と判断します。

そしてそれを続けるだけで、投資家のポートフォリオは次第に新高値を更新した勢いのある銘柄や、良い決算を出し続けた優良株のみで構成されるようになります。

反対に新安値を更新した銘柄や悪い決算を出した銘柄ばかりを割安だと思って買った場合、ポートフォリオは次第にゴミ銘柄ばかりで構成された醜いポートフォリオになります。

Q10 想定外のトラブルに見舞われた場合の対処法について教えてください。

A10 先の見通せないトラブルなら売ってください。

投資も人生もトラブルは避けられません。そんな時は冷静になって状況を把握し、それが一時的な問題なのか、それともこの先もずっと続く問題なのかを見極める必要があります。

もし、前者なら様子を見るのも一つの手ですが、後者なら一刻も早く決断をしなければなりません。なぜなら、悪材料となる問題がこれからも小出しで出て来る可能性があるからです。

たとえば、2024年7月、クラウドストライク（CRWD）がセキュリティーソフト「ファルコン」のアップデートに失敗したことで世界規模のシステム障害が発生し、航空業界では世界で数万便が遅延・欠航するなどのパニックに陥りました。

同社の株価は一日で11％安と急落したものの、今後、巨額の賠償金問題に直面する可能性があることを踏まえると、問題が一時的とは考えにくいです。そのため、リスク管理の観点からも「売り」と判断した方が良いと言えるのです。

たとえば、2020年5月、コロナ禍で航空株が軒並み暴落する中、著名投資家ウォーレン・バフェット氏は年次株主総会で、「外出制限が人々の行動に与える影響はわからない。3～4年後に人々が昨年までのように飛行機に乗るようになるのか見通せない」として、航空株を損切りしたと報告しました。

また、2022年4月、コロナ禍の反動で成長力を失ったネットフリックスの株価が暴落する中、著名投資家ビル・アックマン氏は「将来性を予測できる自信がなくなった」として、同年1月に大量に取得したネットフリックス株を全株売却し、約4億ドルもの巨額損失を計上しました。

いずれのケースも彼らが損切りしたタイミングで底打ちし、そこから大きく反発したわけですが、投資で大切なことはリスクを回避することではなく、リスクを管理することですから、彼らの投資判断はその点で正しかったと言えます。

つまり、予期せぬトラブルを回避することなど誰にもできないことを考えると、**個人投資家はそれが先行きの見通せないトラブルだった場合、リスク管理の観点からも「売り」と判断し、一時的なトラブルだと考えられるなら「買い持ち」、あるいは「買い」の判断が妥当だと言えます。**

Q11 **日本株がポートフォリオに占める割合はどれくらいを目安にすると良いですか？**

A11 **長期的な資産形成を前提にすれば、5～10％程度を目安にするといいと思います。**

たとえば、多くの個人投資家は長期的な資産形成において、オルカンへの投資が最適解

オルカン:全世界株の国別構成比率
(iシェアーズ・MSCI・ACWI・ETF[ACWI])

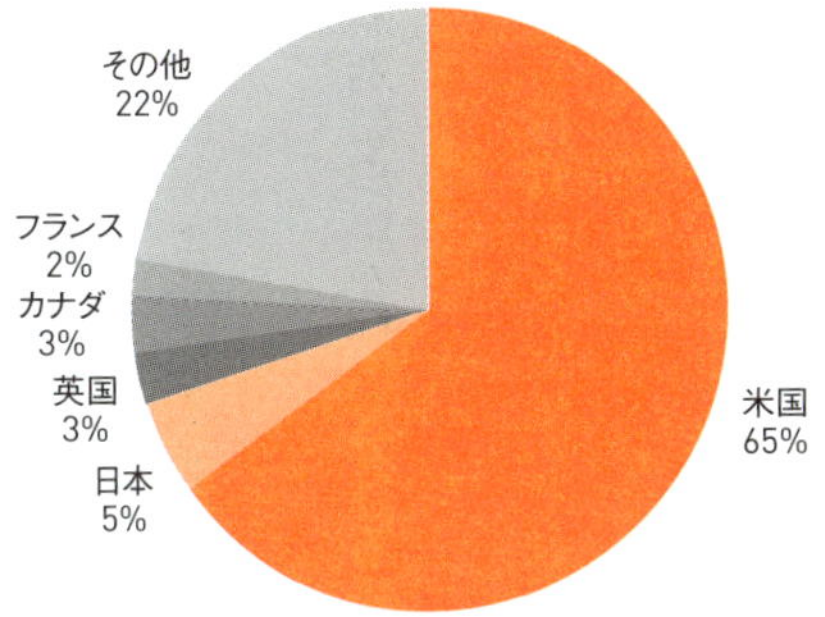

出所:MSCI Inc.

のひとつだと考えています。

そこで、世界の先進国および新興国の大・中型株にまとめて分散投資することができる、iシェアーズ・MSCI・ACWI・ETF(ACWI)の国別構成比率を眺めると、日本株の割合はわずか5%に留まっていることがわかります。

もし、ポートフォリオに占める日本株の割合を50%とした場合、そのポートフォリオはオルカンの10倍も日本株の影響を受けてしまうことになるのです。

これは、日本株が強気相場入りしている局面では良い結果が期待できますが、弱気相場入りしている局面では悪い結果になることが容易に想像できるため、日本株の割合を大きくし過ぎるのは禁物です。

とりわけ、30年以上の投資パフォーマンスを比較した場合、米国株は日本株のパフォーマンスを上回る傾向がありますから、**米国株が占める割合を犠牲にしてまで、日本株の割合を引き上げる必要はないと思います。**

Q12 複数の証券口座を開設する意味はありますか？

A12 運用目的別に口座を使い分ける場合があります。

そもそも投資の目的は人それぞれで、老後生活の備えとして資産形成に取り組んでいる人もいれば、一刻も早くお金持ちになりたいと考えて株を買っている人もいます。また、一人で長期的な資産形成と趣味の投資の二つを同時に行っている人もいます。

この時、長期的な資産形成と趣味の投資を同じ口座でやってしまうと、ついつい長期的な資産形成のためのお金を趣味の投資に回してしまいかねません。そのため、投資目的別に別々の口座で運用することで、容易にお金の移動ができないようにしておくのです。

Q13 円高対策と円安対策の仕方をそれぞれ教えてください。

A13 円高は人的資本を最大化することで、円安は金融資本を最大化することで対策できます。

円高局面では海外売上高が大きい日本の大企業ほど業績が悪化する傾向があるため、株安と不況が予想されます。しかし、円高とは円の価値が高まることを意味するため、より多くの米国株を買えるチャンスでもあります。

そこで、人的資本（稼ぐ力）を最大化することで、より多くの円が稼げるようになれば、不況というピンチを割安になった米国株を買うチャンスに変えることができます。

また、円安局面では円の価値が低くなる一方で、株や不動産の価値が値上がりするため、単純に株や不動産を積極的に買い向かえばいいのです。ところが、多くの人にそれができないのは、円高局面で株や不動産が値下がりし続けた苦い記憶があるため、投資に躊躇してしまうのです。

つまり、円高対策も円安対策も実はとても難しいことなのです。

ちなみに、**株式投資だけでできる円高対策は、ドルと逆相関の関係にある新興国株や金**

を買うことです。これらの投資対象は比較的ドル安（円高）局面で人気化する傾向があるからです。また、**円安対策では米国株を買えば良いです。**

Q14 円高局面では、ドル建ての米国株や新興国株は投資しにくいのではないでしょうか？

A14 円高局面では、日本株も投資しにくいです。

2012年以降、日本株が大きく値上がりしたのは円安が要因です。そのため、円高局面において日本株は売られるため、日本株も投資しにくいのです。すると、円が比較的安全な投資先になるわけですが、利息がほとんど付かないことからリターンがありません。

そのため、円高局面では消去法的に比較的マシな投資対象を探さなければなりません。

そこで、**過去のドル安局面を振り返ると、新興国株や金が人気化していた**ため、次のドル安局面もこれらへの投資が人気化すると考えられるのです。

Q15 ビットコインを買いたいのですが、タイミングがわからず決断できません。暴落するまで待つべきですか？

A15 まずはポートフォリオの1%だけ組み入れてみてください。

ビットコインはボラティリティ（価格変動率）が大きいため大底で買うことは難しいです。また、急激なペースで値上がりすることもあるため、いつまでも躊躇して買い場を逃してしまうと、二度と今の価格では買えなくなるかもしれません。

そこで、足元の価格は無視して、ポートフォリオの1%だけ組み入れるというアイディアがあります。これは、**たった1%組み入れるだけで、相場観を養うことができるからです**。また、1%だけなら半値になっても資産全体に与える影響は0・5%に過ぎませんから、精神的な不安も感じにくいです。

そして、大きく値下がりしたタイミングで買い増せばいいのです。ちなみに、ビットコインはポートフォリオのコアに据えるような投資対象ではなく、5%未満に抑えるべき投資対象ですから、買い増す額もそれほど大きくはなりません。

Q16 **ビットコインの値上がりによって、ポートフォリオに占める割合が5%を超えた場合、5%になるよう売るべきですか?**

A16 **売る必要はありません。**

ビットコインは大きな含み損を抱える可能性が高いため、ポートフォリオの5%までにすべきですが、ビットコインの値上がりによってポートフォリオに占める割合が30%になったとしても、その大部分は含み益ですから、わざわざ売る必要はないと思います。

また、そもそもビットコインに投資する理由は、増え続ける通貨供給量に対するヘッジです。長期的に見れば通貨供給量は右肩上がりで増え続けるほか、**ビットコインにかかる税率は株式に比べて高いため、短期で売買するのではなく、できるだけ長く保有すべき**だと思います。

Q17 **不動産クラウドファンディングへの投資はどうですか?**

A17 選択肢のひとつだと思います。実際にぼくも投資をしています。

そもそも不動産クラウドファンディングとは、投資家から集めた資金で特定の不動産を取得・運用し、得られた利益（賃料・売却益等）を投資家に分配するというものです。

最低購入金額は1万円で、運用期間は短いファンドで3～6か月未満、長いファンドなら数年単位のものもあります。また、基本的には運用期間中の途中解約はできませんが、解約を受け付けている業者もあります。想定運用利回りは業者によって異なり、年率3～4％程度中心の業者もあれば、年率8％以上の案件しか取り扱わない業者もいるなどまちまちです。

不動産クラウドファンディングは株式投資とは異なり、株価の変動リスクがない一方で比較的高い利回りが期待できます。そのため、テンバガー（10倍株）狙いの投資家とは相性が悪い一方で、高配当株好きの投資家とは相性が良いです。また、為替リスクもないため、ドル安局面では米高配当株に投資をするよりも、不動産クラウドファンディングに投資をした方がリスクとリターンのバランスが良いと思います。

不動産クラウドファンディングに投資する上で注意すべきポイントは、**原則として株式**

のように途中解約できないため、必ず余裕資金で投資をしなければなりません。また、元本割れや償還遅延が起こる可能性があるため、業者の償還実績を確認してください。

万が一、元本割れや償還遅延が起こることに備えて、分散投資を心掛けるようにしてください。たとえば、利回りの高いファンドや運用期間の短いファンドのみに投資するのではなく、利回りや運用期間がバラバラになるよう複数のファンドに分散投資するのです。そうすることで、たとえひとつのファンドで元本割れや償還遅延が起こったとしても、資産全体に与える影響は小さくなります。

Q18 借金をしてまで株式に投資するのはどう思われますか？

A18 バカげていると思います。

そもそも、株を買うために銀行からお金を借りることはできませんから、借金をして投資をしたい場合、両親や配偶者、兄弟、友人からお金を借りることになります。しかし、この先株式市場が長期停滞局面を迎えないとも限らないことを考えると、借金をして株を買うのは絶対に止めた方が良いです。

これまでを振り返ると、2009年6月から始まった景気拡大局面以降、コロナ禍によるわずか2か月の景気後退局面を除けば、15年以上にわたって景気拡大局面が続きました。

これは、30代までの若者のほとんどが社会人になってから不況を経験していないことを意味します。また、2010年以降に投資を始めた人たちも、投資家としてまともに不況を経験していないことになります。

この時気をつけなければならないことは、**多くの投資家の態度は慢心しており、追加のリスクを負えば負うほど、将来得られるリターンは最大化されると勘違いしてしまっていることです。**

しかし、歴史を振り返ると、S&P500は1930年代と1970年代、2000年代に株式市場が暴落して長期停滞局面を迎え、インフレ調整後の高値まで回復するのに15~25年も時間がかかるということがありました。

つまり、5~10年程度の期間では、インフレ調整後で含み損を抱えている可能性があるため、借金で株を買っても損をするどころか、大切な人たちも失いかねないのです。

Q19 現金比率の目安を教えてください。

A19 常に10～20%を目安にすると良いと思います。

「カネとタコの糸は出し切るな」という相場の格言があるように、現金をいくらか残しておくことで気持ちに余裕を持たせることができます。

たとえば、フルインベストメント（現金比率0％）の状態で株式市場が暴落すると、資産額が激減してしまうことによって狼狽売りに走ったり、割安になった株を買い増せないことによるフラストレーションが溜りかねません。

しかし、**現金比率を常に10～20%にしておけば、狼狽売りに走るリスクを抑えることができるほか、割安になった株を買い増す余裕も生まれます。**

とはいえ、常に現金比率を20％以上にしてしまうと、強気相場で自分だけが十分に資産を増やすことができないなんてことになりかねませんから、現金比率はあまり大きくし過ぎないようにしてください。

Q20 **S&P500などで年間数%のリターンしか見込めない投資より、一年で二倍になる投資対象をコンスタントに見つけていった方がお金持ちになれるのではないでしょうか？**

A20 **それに挑戦すれば、お金持ちになれる確率が極端に低くなるだけです。**

ほぼ確実にお金持ちになれる方法は、収入を増やし、支出を減らし、余ったお金でS&P500インデックスファンドに積立投資し続けるというものです。

しかし、収入を増やすには副業や転職、起業しなければなりませんし、支出を抑えるには生活水準を低くするなど、質素な生活に徹しなければなりません。そのため、ほとんどの人にできるのが、投資額を抑えながらもS&P500インデックスファンドに積立投資し続けることだけです。

とはいえ、S&P500インデックスファンドに積立投資し続けるには、忍耐力が必要ですから、それほど簡単ではありません。すると、もっと楽な方法はないかと探し出し、最終的に投機やギャンブルに行き着くのです。

しかし、**投機やギャンブルでお金持ちになれる人はいるものの、お金持ちになれる確率は極端に低くなるため、ほとんどの人はやるべきではありません。**それでも挑戦する人が後を絶たないのは、それでしか人生を逆転させる方法がないからです。

たとえば、子どもがいる中・高所得者層は過度なリスクを取ることができませんし、わざわざ取らなくても、年間数％のリターンで十分な資産形成ができます。

その一方で、独身・低所得者層は過度なリスクを取ることができるほか、リスクを取ることでしかお金持ちになることはできません。そのため、株式投資で１００万円を数億円にした個人投資家の多くは独身・低所得者層が多いのです。

Q21 **急な入り用で株を売らなければならなくなりました。何から売ればいいですか？**

A21 **含み損の大きな銘柄から順番に売ってください。**

含み損の大きな銘柄は何か深刻な問題を抱えていて、長期にわたって低迷する可能性があります。また、投資タイミングを間違えている可能性もあります。

そのため、**含み損の大きな銘柄を処分することで、ポートフォリオは優良株ばかりになり、同時にお金を用意することができます。**

ちなみに、急にお金が必要になることは誰にでも起こり得ることだと思います。そうした時の備えとして、常に現金比率を10〜20％程度維持しておくといいかもしれません。

Q22 バフェット太郎さんは、日々どこから情報収集し、どういったデータを確認していますか？

A22 主に経済新聞と経済指標から情報収集しています。

新聞は国内なら日本経済新聞、海外ならウォール・ストリート・ジャーナルやブルームバーグ、ロイター、バロンズなどを主な情報源にしています。ＦＲＢは政策転換する際、ウォール・ストリート・ジャーナルのＦＥＤウォッチャーに観測記事を書いてもらい、市場の反応をテストすることもあるため、ＦＥＤウォッチャーの記事に注目している投資家も少なくありません。

また、経済指標は発表される度にチェックします。たとえば、雇用統計やＣＰＩはヘッドラインだけ確認するのではなく、米労働省のサイトにアクセスし、内訳を確認することでより詳細な内容を理解するようにしています。
日々のマーケット情報はInvesting.comのアプリからチェックしています。米主要三指数や米10年債利回り、ドル円相場、金、原油、ビットコインを毎朝確認しています。
また、Invesing.comでは過去の経済データを確認できるほか、カレンダー機能もあるため、経済指標や決算発表のスケジュールも確認できます。**マーケット情報を毎日観察し続ければ、相場観を養うことができるほか、市場参加者が注目している投資対象や材料の移り変わりにも気づくことができます。**

Q23 調整局面や弱気相場、景気後退の定義を教えてください。

A23 それぞれ基準があります。

調整局面とは、直近の高値から10%以上下落した場合を指し、弱気相場とは直近の高値から20%以上下落した場合を指します。反対に強気相場とは直近の安値から20%以上上昇した場合を指します。

また、景気後退は明確な定義はなく、米国ではNBER（全米経済研究所）が経済データを総合的に勘案して事後的に判定します。欧州では実質GDPが2四半期連続でマイナス成長に陥った場合、その後景気後退入りする傾向があることから、テクニカル・リセッション（技術的な景気後退）と判定します。日本は内閣府が中心となって専門家から意見を聞きながら最終的に判断を下します。

ちなみに、NBERは実際に景気後退入りしてから半年〜一年後に景気後退入りを宣言するため、宣言されたころには景気後退から抜け出しているか、抜け出す直前の場合が多いです。そのため、新聞に景気後退入りの文字が躍った場合、それは買いシグナルと言えるかもしれません。

Q24 FIREを目指すにあたり、投資戦略が変わることはありますか？

A24 変わることはありません。

そもそも、FIREとは「Financial Independence, Retire Early」の略で、直訳すると「経

済的自立、早期退職」を意味します。この概念は、資産運用だけで経済的に独立し、通常よりも早い年齢で会社を退職して、悠々自適のリタイア生活を送ることを目指したものです。

ＦＩＲＥを達成した多くの個人投資家に共通する点は、平均以上の収入を得ている一方で、質素で慎ましい生活によって収入の半分以上をＳ＆Ｐ５００インデックスファンドや全米株式インデックスファンドに投資をすることなどが挙げられます。

また、**ＦＩＲＥの達成に必要な額は、年間支出額の25年分以上とされていて、仮に年間支出額を４００万円とした場合、１億円の資産が必要になります。**これは、ＦＩＲＥ生活を維持するための「４％ルール」に基づいています。

４％ルールとは、「毎年４％だけ資産を取り崩す」というもので、そうすれば死ぬまでに資産が枯渇しにくいと言われているのです。ただし、これはあくまで過去のシミュレーションの結果であって、過去は未来を保証するものではないことを考えると、４％ルールの過信は禁物です。

とりわけ、１９８０年以降およそ40年間にわたって長期金利が低下し続けるなど、株式にとって幸運な時代だったことを踏まえると、これまではＦＩＲＥを達成したり、ＦＩＲＥ生活を維持するハードルが比較的低かったと言えます。

そのため、株式にとって不運な時代になるかもしれない備えとして、完全なＦＩＲＥを目指すのではなく、余裕のあるＦＩＲＥを目指した方がいいかもしれません。

たとえば、ＦＩＲＥの４％ルールを３％ルールに変更することで、ＦＩＲＥ生活を維持しやすくするというアイディアがあります。この場合、年間支出額の33・３年分を用意しなければなりませんから、年間支出額を４００万円とした場合、１億３３２０万円が目標金額になります。

また、生活費を切り詰めることで、年間支出額を２００万円に落とせば、目標金額を５０００万円まで引き下げることができます。ただし、貧しいＦＩＲＥ生活は自腹で生活保護受給者と同じ水準の生活をすることになるため、あまり楽しくないかもしれません。

そこで、完全に退職するのではなく、フリーランスやパートタイムとして年間２００万円稼げれば、５０００万円でＦＩＲＥを達成することができます。

とはいえ、**多くの人々にとってちょうど良いＦＩＲＥは、いつでもＦＩＲＥできる状態を維持しつつ、気持ちに余裕を持ちながら今まで通りの生活を続けることだと思います。**するとちょっと理不尽なことがあっても「ま、いつでもＦＩＲＥできるし」と、嫌なことでも許せるやさしい大人になれるかもしれません。

おわりに

一夜にしてリッチになった男

ぼくの知人は3億円を相続し、その10年後に自己破産した。

彼はどこにでもいる、ごく普通のサラリーマンで、妻と娘3人の5人家族で幸せに暮らしていたのですが、そんなある日、奥さんが数億円もの遺産相続を受けて、税引き後で3億数千万円もの現金が口座に振り込まれたのです。

サラリーマンの生涯年収は2億〜3億円と言われていますから、退職して遊んで暮らしてゆくこともできますが、彼は「娘が3人もいるから」と、仕事を辞めずに真面目に働き続けました。唯一止めたことといえば、それまで娘たちのために続けていた積立貯金でした。

彼の年収は400万円程度で、そこから毎月3万円を貯金していましたが、3億数千万円に3万円を上乗せしたところで3億数千万円に変わりありませんから、それなら家族のために3万円を使った方が良いと考えたのです。

また、気持ちにも少しずつ変化が生まれました。節約生活のプレッシャーや将来に対する不安から解放されたことで、家族との時間を犠牲にしてまで残業をしなくなったのです。そして、すでに十分なお金があることから、責任を伴う出世に魅力を感じなくなり、嫌な業務や面倒な飲み会は積極的に断るようになりました。もし、望まない転勤や異動などを命じられれば、転職すればいいだけだと考えたからです。

しかし、次第に上司や同僚との関係がギクシャクするようになり、結局、自己都合による退職を選択しました。これは、彼が億万長者になってからわずか2年後のことでした。

■たった一つの小さなウソ

彼は3億数千万円を相続した際、3万円を貯金しても3億数千万円は3億数千万円のままだということに気づき、積立貯金することを止めてしまったわけですが、この2年間でもう一つの大きな発見をしました。それは「数万円の無駄遣いをしても、3億数千万円は3億数千万円のまま」だということです。

もともと彼も奥さんも倹約家だったこともあり、生活費は億万長者になって以降もほとんど変わりませんでしたが、旅行や外食をする際は奮発するようになったそうです。二人とも物欲がなく自分たちにお金を使わなかった一方で、子どもたちには経験や思い出作りとしてお金を使うようになったのです。

また、彼は急いで転職することもしませんでした。急いで転職しても二十数万円の収入が見込めるだけですし、失業保険を受け取ることもできますから、心身をリフレッシュさせるためにも1年くらいの長期休暇を取ろうと考えたのです。しかし、彼は退職したことを奥さんには黙っていました。すぐに転職すると考えていたし、転職してから報告した方が心配をかけずに済むと思ったからだそうです。

そして、平日はスーツを着て街をぶらぶらして、カフェで本を読みながら過ごすといった生活をしていたのですが、それも数か月続けると飽きてゆき、その頃から次第にお金を使うようになりました。

■依存症と自己破産

人は良くも悪くも環境に慣れてゆくもので、彼は億万長者になってから2年以上も経つと、自分がお金持ちであること、そして働かなくても生きてゆけることに対して当たり前のように感じていました。しかし、同時に退屈な日々に苦痛を感じるようになったほか、いくらお金があっても承認欲求が満たされないことに不満を抱くようになりました。

そこで、昼はパチンコやスロットなどのギャンブルに時間を使い、夜はキャバクラで承認欲求を満たすといった生活を始めるようになったのです。そして、驚くべきはその生活が8年で終わったことです。8年でその生活に飽きたのではなく、会社を自己都合で退職してからわずか8年で3億数千万円をすべて使い切ったのです。

これは、毎月300万〜400万円も使っていた計算になるのですが、普通、ちょっと成功した経営者がお金を気にすることなく散財して使う1か月の金額が150万〜250万円程度だと言われていますから、彼のリミッターはギャンブルとお酒の二つの依存症によって外れていたことがわかります。

そして、依存症の恐ろしい所はお金がなくなってもそれが止められないことです。彼はお金をすべて使い切ったのにもかかわらず、キャッシングで借金をして、それでギャンブルを続けたのです。その結果、借金を返済することができなくなり、あっという間に自己破産に陥ったというわけです。また、やけになってお酒を飲み過ぎて倒れてしまい、病院で生死を彷徨ったそうです。

その後、彼は奥さんと離婚して、生活保護を受給しながら地下アイドルの推し活を生きがいに、どこか吹っ切れたようにそれなりに楽しく暮らしています。

お金と人生

お金と人生は切っても切れない関係で、お金との向き合い方や付き合い方を間違えてしまうと、彼のように不幸ではないにしろ、お金に困る人生を歩むことになりかねません。反対に正しく向き合い、そして資本主義社会の仕組みをうまく利用すれば、お金に困らない人生を歩むことができるのです。

そして、実はこの世界でお金持ちになることは案外簡単なことなのです。

もし、あなたがそれを難しいと考えるなら、それはあなたの能力が低いからではなくて、お金持ちになりにくい困難な道を選んでいるからであり、お金持ちになりやすい道を選べば、自ずと簡単にお金持ちになれるのです。**大切なことは能力ではなく、お金持ちになりやすい道を見つけたら、その道を歩き続けることです。**

実際、ぼくは特別な能力や才能、人脈もありませんでしたが、簡単にお金持ちになれる道を見つけ、その道を十数年歩くことで、満足のゆく資産と収入を得ることができました。

本書の目的は、バフェット太郎流のシンプルなお金の考え方と投資の考え方によって、あなたがお金持ちになりやすい道を見つけ、その一歩を踏み出すきっかけをつくることです。

もし、あなたがお金持ちになれる方法がわからないと、この資本主義社会で迷子になっているなら、本書はその道しるべになるはずです。

マーケットコール

ぼくは主義として、ここぞという時はマーケットコールをするようにしています。

マーケットコールとは、「買い」「売り」「ホールド（買い持ち）」といった具合に、相場の見通しについて自分の考えを示すことを指します。ぼくはこれをYouTubeやXなどのSNSで発信していて、予想の前提条件が変われば意見を覆すこともあります。

ぼくのように数十万人のフォロワーを抱えた投資系インフルエンサーが、無責任にマーケットコールすべきではないといった否定的な意見もありますが、それでもぼくがマーケットコールをするのは、フォロワーが多様な意見や新しい視点を得ることで、投資家として成長する機会になると信じているからです。

もちろん、数十万人のフォロワーの前でマーケットコールをすれば、相場見通しが外れた時に、その間違った予想をわざわざスクショして晒したり、誹謗中傷をする人もいますが、それもインターネットという開かれた空間だからこその醍醐味でしょう。

そして、これまでの経験則として、**ぼくがマーケットコールをした時に、否定したり反**

論する人が多ければ多いほどその予想は当たり、反対に肯定したり賛同する人が多ければ多いほど予想は外れる傾向にあります。そのため、ぼくはマーケットコールをした後のフォロワーの反応を、非常に楽しみにしながら参考にしています。

ちなみに、こうした大衆心理は相場の先行きを占う上で非常に重要であり、経験豊富な投資家ほど注目しています。たとえば、靴磨きの少年のエピソードは誰もが一度は聞いたことがあるかもしれません。

このエピソードは、ジョン・F・ケネディ元大統領の父、ジョセフ・P・ケネディ氏の実体験によるものです。1929年、米国株が「黄金の20年代」を迎える中、ケネディ氏は靴磨きの少年から投資で儲けたことを自慢され、石油株や鉄道株を勧められたことで相場の天井は近いと確信し、保有する全ての株を売却して暴落を回避したそうです。

つまり、これまで投資に興味がなかった人たちが株式市場に参入し、「○○株に投資をするだけでお金持ちになれる」と確信した時、それは相場の天井が近いことを示唆しているのです。

翻って、今は誰もが「米国株や全世界株に積立投資するだけでお金持ちになれる」と信じているわけですが、これはぼくに言わせれば、2009年を起点に始まった米国株ブームの終焉が近いことを予感させるものです。

しかし、米国株ブームの終焉は新たな投資ブームが誕生することを意味し、投資を始める絶好のチャンスが近づいていることを意味します。

だからぼくはマーケットコールをする。

「米国株は売り、新興国株と金は買い」

グッドラック。

バフェット太郎

［著者］
バフェット太郎（ばふぇっと・たろう）
投資に役立つ世界の重要な経済ニュースを厳選し、独自の視点からわかりやすく解説する、登録者数50万人のYouTubeチャンネル「バフェット太郎の投資チャンネル」管理人。冷徹な市場分析と鋭い舌鋒で、次々と予想を的中させる投資系インフルエンサー。Xフォロワー35万人。noteフォロワー1.4万人。
個人投資家としては、20代から投資を始め、数百冊の投資本をむさぼり読み、10年間さまざまな試行錯誤を積み重ね、米国株投資にたどり着く。ブロガー・YouTuber活動と並行して堅実な投資を続け、それから数年で数億円の金融資産を築く。著書に累計20万部のロングセラー『バカでも稼げる「米国株」高配当投資』（ぱる出版）がある。
- YouTube　youtube.com/@buffett_taro
- X　x.com/buffett_taro
- note　note.com/buffett_taro

投資の教室
――人生を変えるマネーマシンのつくり方

2024年11月26日　第1刷発行
2024年12月12日　第2刷発行

著　者――バフェット太郎
発行所――ダイヤモンド社
〒150-8409　東京都渋谷区神宮前6-12-17
https://www.diamond.co.jp/
電話／03･5778･7233（編集）　03･5778･7240（販売）

ブックデザイン―小口翔平＋神田つぐみ＋稲吉宏紀(tobufune)
イラスト――はるたけめぐみ
ＤＴＰ――――ニッタプリントサービス
校正――――くすのき舎
製作進行――ダイヤモンド・グラフィック社
印刷／製本―三松堂
編集担当――佐藤聖一

ISBN 978-4-478-12074-3